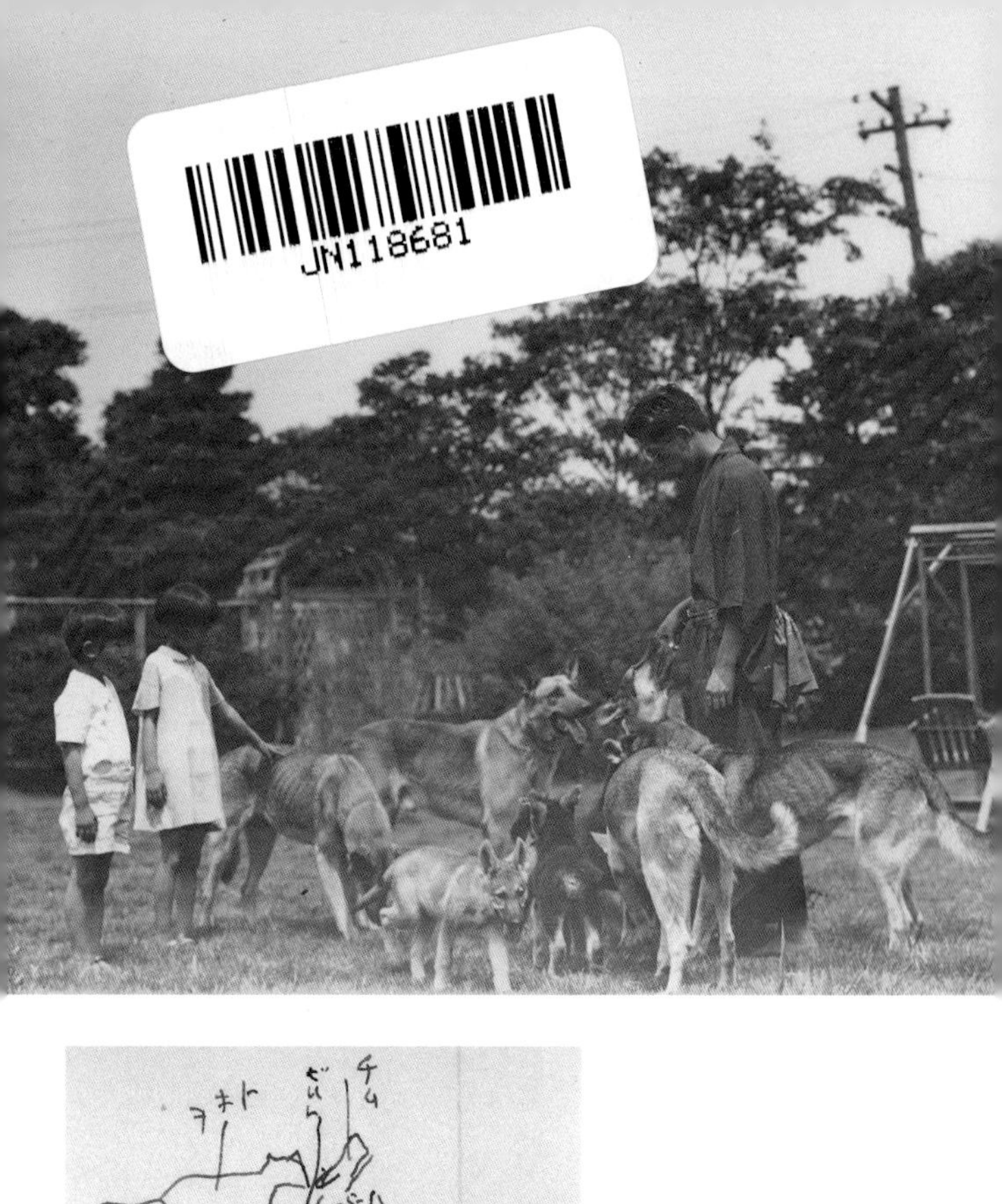

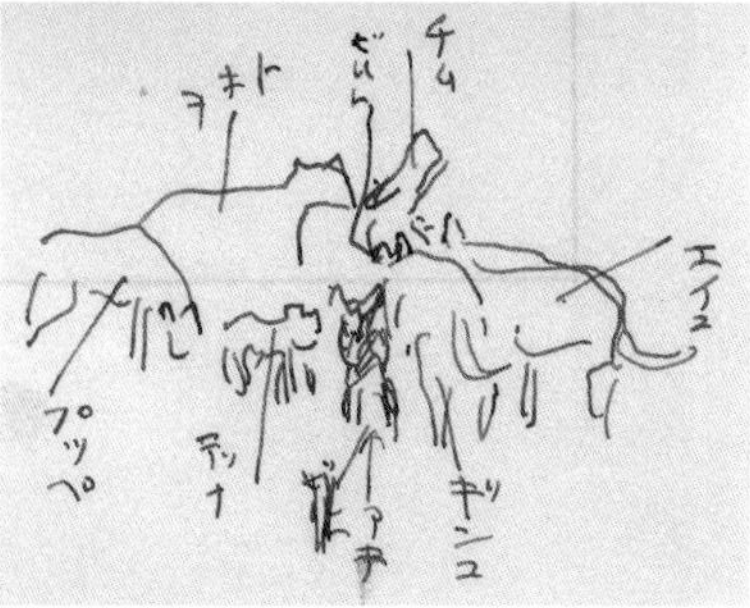

白日荘の庭で遊ぶ
愛犬たちの写真と、
米吉による名前メモ
（昭和9年7月）

上●縞ハイエナのへー坊に
手から食べ物を与える米吉
（昭和12年2月）
下●狼を飼い馴らした米吉。
飼い主を信頼しきって身を
委ねる狼の表情が愛らしい
（昭和13年4月）

上●愛犬ゲラートを連れて日本橋の丸善へ買い物に行く米吉(昭和11年7月)
下●米吉と佐輿子と写真におさまる生前のチム(昭和6年12月)

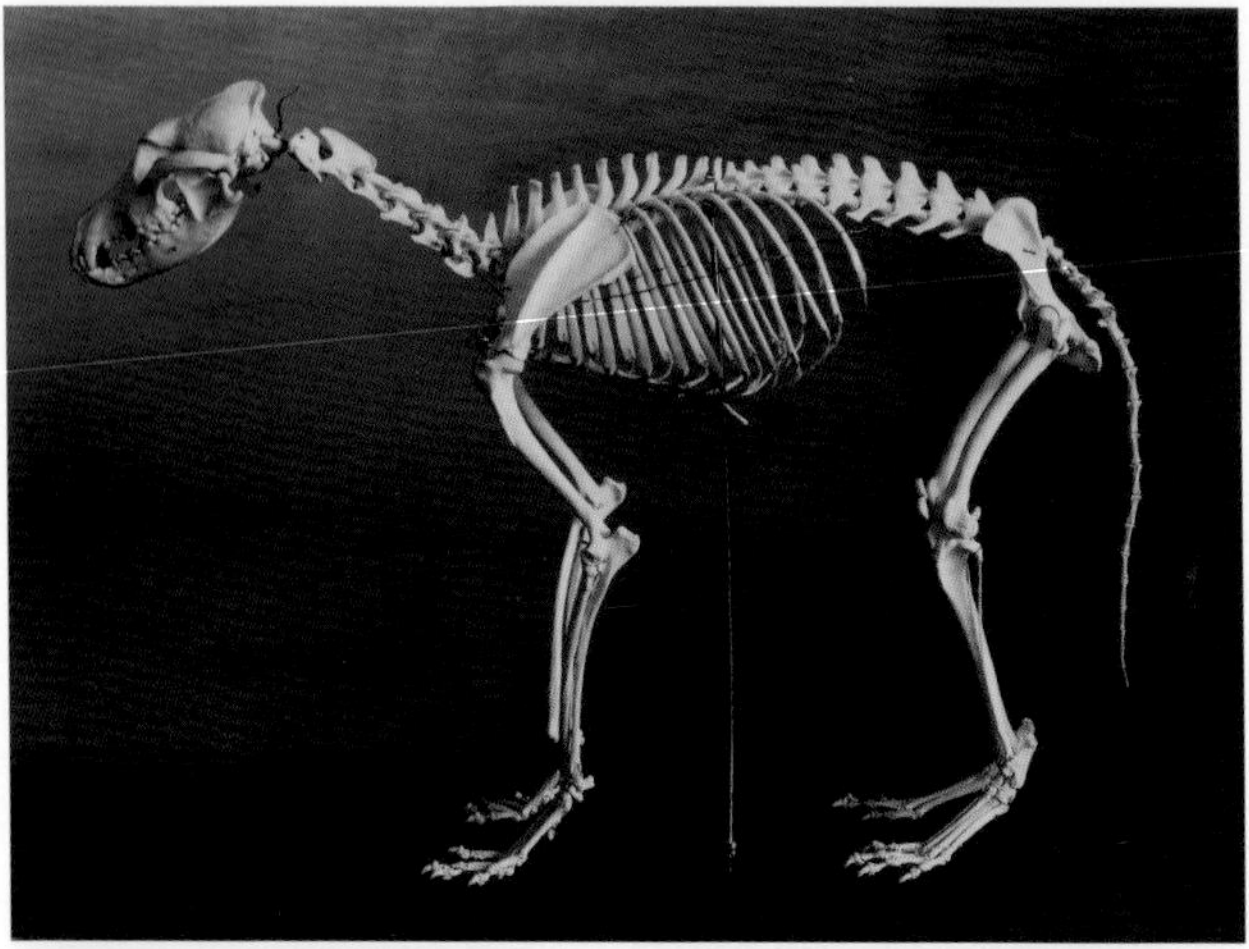

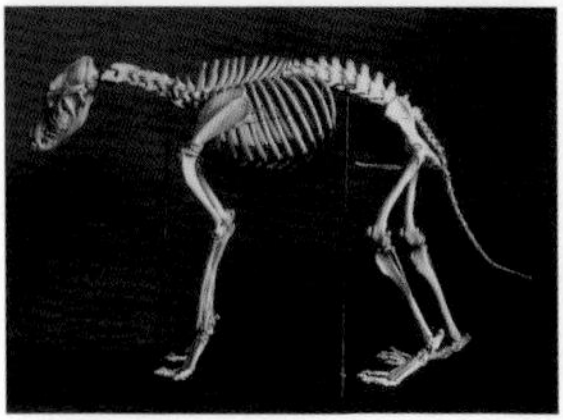

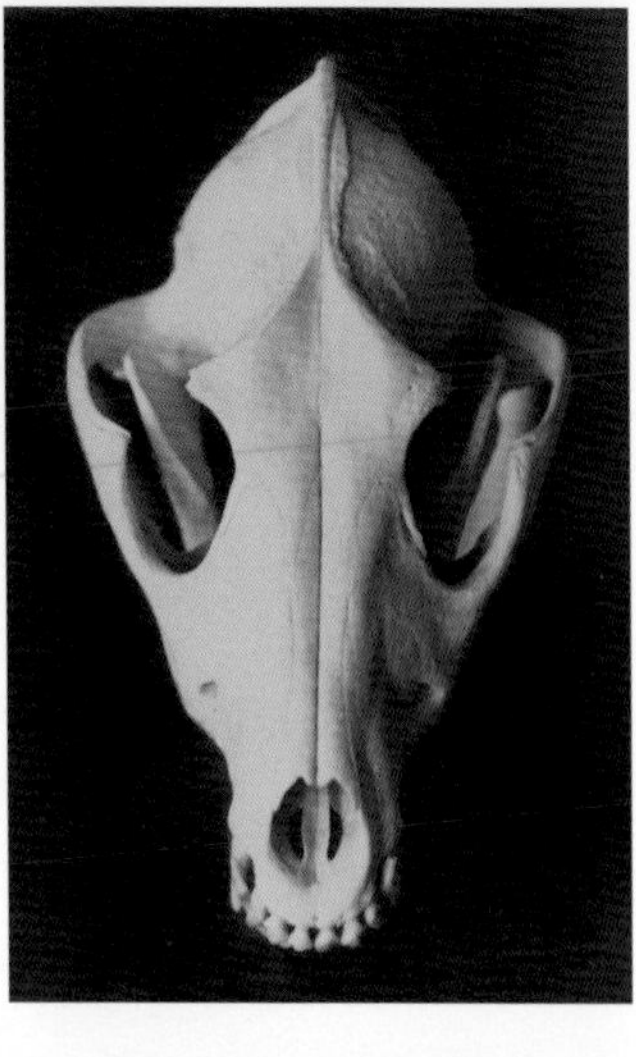

飼育した動物が最期を迎えると標本として遺された。満州狼の骨格標本(上)とジャッカルの頭骨(右下)、シェパードの骨格標本(左下)

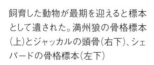

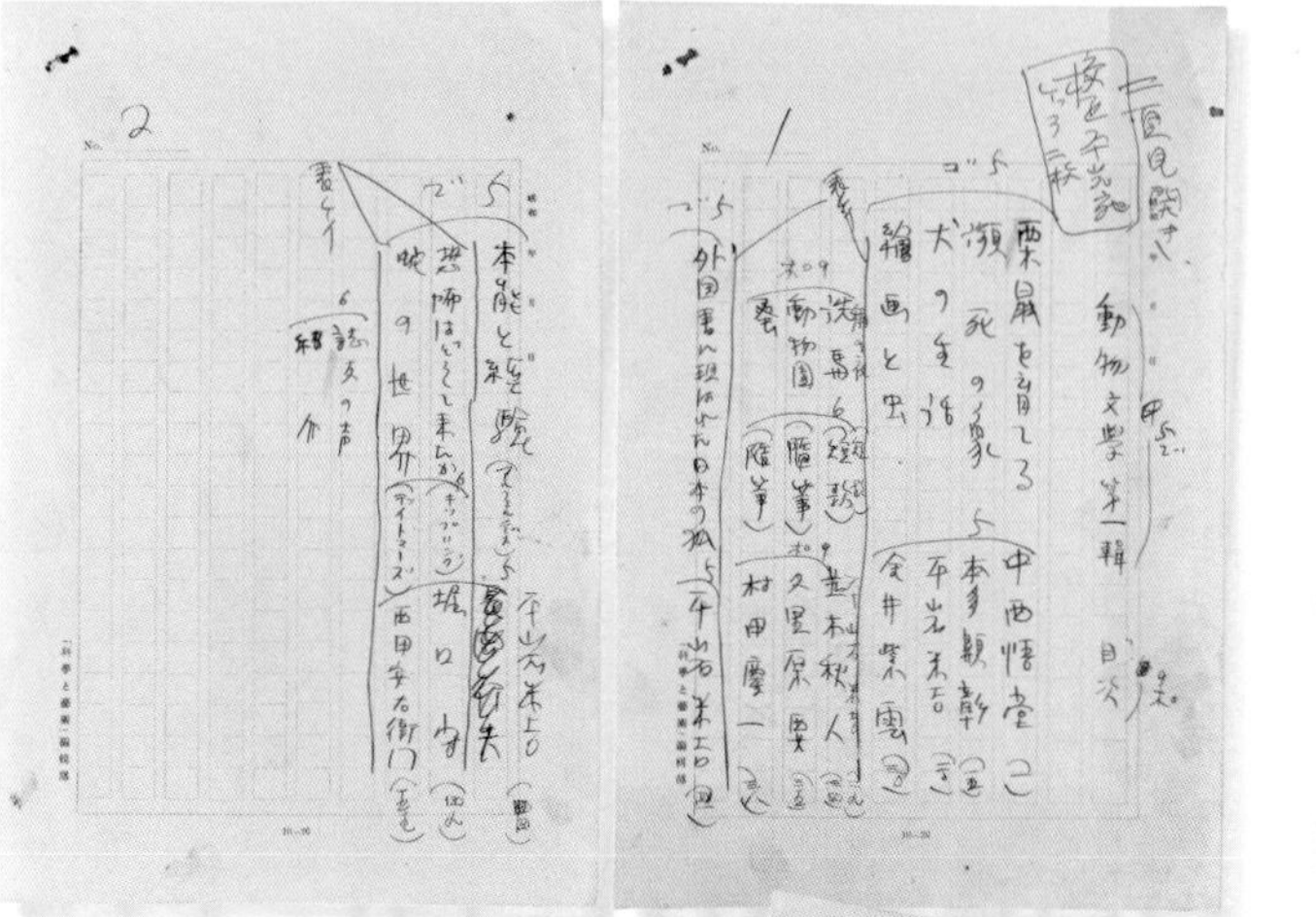

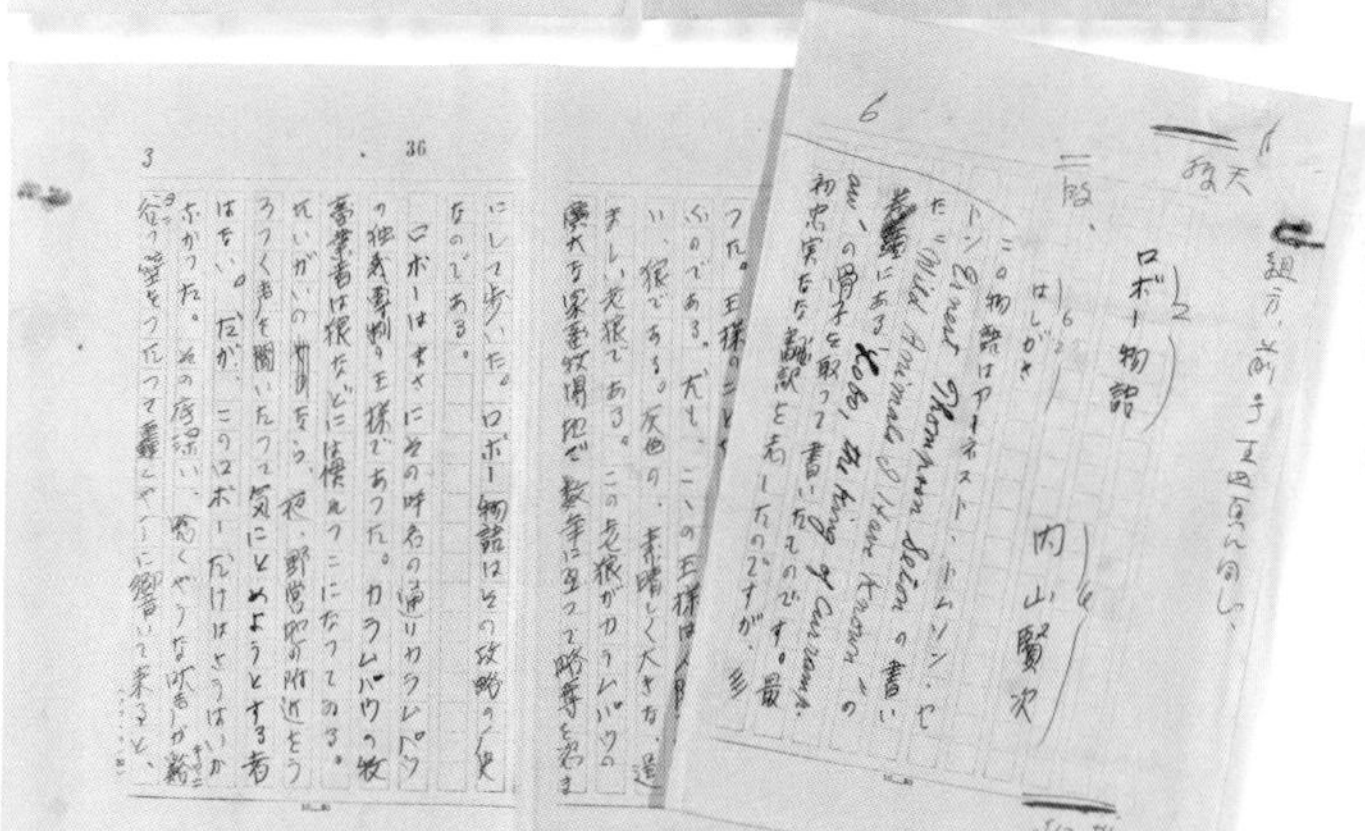

上●昭和９年６月発行の『動物文学』創刊号の目次。平岩米吉による手書き原稿
下●日本に初めてアーネスト・トンプソン・シートンが紹介された際の翻訳原稿（昭和10年7月『動物文学』掲載）

ノートに挟まれて死んだ蚊

この廣々と白い頁に
くつきりと咲いてゐる蚊
殊に
空しくふり上げられてゐる脚々
いつかどんな風な理由から
越えねばならなかつた頁であらう
これは蚊が悪いのでも頁が悪いのでも
何がどうだと言ふのでも無かつたであらう
吁
この栞のやうに静かな頁に
もし花とも見える音のない蚊だ

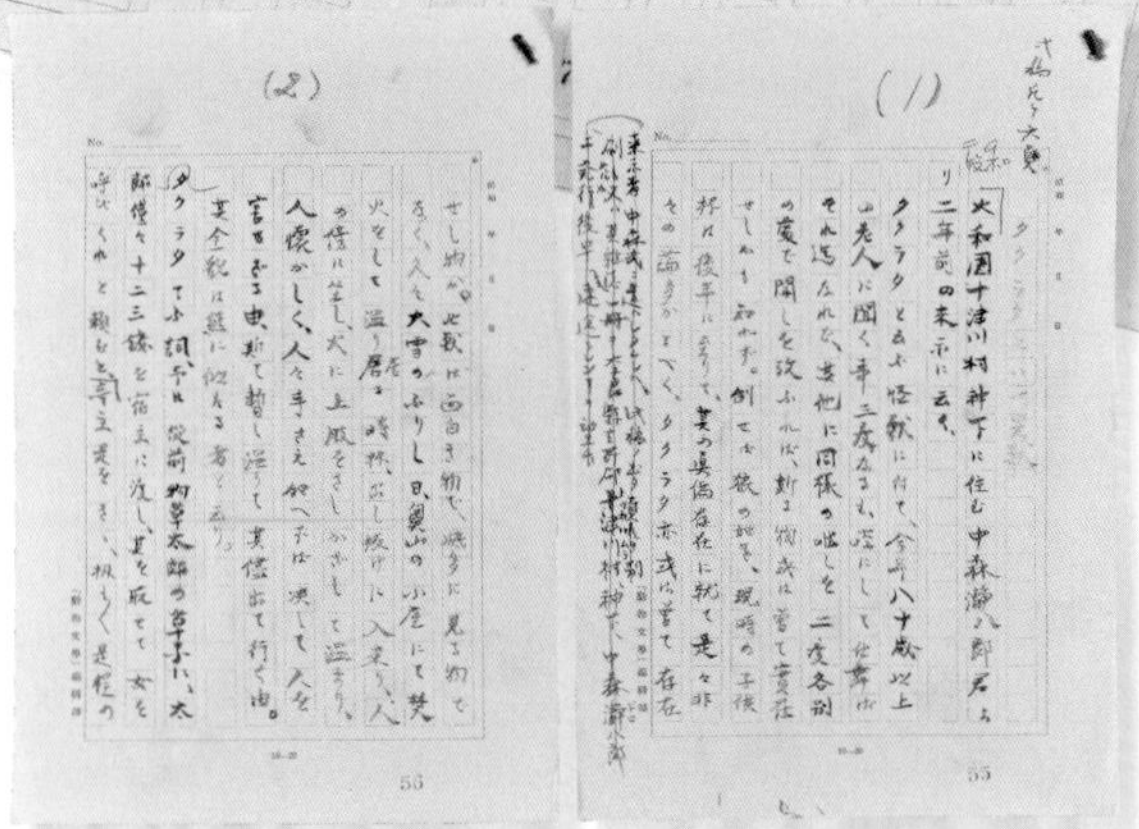

上●詩人まど・みちおの投稿原稿「ノートに挟まれた蚊」(昭和10年9月『動物文学』掲載) 下●南方熊楠が寄稿した「タクラタという異獣」の原稿(昭和12年3月『動物文学』掲載)

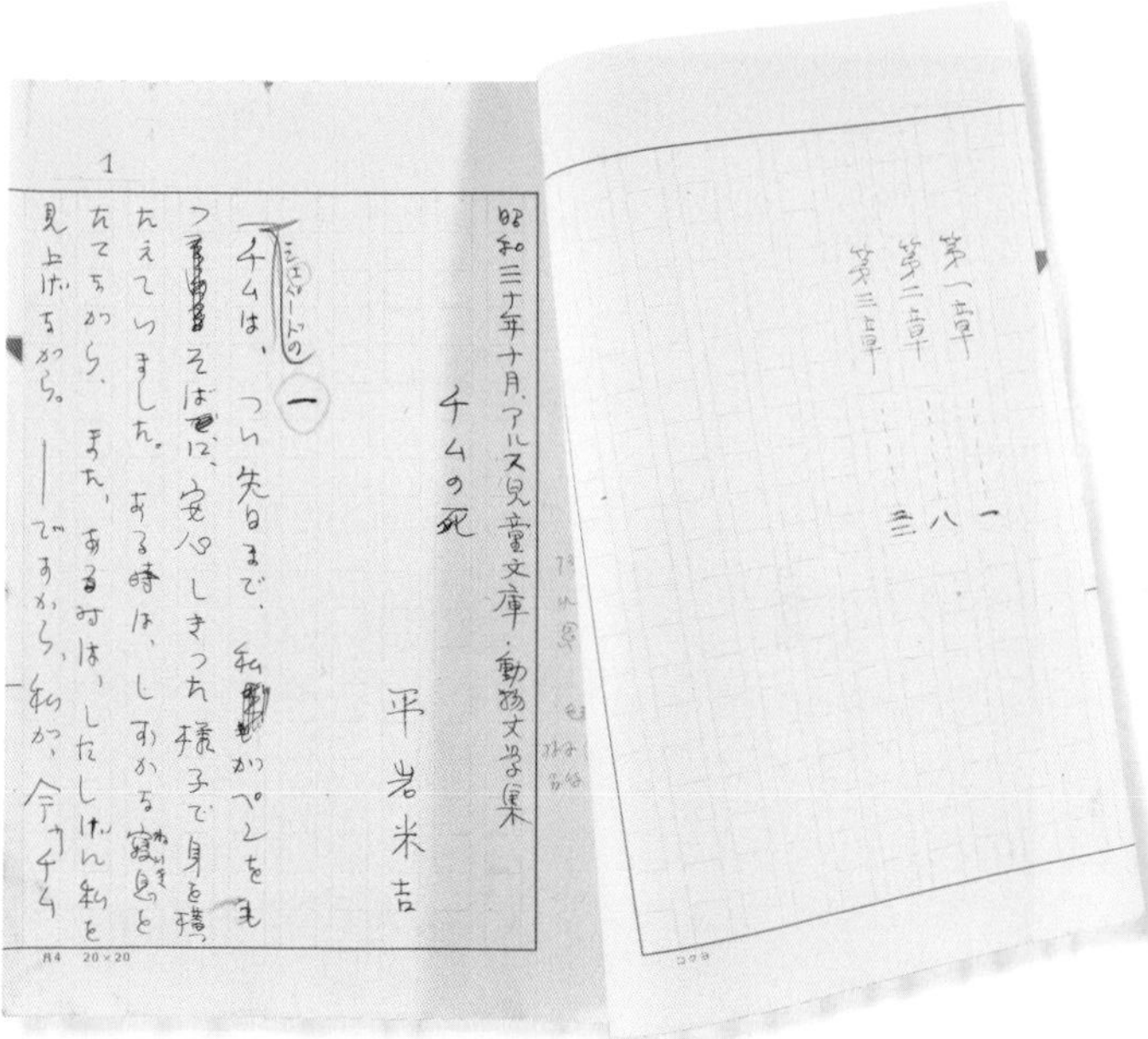

米吉がもっとも愛した犬チムの最期の記録「チムの死」の原稿。
昭和9年10月『動物文学』掲載の後、
戦後『動物文学集』〔アルス・児童文庫〕に収録された

『動物文学』の常連画家・大崎善司が描いたチムの死に顔
（昭和9年10月『動物文学』より転載）

「日本を代表する犬奇人」と呼ばれた晩年の平岩米吉（昭和51年8月）

ヤマケイ文庫

愛犬王　平岩米吉

「日本を代表する犬奇人」と呼ばれた男

Katano Yuka
片野ゆか

Y. L.
Yamakei Library

プロローグ

「執筆中」の札が数日ぶりに書斎の入り口からはずされたのは、梅雨のある日のことだった。

平岩《ひらいわ》家では、米吉《よねきち》が原稿に向かっているあいだ、大声で話したり笑ったり、足音を響かせたりするなど、大きな音をたてることは一切禁止されていた。息をひそめて神経をピリピリとさせる日々は、一度始まるといつまで続くかわからない。でも書斎の札が一度はずされれば、家の中にはたちまち開放的な空気が流れだす。

この時を待ちわびていたのは、妻や子どもたちだけではなかった。犬たちも、米吉の変化を敏感に察知した。興奮した彼らの爪は、ただでさえ傷だらけの廊下にさらに新しい傷をつくった。茶の間の畳は、すり切れてほとんど目が見えなくなっている。米吉が手をさしだすと、犬たちは先を争うように頭をすり寄せてくる。自分から転がってお腹を見せる犬もいる。澄んだ、明るい吠え声が家中に響きわたった。

ひとしきり犬たちと遊んだ米吉は、恒次博四郎《つねつぐはくしろう》としばらく会っていないことを思い出した。恒次は消化器科の専門医で、渋谷で病院を開業している。米吉とは互いの家を訪ねあって雑談や囲碁、連珠《れんじゅ》を楽しみ、気が向けばひいきの料理屋に出かけるといった付き合いが続いていた。しかしそれも、ここしばらくの多忙で途切れていた。

米吉は合《あ》いのインバネスをはおって玄関を出た。

インバネスはケープ付きのロングコートで、イギリスから輸入されて明治の終わり頃までは知識階級のあいだで流行したといわれているが、昭和四十年前後にもなってこんな古めかしいものを着て出歩く者はめずらしかった。だが、米吉はこれをいたく気に入っていた。そもそも正装などの仰々しい恰好は苦手だった。身につけるものは、サラリとはおれる身体をしめつけないものにかぎる。そう思っていた米吉は、真夏であれば、ほとんど着流しでどこへでも出かけていた。

自宅から緩やかな坂を下ってしばらく歩くと、東急東横線の自由が丘の駅に着いた。昼過ぎという時間帯もあって車両の乗客はまばらで、座席のひとつに腰をおろした。

米吉にとって、ライフワークともいえる大きな仕事は、雑誌『動物文学』創刊時からめざしている、ひとつの文学分野の確立だった。

動物文学とは何か？　それについて米吉は次のように書いている。

私は「単に動物を扱った文学というのなら、題材の範囲を示すだけで一般の文学と変わりがない。動物文学の基礎は動物に対する理解と愛でなければならない」と言い、（中略）結局、「動物文学は一生、動物に親しみ、たえずその研究と描写に精進する人からだけ生まれるもの」（第二十六集）としたのであった。

（『動物文学』百六十一号・昭和三十九年発行）

〝動物文学〟という言葉をつくった当初は、世間から奇異な言葉だといわれたこともあったが、それもしだいに浸透していった。しかし、あれから三十年を経た今も、本質は何も変わっていないと米吉は感じていた。世の中には、動物さえ出せば動物文学だと思っている者がいまだに少なくない。ひどいものになると動物本来の行動や生態をまったく無視して、人間の都合にあわせて書かれたものもある。

地球の上には人間だけが住んでいるのではありません。また、人間だけで住んでいられるわけのものでもありません。いろいろな生きものが、寄りあって、争ったり、助け合ったりしているなかに人間もいるわけです。ですから、いろいろな生きものの生きる姿を、はっきり見きわめなければ、われわれの生き方も、生命《いのち》というものの意味も、本当にはわからない筈です。

（『動物文学集』昭和三十年 アルス・日本児童文庫）

そう主張する米吉にとって、もっとも身近で愛すべき動物は犬だった。昭和九年の『動物文学』創刊とほぼ同時期に「犬科生態研究所」を設立する以前から、米吉は多くの犬をはじめ、狼、ジャッカル、狐などの野生動物と生活をともにしてきた。それによって得た犬科研究の成果を少しでも早くまとめていかなければならない。その思いから、犬を飼う方法について解説した『犬の生態』を刊行したのは昭和三十一年のことだ。

その後、次回作にとりかかって数年経つが、雑誌の編集作業に中断されるばかりで執筆は遅々として進まなかった。それどころか、動物好きのあいだで話題になっている新刊書を手に取る暇もない。本の内容について会員から質問されたものの、まったく答えることもできなかったのはつい先日のことだ。

突然、隣の席の男が勢いよく立ち上がる気配を感じて、米吉は我にかえった。

男は、ドアのそばに立っていた女性を押しのけるように足早にホームへ降りて行った。さらに数人の男がそれに続くと、米吉のまわりにぽっかりと空間ができた。

インバネスの胸に手をやってみると、紙入れの感触がなかった。内ポケットが刃物で切られ、丸ごと抜き取られたのだ。紙入れは分厚く膨れていて、それはインバネスの外からでもわかるほどだった。入っていたのは、数枚の紙幣。

それと、大量の犬の毛だった。

米吉は亡くなった犬たちの毛を切り取ったものを丁寧に半紙に包み、それを紙入れに収めて肌身離さず持ちあるいていたのだ。

米吉は茫然として、座席に沈み込んだ。それは単なる想い出の品ではなかった。米吉が愛した犬たちが生き、ともに過ごした時間が確かにそこにあったことを証明する大切なものだった。

ようやく力を振り絞って途中下車し、交番に届け出て、小銭を借りて家路についた時には、家人に帰宅を告げる気力さえ残っていなかった。

そのときの様子について、妻・佐與子《さよこ》は手記「ある梅雨の日の思い出」につぎのように書いている。

主人は悄然としてお書斎に入ったきり、しばらくは出てきませんでした。少したってから出て来て一部始終を話してくれました。私は何といって慰めたらいいのか、慰める言葉もなく立ちすくんでしまいました。

しかし、主人の災難を犬達が救ってくれたのかもしれません。

一方、掏摸《スリ》達は紙入れをあけてみておどろき、主人とは違う意味で、さぞがっかりしたことだろうと思います。折角、掏ったのに、中から出てきたのは掏摸にとってはゴミ同然の犬の毛だったとは見込み違いに腹を立て、あげくは笑いだしてしまったかもしれません。

愛犬王　平岩米吉　目次

第一章 狼に憧れた神童

江戸時代から続く裕福な竹問屋に生まれた米吉。幼い頃は負けん気の強い腕白坊主。就学後の学業は常にトップ。十歳頃には家業の主要業務を完璧にこなし「神童」と呼ばれた。写真は中学入学直前のもの。（明治四十四年三月撮影）

1

人の一生は、多くの出会いや出来事が絡み合い、時代の影響を受けながら大小の変化を繰り返す旅のようなものだ。その出発点である幼児期が人間にとって重要なのは、多くの先人に指摘されているが、それは平岩米吉という男にとっても例外ではなかった。

米吉が生涯、胸に刻み続けた物語に出会ったのは六、七歳のことだった。

曲亭《きよくてい》（滝沢《たきざわ》）馬琴《ばきん》の『椿説弓張月《ちんせつゆみはりづき》』は、弓の名手の源為朝《みなもとのためとも》が主人公の活劇ドラマで、文化二（一八〇五）年から約六年間にわたって書かれた大作だ。伊豆大島に流されて一度は死んだと思われていた為朝が、その後、琉球に渡って王家の内紛で大活躍する物語は馬琴の出世作で、『南総里見八犬伝』とならぶ傑作として浄瑠璃や歌舞伎などにもとりあげられ大ヒットした。

そのなかで幼い米吉の心をとらえたのは、為朝と狼にまつわるエピソードだ。

彼らの出会いは、山中を歩いていた為朝が、激しく争う二頭の狼の仔《こ》と遭遇するところから始まる。命の大切さを説いて弓で二頭をはねのけると、争いをやめてお互いの血をなめあい、お礼をするように頭をさげた。その後、二頭の狼は為朝がどんなに追い払おうとしても離れようとはせず、とうとう為朝の家までついてきてしまう。為朝は、一頭に山雄《やまお》、もう一頭に野風《のかぜ》という名前をつけて、犬を飼うように可愛がって狼の仔を育てるのだ。

『椿説弓張月』で狼が登場するのは、物語の前半のごく一部分、第二回から第九回にかけてだ。幼い米吉は乳母・廣瀬《ひろせ》みさに、この長編活劇ドラマの冒頭部分を何度も話すようにせがんだという。

廣瀬の声が心地よく響くと、幼い米吉の目の前には、山道を覆い隠すようなうっそうとした藪を力強く疾走する二頭の狼の姿があらわれる。やがて物語は、特に米吉の気に入ったところにさしかかろうとしていた。

それは、為朝がお供の重季《しげすえ》とともに、山の中の楠の木の下で夜明けを待つ場面だ。

「為朝、重季、あまりに走りて、疲れし給いしかば。もろとも、まどろみ給うとやがて、かの山雄、一声高く吠え。為朝、驚き覚めて、四方を見かえり給えど、目に遮るものなし。こは山雄の戯れとおぼして、また眠り給うと、またしても吠えかかりて――」

山雄は、幼い頃から愛犬のようにして為朝が可愛がり、長いこと飼いならした狼だ。しかし、やはり犬とは違う野生の動物である。為朝は、山雄が眠っている自分に襲いかかろうとしたのではないかと思った。もし、本当にそんなことがあれば斬り殺すしかない……。

いよいよ楽しみにしていたクライマックスである。

「為朝、刀の柄を握り持ち、しばし睨《にら》みつけておわしける。重季もこころ緩《ゆる》さず。山雄はその気色にも畏れることもなく吠ゆること二声、三声、たちまち走り寄らんとす。重季、跳びかかりて切れば、狼の首躯をはなれ、楠の梢にひらめき登ると見えつるが――」

重季が刀を振り下ろした次の瞬間、鮮血にまみれた巨大なものが、木の上からドウという音とともに落ちてきた。為朝が驚いて見ると、それは楠の幹ほどもあるうわばみだった。その喉元には、首だけになった山雄がしっかりと噛みついていた。山雄は、主人の身にせまった危険を懸命に知らせようとしていたのだ。

自らの手で山雄を殺してしまった重季は、自分の愚かさに気づき嘆き悲しむ。

「われ過てり、われ過てり。狼すら恩義を感じ、身死して主の寇《あだ》を殺す。我は獣にも及ばずして。山雄を殺せし事、恥ても辱《はず》るにあまりあり。為朝はこれをなだめ、彼を哀れみてやみ給わず――」

幼い米吉が、この物語にこれほど夢中になった理由は何だったのだろう。そのひとつは、愛情を持って育てた狼が、犬にも劣らない主人への忠誠心を見せるところだったようだ。

山雄と同様、野風の最期もまた壮絶だ。

官軍の攻撃に為朝が敗れ、妻の白縫《しらぬい》と父の忠国《ただくに》のもとにも大軍が攻め込む。急のことで防戦できず、忠国は白縫に野風をつけて密かに城から逃がし自害する。父の命令で城を出た白縫だが、その先にも敵兵がまわり激しい戦いになる。野風は、白縫を守って敵兵に嚙みつき、二十余本の矢を浴びて絶命する。その働きによって白縫は逃げ道を得るのだ。

後の米吉が、犬科動物のすべてを知るための研究生活に入る原点にあるのがこの『椿説弓張月』で、米吉の生涯を決めた物語といっても大げさではなかった。

平岩米吉は明治三十（一八九七）年十二月四日、東京府南葛飾郡亀戸村《かめいど》（現在の東京都江東区亀戸）に生まれた。実家は江戸時代から続く竹問屋「上総屋《かづさや》」で、明治になって六代目の父・甚助《じんすけ》がさらに業績をのばし、当時の業種別見立て番付の薪炭商の部ではトップクラスに位置する裕福な家庭だった。竪川《たてかわ》沿いに約三千坪の土地を所有し、現在はその一部が「亀戸平岩公園」になっている。

米吉が生まれる前、米吉の父・甚助は先妻トキとのあいだには五男一女をもうけたが、家業を継げるものはいなかった。甚助が財産を分け与えても、すぐに放蕩《ほうとう》のかぎりを尽くし散財してしまうのだ。生活がゆきづまると父の財産を頼るということをくりかえしていて、これでは店を継ぐどころの話ではない。

せめて、自力で立ち直って欲しい。そう考えた甚助が金の無心を断ると、彼らはたちまち逆上した。兄が弟たちをまきこんで甚助をつるしあげ、怪我をおわせて警察沙汰になったこともあった。

延々と続く財産分与にからむ問題を解決する方法は、ひとつしかなかった。当時の民法での「廃嫡《はいちゃく》」、現行法での「廃除」つまり相続権の否定だ。これは被相続人への暴力や侮辱行為を加えた推定相続人について、被相続人の意思にもとづいて裁判所の審判によって決定するものだ。

甚助は、先妻とのあいだに生まれた長男と次男を廃嫡した。それは、米吉が生まれる三十年ほど前のことで、それ以来、平岩家では激しい父子の葛藤が続いていたのだ。

そこへ甚助の後妻として平岩家に入ったのが、米吉の実母・志《し》けだった。高齢の甚助にとって、子どもができたことは予想外の喜びだった。一方、廃嫡された息子たちは、後妻の子どもに財産を丸ごととられてしまうと新たな不安を抱き、結婚当初から志けにあらゆる嫌がらせをして、子どもができたことがわかるとさらにエスカレートした。

異母兄たちは父（※注　米吉のこと）が生まれるまえから祖母をいびり、乳を出なくして赤子を乾しあげろというありさまで、祖母が母屋でなく庭の四阿《あずまや》で父を産んだのは万一の危害を考えてのことでした。生まれてからも赤子の父から目を放したらどんな目に遭わされるか、どこへ連れていかれてしまうかわからない状態が続いていました。父が生まれてまもなく、祖母志けの母であることは、こんな恐ろしいところにはいられない、この子を連れて新橋の家へ帰ろうと何度も言ったそうです。

しかし、気の強い志けは肯《がえ》んじませんでした。

（『狼と生きて　父・平岩米吉の思い出』平岩由伎子編著　築地書館）

もし、志けが、穏やかで常識と良識を持った女性であれば、執拗な嫌がらせに耐えきれず異母兄たちの思惑どおり流産していたかもしれない。そうでなくても、出産前に実家に戻っていただろう。

そのどちらもせずに上総屋六代目の甚助の妻として、ここ亀戸で米吉を生んだ志けを支えたのは、強気というにはあまりに生温い、人並みはずれた激しい気性だった。米吉は激しい気性を持った母に守られ、この世に誕生したのだ。だが米吉を守ったのは、そこまでだった。

志けは、家のなかの細々とした仕事が苦手で、家事や育児のいっさいを放棄していた。米吉の世話をしたのは志けの実母、つまり米吉の祖母だった。

志けは、生まれた米吉にはほとんど目もくれず外出ばかりしていた。芝居見物や宗教と無関係のお寺参り、湯河原などの温泉地などに遊びにいくのだ。

新橋烏森《からすもり》の薪炭商の娘だった志けは、下町風の凜とした美貌の持ち主で、結婚前は烏森小町といわれていた。そうした容姿にくわえ派手好きで社交的な性格なので、遊び友達や取り巻きにことかかなかった。

志けは、気のむいたときだけ米吉を外に連れて出かけた。

しかし、実際に遊ぶとなると、幼い米吉は足手まといだ。知人の家に米吉を預けると、たいてい志けは、そのまま何時間も帰らなかったという。

こうしたことが何回か続くと、米吉は母との外出を嫌がるようになった。母が自分を連れて出るのは、自分を愛して、自分との時間を一緒に楽しむためではない。そんなことは、幼い米吉にもすぐにわかった。

しかし、志けは、気まぐれをやめようとはしなかった。米吉が自分の言うことをきかないと激しく怒りだし、大人でもどうにかなってしまいそうなほど、幼い米吉を激しく打ち据えることも少なくなかった。

そんな時、米吉をかばったのが、乳母の廣瀬みさだった。

廣瀬みさが、米吉の乳母になったのは明治三十二(一八九九)年五月四日、米吉が一歳半くらいの時のことだ。米吉の生家のある亀戸に住み、亡くなった夫の廣瀬眞平《しんぺい》は北辰一刀流《ほくしんいっとう》の千葉周作《ちばしゅうさく》道場の高弟だったという。幼い米吉にくりかえし語り聞かせた『椿説弓張月』は、眞平の遺した蔵書の一部だった。

幼い米吉にとって、自宅の広大な庭は格好の遊び場だった。そこに棲む虫や蛙、蛇など、生き物には何にでも興味を持って近づいていった。当時、米吉の生家では何頭かの犬が飼われていたが、それらもまた、ヨチヨチ歩きの米吉を魅了した。とはいえ広大な庭を自由に駆け回る逞《たくま》しい犬は、あまりに野性味あふれる存在だ。好奇心のおもむくままに犬たちに近づく米吉に、さぞかし廣瀬はヒヤヒヤしたことだろう。

動物への興味は、飼い犬だけにとどまらなかった。ある日、近所に人を化かす悪い狐が出るという噂がたった。それを聞いた米吉は、夕飯をすませると「これから悪い狐を探しに行く」と毎日のように口にした。だがようやく歩けるようになった米吉が、足元の悪い夜道を進めるわけがない。実際は、廣瀬が提灯を手にした米吉をおぶって近くの畦道を歩きまわるのだ。

最初は張りきっている米吉だが、しばらくするとスウスウと寝息を立て始める。そのまま連れ帰っても目を覚ます気配はなく、朝までぐっすりと眠ってしまうことも多かったようだ。

それでも翌日には、ふたたび狐探しへ繰り出すと言い張った。米吉は一度言い出すと、どんなになだめても聞かない子どもだった。一方、廣瀬はたいして嫌がりもせず、米吉をおぶって毎晩のように出かけていったという。

そんな米吉が六、七歳になって、廣瀬が語る山雄と野風の話に夢中になるのは、自然の成り行きだったのかもしれない。

同じころ、米吉は廣瀬に教わった五目並べにも夢中になった。コツを覚えるとみるみる強くなり、近所の大人が誰もかなわないほどになったという。後に米吉が十代後半から三十代まで情熱を燃やし、七段にまでのぼりつめた連珠は、子ども時代に廣瀬から習った五目並べから始まっていた。

幼いころの米吉にとって、廣瀬は何のためらいもなく甘えることができる、ただひとりの存在だった。そのほかの大人は、普段はほったらかしで気分次第で自分を扱う実母をはじめ、敵意を隠そうともしない異母兄や親戚など、一時も気を許すことができない者ばかりだ。

こうした環境によって米吉は、人の顔色を見たり一瞬にして相手の真意を察したりする、子どもらしからぬ能力を早くから発達させた。

ある日、まわりの大人が米吉に訊いた。

「おまえは、ばあやの家でどんなものを食べているの?」

この質問には、けっして豊かではない廣瀬の暮らしをあざ笑ってやろうという悪意がこめられていた。それを直感的に感じた幼い米吉は、

「ぽっぽっと湯気がたつ真っ白いご飯に、たまたまをかけて食べているの」

と答えたという。当時、炊きたての白米はもちろん、卵はめったに食べられないごちそうだった。廣瀬の家で、そんなものを日常的に出せるわけがない。米吉は、自分のことを全身全霊で守ってくれる廣瀬を冷笑しようとした大人たちを持ち前の機転で言い負かしたのだ。

この話を後で聞いた廣瀬は、涙がとまらなかったという。

殺伐とした空気が渦巻く環境のなかで、米吉に愛情を注いだ唯一の肉親は父の甚助だった。

2

甚助は将棋をこよなく愛し、二十二歳で初段になり、棋士としての将来を有望視されていた。しかし、家業を継ぐ予定の弟が急逝し、まもなく実父も他界したため、三十三歳で上総屋の六代目になった。

甚助は商才を発揮する一方で、将棋との縁も続き明治二十六年には六段になった。将棋界の交流にも熱心で、なかでも第十二世名人・小野五平《おのごへい》とは特に親しく、米吉が生まれた敷地内のあずまやに数か月寝泊りして将棋を指し続けたこともあった。のちに小野五平名人に七段に推薦されるが、生前それを辞退し続け、死後の大正元年（一九一二年）に七段になっている。

甚助の将棋はおだやかで品格があり、人柄そのままと評されていた。大声で怒鳴ることはもちろん、厳しい口調で人をとがめるようなこともなかったという。商売の繁栄は、そうした人柄が多くの人から慕われた結果だった。

しかし、家族については常に問題を抱えていた。二人の実子を廃嫡する異常事態を生んだ根本的な原因は定かではないが、甚助の実母が孫に対して異常に甘く、それが一因ともいわれている。

晩年になって再婚した志けは、家事や育児のすべてを放棄して、取り巻きを連れて遊び歩いていた。志けは、甚助の叱責にもまったく動じず、商売の妨害になりかねないトラブルを起こすことも少なくなかった。甚助は、「あんなことをしていると、今におてんとう様のばちがあたって目がつぶれるよ」と妻を諭したという。

将棋のほかに、甚助は生き物の飼育にも熱心だった。米吉が生まれる前から、平岩家にはあたりまえのように数頭の犬たちがいた。米吉が幼少の頃に親しんだこれらの犬たちが、実際にどんな犬種や名前、性格だったのか知りたいところだが、それらについての記録がないのが非常に残念である。

もっとも米吉にとって、父といえば魚に関するエピソードの方が印象的だったようだ。

私の父は鯉が好きだった。といっても、ただ好きだという程度のものではなかった。庭の三分の二（約八百坪）近くも池にして、鯉を飼っていたのだ。真鯉《まごい》、緋鯉《ひごい》、変わり鯉と数千匹いたが、私には池の面《おも》を明るく色どる美しい緋鯉が一番多いように思われた。緋鯉や、赤と白の入りまじっている変わり鯉は今日では錦鯉と呼ばれているものである。

父は毎朝四時半頃に起きると、今日様《こんにちさま》（太陽のことである）や、庭に祀ってあるお宮（お稲荷様と弁天様）を拝み、それから、大釜で前日からゴトゴト煮てある麦と芋を、長い柄《え》のついた柄杓《ひしやく》で池へ撒いて鯉に与えていた。これにはちょっと時間がかかった。そして、それがすむと、抱え車夫の人力車に乗って、商売の取引きに出かけて行った。（中略）

ところが、この平穏な池に突如、異変がおこったのである。明治四十年ごろのことだったと思う。（中略）亀戸村に染物工場などが建ちはじめ、今まで夢想もしなかった家の前の竪川が、紺屋の流す藍で汚染されるという事態がおこったのである。（中略）八百坪を越す大きな池は、たまり水ではなく、前方は太い土管で千葉街道をくぐって竪川に通じており、裏も、これと同じく田圃の水路に通じていた。（中略）

竪川に藍が流れこんでくるようになったので、水位には関係なく、水の色が変わるのが見えると、すぐさま堰を閉めなければならなくなった。

（『動物文学』昭和四十四年三月　第百八十号　平岩米吉著「父と鯉」）

しかしその後、紺屋の汚水が池に流れこみ、多くの鯉が死んでしまう。

米吉はこの時「初めて剛気な父が泣いているのを見た」と書いている。ちなみに甚助は、明治四十五（一九一二）年の明治天皇崩御の際も「金帝様が亡くなられた」といって涙を流した。米吉が知る限り、父親が泣いたのはこの二回だけだったという。

魚好きだった甚助は、金魚商の初代秋山吉五郎に土地を提供して、金魚の品種改良の支援もしていた。秋山は、明治三十年代に「秋錦《しゅうきん》」「ランチュウ」「朱文金《シュブキン》」「キャリコ」などの新種をつくりだしている。

生き物への強い執着心が、はたして遺伝するのかどうかはわからない。しかし、米吉が後に動物へ強い興味を抱くのは、こうした父の影響が少なからずあったことは確かだろう。

それに関連して、もうひとつ興味深いエピソードがある。

甚助の作った池のまわりには多くの蛇がいたが、平岩家では、それらを弁天様のお使いとして大切に扱ったという。その様子について、米吉は『動物文学』のなかでつぎのように書いている。

それは信仰の上からだけではなく、じっさいの役にも立っていたからだと思う。というのは米納屋には地方から送られてくる年貢米の俵が積み上げられていて、そこへ出るネズミを蛇が捕ってくれたからである。

おとなしい青大将は人にも馴れて、よく家のなかの梁《はり》や鴨居の上を這っていたりした。しかも、それは時々バタッと畳の上に落ちてくることがあり、客や、新しい女中に悲鳴をあげさせた。

（『動物文学』第百八十号「父と鯉」――私の自叙伝〈二〉）

人への危害がないかぎり、生き物を自然のままに受け入れる。そうした動物へのおおらかな環境は、米吉が生まれる前からこの家のなかにあったようだ。

甚助の教育方針は、好きなことがあれば思いきりやらせる、才能があればそれをのばすチャンスを与える、というものだった。わずか五歳四か月の米吉が、日本画の川端玉章《かわばたぎょくしょう》の門下になったのも父のおかげだった。

その背景には、甚助自身の無念と後悔があったことが想像できる。彼は若い頃、棋士として勝負の世界で生きることを熱望していた。実父もそれを許してくれたものの、弟の死によってその想いは断たれてしまった。その後、店は大きく繁栄したが、それによって家族や親族間のいさかいは深まるばかりだった。

そんな人生を歩んできた甚助にとって、米吉は望外に得た希望の光だったのだろう。この子だけは、悔いのない人生を歩んでほしい。そうした環境を与えてやることが、親としてできる最大の仕事なのだ。甚助はそう思ったに違いない。

だが一方で、六代続いた上総屋への責任もある。できることなら……という矛盾した気持ちがまったくないわけではなかっただろう。米吉は、父の期待に応える利発な子どもで、当時のことについてつぎのように回想している。


栃木の山から切り出された竹は筏《いかだ》に組まれ、その上に作られたかまぼこ小屋に荷《に》主《ぬし》や乗り手《のりて》が四、五人寝泊りして川を降《くだ》ってくるのである。（中略）値段がきまると、支払いだが、筏はたいがい三組ぐらいあるので、二、三百円の取引きになる。当時としては、これは大金で、支払いがすむまで荷主は少し緊張した顔付になっている。

ある時、父がちょっと手放せないことがあって、私が店の机の前へ坐って、荷主に渡す金額を計算していると、その荷主が不安そうに私の手元を見ていたが、やがて、受け取った金額が間違いのないことが判ると、驚愕して、私の背後にいた乳母に向かって言った。
「こんな小さな子に、こんな大金を数えさせるなんて、田舎では想像もできないことです」（子供の使う金は一銭、二銭の程度であった）
その頃、私は九歳ぐらいであったろうか。
（「「竹」の思い出」平岩米吉・『狼と生きて　父・平岩米吉の思い出』）

河岸に到着する積荷の確認や荷主たちの対応は店にとって重要な仕事だが、米吉は十歳前後には、それらの仕切りを完璧にやることから「竪川の神童」と呼ばれていた。

しかし、そんなことよりもまわりには米吉を夢中にさせるものがたくさんあった。父の作った広大な池は、米吉にとって最高の遊び場で、六、七歳頃から緋鯉のあいだを犬かきで泳ぎまわっていた。池には鯉以外にも、金魚やフナ、ウナギ、手長エビなどが数多くいた。池に潜ってエビやウナギを獲るうちに、場所によって獲れ方が違うことに気づく。そうした違いをさらに詳しく調べたり、周辺の植物、石の形状、水深などを調査して池の測量図をつくったこともあった。

また明治四十三（一九一〇）年のハレー彗星の接近の時、十二歳の米吉は毎晩のように屋根に上り、写生図を描いた。特に彗星の尾が長くなった五月二十五日は、午後七時四十五分から八時四十五分まで、十五分刻みで彗星の様子の違いを丁寧に記録している。

この時、彗星の位置を示す基準として書きこまれているのは、双子座と小犬座だった。その図の横には「ハレー彗星」というタイトルとともに、「五月二拾壱日ヨリ夕方西天ニ尾南ニ引キテ表レタル時ハレー彗星※注意五度ヲ三分トサダム一度八六厘」と子どもらしい丁寧な字で書いてあり、微笑ましくも並外れた好奇心と集中力を感じさせる。

米吉のこうした傾向は年々強くなっていった。特に興味を寄せたのは「数値」だった。東京を起点にした鉄道の長さ、山登りの時に歩いた距離や所要時間、主要都市の人口の比較グラフなど、様々なテーマで各数値を記録するのだ。

クラスメイトの身長、体重、胸囲、足の大きさなども測り、それらを一覧表にまとめたこともあった。友人たちは協力しつつも、熱心に測量する米吉が不思議でたまらなかっただろう。そうした一覧表やグラフ作りは米吉にとって、一日中やっていても飽きない最高の遊びだった。数値を記憶するのも得意で、マラソンの記録や山の標高など、一度覚えたら絶対に忘れないほど記憶能力も抜群だった。

少年時代の米吉にとって、おそらくこれは無意識的な自己防衛だったのだろう。

周囲の大人たちにとって、米吉は生まれる前から嫉妬と憎悪の対象だった。疎《うと》まれるだけでなく、存在そのものを無いものにするため過激な行動にでる者もいたようで、手記でも「親戚間の紛争で、幼い私が誘拐の危機にさらされたことが何度もあった」と書いている。

彼らは殺意と悪意を隠そうともせず、自分の利益のために暴力によって相手をねじ伏せようとする。尊敬する父を罵倒し、さらに怪我を負わせたこともあった。そうした許しがたい人間たちに囲まれて生活する少年が、なにかの拍子に激しい嫌悪と憎悪、怒りなど、自分では説明のつかない感情に襲われることがあったとしても不思議ではない。

幼い頃からの遊び場だった自宅の庭は、そうした気持ちを静めるために格好の場所だったはず。米吉の姿を見つけて駆け寄ってきた、数頭の飼い犬たちの頭や背中を順番に撫でてやることもあっただろう。信頼しきった目をして、嬉しそうに尾を振る犬たちの姿を見て、米吉の胸には何が浮かんだのだろうか。

尊敬、愛情、信頼――それは非暴力のもとで関係が成り立つ、穏やかで正常な社会だったに違いない。

米吉は晩年の著書『犬の行動と心理』のなかで、犬の集団のリーダーがどのように決定するのかについて、狼の場合とほぼ同様として、その条件の項目の優先順位について述べている。それによると一位は性別（雄）、二位は年齢（年長優先）、三位は気性の強さ、四位は才能（敏捷な立ちまわりによって優位を獲得）、そして最後の五位が体力だとして、「野獣の世界でも、やはり腕力だけでは上位を占めることはできないのである」と解説している。

世間には、動物を劣った存在としてさげすむ者がいる。秀でているのは人間ばかりで、そのほかの生き物は、思考とは無縁の本能に従って動くだけというものだ。こうした考え方は、明治の頃はもちろん、現代でもゼロではない。しかし、それが誤りだということは、反社会的な人間とともに暮らす米吉にとって容易に理解できることだったはずだ。

そうしたことから、米吉が『椿説弓張月』の山雄と野風の物語をまるっきりあり得ない話ではない、と思っていたとしても不思議ではない。愛情を持って育てた狼が、やがて深い愛情と忠誠心を見せるようになり、場合によっては自分を救ってくれることもあるのではないかという考えは、少年らしい想像の世界だけにとどまらず、「いつの日か、徹底的に調べてみたい」という目標へとつながっていったのだろう。

父・甚助が他界したのは大正元年（一九一二年）九月二日、米吉が中学二年の時だった。

生まれたときから多くの問題があったとはいえ、一族の最大の権力者であり、賢者である父に守られた時代は、やはり幸せだった。それが突然終わったのだ。

甚助が脳溢血《のういっけつ》で倒れたとき、米吉は家人に仕事を頼まれて外出中だった。用事を済ませて帰宅したとき、父はすでに息をひきとっていた。

父の死を玄関先で知った米吉は、父の寝室に入ると布団の前で倒れこんだ。あれほど愛してくれた父なのに、自分はその最期を看取ることができなかった。こんなことが許されるだろうか？　そんなはずはない！　自分はとりかえしのつかないことをしてしまった。人生最大の失態だ。

米吉は号泣した。自分のふがいなさを思うと、涙がとまらなかった。その激しさは尋常ではなく、家人はこのまま米吉がどうかなってしまうのではないかと思うほどだった。

この出来事は少年時代の米吉にとって非常に強烈だったようで、大人になってからも妻や子どもたちを相手に「その日の日記には、〝自分は世界一の親不孝者になってしまった〟と書いた」とくり返し語っていた。

父の亡き後、米吉は、学校の勉強に急速に興味を失っていった。周囲から当然と思われていた一高の受験も放棄して、独学の世界へ没頭するようになったのだ。

米吉が幼い頃から見せる幅広い好奇心と大人顔負けの集中力は、父・甚助が一番認めていることだった。この子は、竹問屋の商売で一生を終えて満足するような人間ではない。そう判断した甚助は、晩年「商売は継がなくてもいい。なんでも好きなことをやりなさい」と言い遺していた。

そうした意味で、米吉は、父の言うとおりの人生を歩みはじめていた。

3

米吉の学生時代は、多くの友達にかこまれた賑やかなものではなかった。趣味のあう友人は何人かいたが、彼らとも気軽につきあえない事情があった。

授業終了の鐘が鳴ると、クラスメイトたちは、それぞれ誘いあうように帰宅していく。だが米吉だけは教室に残り、日が暮れるのを待った。連れ立って帰る友人たちをひとりで見送るのは、寂しくわびしい。それでも夏のあいだはまだよかった。日の短い冬は、広い教室はあっという間に冷え込んでくる。育ち盛りの少年には空腹も辛い。校庭のむこうの西の空が濃い赤に染まり、それに薄墨がかかる頃、ようやくドアが開いた。担任の国語教師の吉川が仕事を終え、教室に戻ってきたのだ。

米吉は毎日、吉川の帰宅にあわせて下校していた。米吉が東京府立第三中学に進学した後も、親戚のなかには本気で命を狙う者がいた。下校時に誘拐されそうになったり、短刀を持って待ち伏せされたりしたこともあった。

その事情を知った吉川が、しばらくのあいだ自宅から通学するように、と自ら申し出たのだ。成績優秀なだけでなく、俳句や短歌など文学の才能にも長けていた米吉は、吉川に可愛がられていた。米吉も吉川を慕っていた。とはいえ、同世代の友人と気ままに行動できない寂しさを完全に埋めることはできなかった。

しかし、長期間続いた親戚とのいざこざは、父・甚助の死によってひとまず決着をむかえた。また十五、六歳頃になって体力がついてくると、さすがに危険にさらされることも少なくなり、米吉の行動範囲は格段に広がった。

その頃、米吉が熱中したことのひとつが登山だった。ひとつ興味深いエピソードがある。

あるとき山道を歩いていたら、枝が顔にあたって眼鏡が弾き飛ばされてしまった。

近視の米吉は、眼鏡がなくては歩くことができない。友人に声をかけて手分けして探し始めたが、いくら探しても見つからなかった。

「おかしいな」「そんなに遠くに飛んだのか」「そっちの草むら、もう一度探してみよう」

友人の声を聞きながら、米吉も手探りで探し続けた。すると友人のひとりが叫んだ。

「平岩、おまえ、眼鏡かけているじゃないか！」

顔に手をやると確かに眼鏡の感触があった。その瞬間、急に視界がはっきりした。

米吉は、自己暗示にかかりやすいところがあり、自分で「こうだ」と思うとそれが体調や行動に大きく影響してしまうことがあった。だがそれは、人並みはずれた集中力と自分を信じる力でもあり、複数の分野で才能を開花させることにつながった。

そのひとつが中学時代から続けていた短歌だった。米吉は十六歳頃から、作品を書きためては新聞や雑誌へ投稿していた。大正五年、米吉が十八歳の頃には、新聞各紙の短歌欄の常連入賞者になっていた。選者は与謝野晶子で、「蝶低く飛ぶかと三味《しゃみ》の薄れ行く音を思へり人を恋ひつつ」などの作品が特選になっている。

それと同時に情熱を燃やしたのが、犬や狼をはじめとする犬科動物、さらに猫などに関する文献や古文書、浮世絵などの蒐集《しゅうしゅう》だった。しかし、当時、犬科猫科の動物の研究を生涯の仕事にするという発想は、さすがの米吉にもなかった。いつかやりたいという漠然とした思いはあったものの、その具体的な方法を考えるまでには至らなかったようだ。しかし、このときに入手した膨大な数の資料は、後の犬科猫科の動物の研究になくてはならないものになった。

もうひとつ、米吉を熱中させたものが連珠だった。これは五目並べのルールを進化させた競技で、もともとは囲碁の余技として派生したことから〝女・子どもの遊び〟といわれていた。それを世間から注目される競技として確立させたのは、新聞記者・翻訳家・小説家として幅広く活躍する黒岩涙香《くろいわるいこう》だった。

連珠が競技として発展するきっかけは、明治三十二（一八九九）年、黒岩が発行する新聞『萬朝報《よろずちょうほう》』の「五目並べ必勝法」の連載だった。黒岩はこの連載開始を機に、従来のイメージからの脱却をめざして「連珠」と命名したのだ。これ以降、文学や翻訳活動のかたわら、連珠の世界では高山互楽《たかやまごらく》と名乗り、連珠の普及と定着のために活動した。

『萬朝報』は明治二十五年の発行と同時に、当時の最新のメディアとして幅広いファンに支持された。モットーは簡単・明瞭・痛快、社会悪に対する徹底追及だ。政治活動にも熱心だった黒岩が書く記事は、広い人脈と独自の見解によって展開され、民衆から知識層までを魅了した。

黒岩によるビクトル・ユゴーの『噫無情《ああむじょう》』の翻訳連載小説の反響も大きかった。物語が始まってしばらくすると、多くの読者から「ラストはこうしてほしい」という手紙が編集部に殺到した。明治三十二年末、『萬朝報』は東京で発行部数一位を誇る新聞に成長した。

連珠の連載が始まったのは、そのさなかのことだった。黒岩は、見どころのある棋士十人ほどを専属にして、その対戦記録と解説を連載した。庶民の娯楽の少ない時代、特別な道具がなくてもできる（紙に碁盤の目を描いて印をつけていけば対戦可能）連珠の人気は絶大だった。

その様子について、連珠の歴史研究の第一人者で社団法人・日本連珠社の副理事長（取材当時）の坂田吾朗九段は、「懸賞金付の詰め連珠の問題を載せると、たいていは一万通、多い時は一万五千通を超える解答が寄せられたようです。当時の連珠は、そのくらい人気があった。庶民の娯楽の中心的存在だったといえるでしょう」と語っている。

社会現象ともいえる人気ぶりに、朝日新聞や読売新聞、東京日日新聞（現在の毎日新聞）など他紙も無視できない存在になった。「うちも連珠の記事を載せたい」と多くの新聞社から協力依頼があった。だが黒岩はそれらをすべて断り、連珠そのものを独占したのだ。

こうした経緯から、しかたなく他紙がとりあげるようになったのが囲碁や将棋だった。各新聞関係者は黒岩の態度に憤慨し、なんとか見返してやろうとやっきになった。しかし、しばらくのあいだ読者の反響は、連珠の足元にも及ばなかったという。

米吉が本格的に連珠を始めたのは、新聞連載が始まって十数年を経た大正三年の十六歳のことだ。情報源は主に『萬朝報』の連珠対戦の記事で、黙々と独学を続けていた。

初めて公式戦に出たのは十七歳の時で、それを勝ち抜いて翌年の御前試合に参戦。そこで黒岩に連珠の才能を認められ、十八歳で初段になり平岩麗山《れいざん》と名乗るようになった。

この頃の米吉は、短歌をはじめとする文学活動、そして連珠という二つの世界のあいだで進路を迷っている状態だった。そうしたなか黒岩に認められたことは、大きな自信につながった。

本格的に連珠の勉強を始めてから、米吉にとって「いつか、おまえに将棋の定跡を教えておきたい」という父の言葉は特別なものになっていた。だが手ほどきを受けることなく父は逝った。将棋を知らない自分が父を喜ばせることができるとすれば、連珠しかない。

米吉は、十八歳で父が求めた勝負の世界で生きていくことを決意した。

連珠の世界で、米吉は周囲の期待どおりの活躍を見せた。ほぼ毎年昇段し続け、大正七年の二十歳で三段、大正十二年の二十五歳で五段になった。

「一概にはいえないが、十年で三段、十五年で五段に昇段すれば、実力と努力ともに認められていると考えて良いと思う」という坂田九段の見解をもとにすると、米吉の昇段の速度が驚異的だったことがわかる。

連珠のルールはとてもシンプルだ。それだけに展開については、数学的に緻密に組み立てなければ勝つことはできない。囲碁や将棋も「運」で勝てることはほぼ無いといわれるが、連珠はその比ではないという。

勝負の世界で活躍する一方で、米吉は演劇にも熱中して築地小劇場によく足を運んだ。ここは「自由劇場」を創立した小山内薫《おさないかおる》が、大正十三年に土方与志《ひじかたよし》とともに東京府京橋区（現在の中央区）築地二丁目に開場させた日本初の新劇専門の劇場だった。

小山内は、東大在学中から森鷗外《もりおうがい》やその弟の三木竹二《みきたけじ》との交流を通して演劇を志して市川左團次とともに自由劇場を設立。劇作家・演出家として活躍した。その相棒となった土方は、伯爵・土方久元《ひさもと》の孫で、東大在学中に小山内と出会い演劇の世界に入った。東大を中退して小山内に師事して演出家となり、ドイツ留学を経て帰国後、私財を投じて築地小劇場を建設したのだ。

この劇団に所属していた友田《ともだ》恭助《きょうすけ》の母と米吉の母が、仏教関係の友人であったことから、米吉も公演のたびに劇場を訪れるようになった。日本の近代演劇の発展に尽力した小山内や土方、友田らとの交流は、連珠の世界とは違った刺激に満ちていた。米吉もアルツィーバーシェフなどのロシア文学を好み、一時は、劇作家になろうと思ったこともあったという。

当時の米吉は、新しいものを見つけて「面白い！」と思うとまたたくまに熱中した。連珠や海外文学、演劇などジャンルの違いはあるが、いずれもそれまでの日本にはなかった最先端文化だ。刺激的な友人や知人と交流する、知的興奮に満ちたその場所は、米吉にとって青春を謳歌したステージそのものといってもよかった。

4

だが実母・志けの存在が、米吉の人生に大きな影をおとしていた。

父の死後から数年して相続の問題がようやく終結した大正七年、二十歳の米吉は母とともに亀戸から上目黒に移転した。母子二人に、数頭の犬や猫という暮らしだった。しばらくは平穏な日々が続いていたが、それも米吉の譲歩があって成り立っていた。

夫の死後、志けは、友人やとりまきとともに相変わらずの物見遊山、歌舞伎や芝居見物、お寺参り、温泉めぐりの日々をすごしていた。米吉が十代後半になっても同行を強要することもしばしばで、米吉は母のそんな態度に心底うんざりしていた。

本当の母のように慕っていた乳母の廣瀬は、晩年になって胸の痛みを激しく訴えた。煙草が好きだったため、肺がんだったのだろうと後にいわれている。米吉の必死の看病も虚しく、廣瀬は米吉が十九歳の時に他界した。この時、米吉は自分のことを無条件に愛してくれる者を完全に失ったのだ。

一方、志けは、連珠の世界で活躍するなど自分の人生を自力で切り開こうとする米吉をいっさい認めようとしなかった。だが成人した米吉を物理的につなぎとめておくのは、さすがに限界がある。このままでは、米吉は本当に自分から離れていってしまうかもしれない……。

不安になった志けは、ある計画を思いつく。それは自分の思い通りになる従順でおとなしい性格の嫁を取り、息子夫婦に奉仕させるというものだった。

候補に選ばれたのは、高橋貞子《たかはしさだこ》という女性だった。その時、貞子は、東京女学館を卒業したばかりで、姉たちの習うピアノに憧れ、青山の高樹町に住むピアノ教師の納《のう》所辯次郎《しょべんじろう》のもとに通っていた。

そのときのことを貞子は『動物文学』に寄稿した手記「平岩家と私との縁《えにし》」のなかでつぎのように書いている。


毎週のお稽古の日はほんとうにたのしくしあわせにすごしておりましたが、そんな或る日、お稽古中にだれか後に入ってきて私をみているのを嫌だなと思ったのを憶えています。春の音楽会はそれから間もなくのことでした。

音楽会の会場は有楽町にあった有楽座であったと思います。大勢のお弟子さんと家族たちとで会場は大変はなやかでした。その中に主人と主人の母が来ていたことを、私は後でききました。しばらくまえにピアノのレッスン中に、私をみにきていたのは主人の母だったのです。

貞子の実家は、日本橋でリーガル商会という大手の化粧品問屋を営んでいた。父の高橋林三郎《りんさぶろう》は実直で商才に長けた人物だった。日本初の男性用整髪料のベジリンを発売してヒットさせ、フランスの香水専門店ウービガンの代理店になり、一代で財を築いた。明治三十八年、貞子は高橋家の八人兄弟の三女として生まれた。

貞子は、志けの理想を絵に描いたような嫁候補だった。顔立ちは色白で細面、肩幅の狭い華奢《きゃしゃ》な体つき。なにかに意見するような雰囲気は微塵もなく、人のいうことに素直に従いそうな性質に見えた。実際、当時の貞子は、世間知らずの無邪気でおとなしい娘だった。

やがて両家のあいだで縁談が進んでいったが、嫁入り支度のことが具体化すると、たちどころに志けの非常識ぶりが露見した。すべて自分が、平岩家が中心でなければ気がすまない。偏った考え方はここでも存分に発揮され、まわりを呆れさせた。

志けの本性がわかると、高橋家側では「そういう人が姑にいるのなら、やめたほうがいい」という心配の声が大きくなっていった。父親の林三郎も、苦労が目に見えている家に娘を出すのは本意ではない。そうして破談が決まりかけたとき、貞子が母に頼んだ。

「もう一度、ひとりだけで会わせてください」

普段はおとなしい貞子の自己主張に、両親は心底驚いた。見合いの席で顔をあわせた時から、貞子は米吉に何かを感じ、また米吉も、同様だったようだ。この時、米吉と貞子の人生ははっきりとひとつになったのだ。

大正十四年十二月五日、平岩米吉は貞子と結婚した。この時、米吉二十七歳、貞子二十歳。挙式は日比谷大神宮、披露宴は帝国ホテルでおこなわれた。

結婚後、平岩家の親戚で同名の女性がいたので、貞子は通称を佐與子《さよこ》にした。「助け、与える」という意味で、この名前に込められた米吉の想いに佐與子が気づくのは何十年も後のことだった。

5

結婚後、米吉は以前にもまして連珠に熱中した。昭和二（一九二七）年に二十九歳で七段になり、実戦の世界では頂点をきわめた。米吉はますます忙しく、母の手の届かないところに行こうとしていた。

さらに昭和二年に長女の由伎子、翌年に長男の布士夫《ふじお》が生まれると米吉は大喜びで、子どもたちに夢中になった。米吉は毎日のように育児日記をつけた。子どもを生み育てる母親の姿、そこから生まれた命の成長のすべてに惹きつけられ、その変化を克明に記録した。

七月二日（土）午後一時二十分出生、産褥一時五十分、身長五十一糎《センチ》、体重八二〇匁《もんめ》（約三〇七五グラム）、体温三十七度以下、脈一四〇、呼吸五十――。

我が子の名前が表紙についたノートには、こうした記録が毎日書き込まれた。それは我が子の育児記録というよりも、人間というひとつの生き物がこの世に生まれ出て、成長する過程を克明に記した観察記に近い内容だった。

昨日できなかったことが、今日できる。米吉は、我が子の成長過程を見て、この世にこれ以上神秘的なことがあるだろうかと思った。この経験によって、生活を共にすることはどんな観察や実験にも勝ることに気づいたのだ。

米吉の好奇心と探究心という大きなエネルギーは、もはや連珠の世界だけにおさまらなくなっていた。

これまでは対局の一方で、連珠に関する書籍も精力的に執筆していた。大正十四年

八月『銀月必勝法』（四十五頁）に始まり、同年九月『松月必勝法』（九十頁）、大正十五年二月『花月必勝法』（五十六頁）、同年八月『横二聯必勝法（前編）』（七十二頁）、同年十月『横二聯必勝法（後編）』（九十頁）、昭和二年十二月『聯珠実践講義第1』（七十四頁）、昭和三年七月『聯珠実践講義第2』（八十四頁）と続けて出版している。

これらの定石研究書や解説書に加え、米吉は連珠の歴史や背景、ルールの変遷などについて徹底的に調べていた。その知識をベースにした読み物『聯珠随筆』（二百二頁・昭和五年十月発行）の執筆も順調に進んでいるところだった。

米吉は勝負の世界に入ったときから、父が将棋の世界で達したのと同様に連珠の世界で七段になることを目標にしていた。それを達成して、さらに論理や歴史など多角的な視点から連珠について追究し続け、その集大成ともいえる研究書も完成目前だった。七段になったのを境に実戦を退いた米吉は、「連珠はやり尽くした」という思いを抱いていたようだ。

またこの頃、連珠界は衰退の一途をたどっていた。大正九年に黒岩涙香が五十九歳でこの世を去った後、萬朝報社は身内の者に引き継がれたが、もともと黒岩ひとりの才覚と人脈に支えられていたメディアは長くは続かず二、三年で廃刊した。当時、連珠は、囲碁や将棋と並んで一般の新聞にも掲載されるようになっていたが、高段位の実力者が対局したように見せかけて謝礼を受け取る不正が発覚して、以来すべての新聞社から締め出された。

米吉が連珠を愛する気持ちに変わりはなかったが、それとは別の次元で大きな波が起ころうとしていた。

同じ頃、母と息子の距離はますます広がっていた。母の志けは、米吉を従順な娘と結婚させて、息子夫婦にかしずかれる生活を期待していた。しかし実際に結婚させてみると、米吉は連珠に没頭して、さらに子どもが生まれると我が子に夢中になった。

当時のことを父母から聞かされたという長女の由伎子は、その様子をつぎのように書いている。

祖母は、初めのうちこそ母を大事にしたようですが、半年ほどすると、当時としても珍しい鬼のような姑になりました。親の家で何の苦労もなく育ってきた母は、朝、いつまでもねたふりをしておきてこず、そのうちにこっそり裏口から芝居に出かけてしまい、夜はおそく取り巻きをつれて帰る祖母を一日待ち続け、食事さえままならなかったためにやせ細ってしまい、祖母のあまりのひどい仕打ちに一度は真剣に婚家を出ることを考えたようです。

（『狼と生きて　父・平岩米吉の思い出』）

米吉は母の身勝手さ、心の狭さに辟易してますます距離をとった。それでも志けは、米吉の生活を妨害し続けた。常套手段は一度許可したことを「知らぬ、存ぜぬ」でひっくりかえすことで、そのたびに親子で言い争いがおきた。志けの目的はただひとつ。家のなかでは自分が中心でいたい、息子に注目されたいというものだった。米吉にとって母は、すでに母ではなく巨大な怪物だった。

そんなある日、米吉は激しい動悸《どうき》に襲われた。ストレスが原因の不整脈だった。発作の回数はしだいに増え、症状もしだいに激しくなった。この状況を心配したのは主治医の恒次博四郎だった。

「母上とのことが原因だとわかっている以上、症状をやわらげるためには別々に暮らすしか方法はない」

この助言をきっかけに、米吉はようやく母親との別居を決心した。

しかし、あの母に別居したいなどと言ったら、どうなるのだろう。想像するだけで憂鬱になった。荒れ狂い暴言を吐き、金銭面でも無理難題を押しつけてくるはずだ。

新生活の準備はすべて秘密裏におこなわれた。祖父から相続した財産は、事実上はすべて母が握っていたので使うことができなかった。そのため、今住んでいる上目黒の米吉名義の土地と家屋を担保に銀行から借り入れ、それをもとに新居を探すことになった。

一時は連珠の陰にかくれていた動物への興味や疑問が、急速に大きくなっていったのは、勝負の世界でひとつの目標を達成した二十九歳前後のことだ。翌年の昭和三年、米吉は連珠の世界に身をおきながら、斎藤弘《さいとうひろし》（弘吉《ひろきち》）や鏑木外岐雄《かぶらぎときお》らとともに『日本犬保存会』の設立に参加するなど、動物方面の活動を少しずつ始めていた。

由伎子や布士夫が生まれたのは、そんな時で、米吉は生命の神秘や発達の過程に圧倒されながら、夢中で育児日記をつけ続けた。人間というもっとも身近な生き物が成長する過程に、米吉は何度も驚き、感動した。その体験は「子どもの頃から親しんでいる犬という生き物の場合はどうなのか？」というさらなる好奇心へとつながっていった。

母との別居が実現すれば、今までのようなトラブルに悩ませられることも少なくなり、好きなことに存分に集中できる環境が整う。それは、新しい仕事をスタートさせる絶好のチャンスだった。

米吉は、人生の大きな転機を迎えようとしていた。

今、探している土地は、単なる住居の場所ではない。それは自分が子どもの頃から持ち続けてきた目標につき進むための出発点だった。何十頭という犬と暮らすためには、なるべく広い土地を探す必要がある。犬たちの安全と健康のためには、じゅうぶんな日当たりと水はけの良さにも注意を払わなければならない。米吉はあちこちの土地を見てまわり、ようやく見つけたのが荏原《えばら》郡碑衾《ひぶすま》町（現在の自由が丘）の土地だ。

なだらかな丘陵地から望む丹沢の山並みと、その向こうにそびえる富士が美しい場所だった。

第二章　白日荘のにぎやかな住人

昭和四年、米吉が家族と移り住んだ自由が丘の屋敷。モダンなアーチ型の門が印象的。米吉は、この土地をフェンスで囲み犬や狼、多くの野生動物を飼育した。令和元年までこの家は、米吉の長女・平岩由伎子氏によって当時とほぼ同じ状態で保管されていた。

1

昭和四年当時の自由が丘は、かろうじて電気だけは通っていたが、目立つものは西に向かって坂を下りたところにある九品仏《くほんぶつ》の浄真寺くらいで、あとは水田や竹藪のなかに七面鳥や豚を飼う農家が点在しているだけだった。そこは田園というよりも、里山と呼ぶのにふさわしい環境だったようだ。その様子を長女の由伎子は次のように書いている。


神社やお寺は勿論、昔からの古い家々はケヤキ、ムクエノキ、カシ、シイなどの巨木の緑につつまれていたし、家の周囲は竹藪とトウモロコシの畑で、九品仏浄真寺の方へ赤土の切り通しの道をさがっていくと水田だった。

そこでは田圃のカエルがやかましい声をたてていて、幼い弟は「あれ止めて」といった。（中略）ガスも水道もなくて、それでも電話は何かあった時のために何軒も集まって請願書を出し、高輪局から引いてきた。とにかく不自由であっても、そこには豊かな自然と自然につつまれた多くの生物たちがいた。

（「自由が丘の昔」平岩由伎子『動物文学』平成十五年初夏号）

この土地に引っ越してきた日、新居を見た妻の佐與子は「幸せで雲のうえにいるよう」と思ったという。

白くペイントされたアーチ形の庭門をくぐると、右手には完成したばかりの二階家があった。柱や窓枠の落ち着いた木の色に対比して、外壁に使われている真っ白な漆喰が目に眩しい。その前には青々とした芝に、シュロの木などが植えられた西洋風の庭が広がっていた。一角には白いブランコとボートを浮かべた小さな池まであった。

家のなかは、玄関を入ってすぐホールがありその左手が書斎になっている。庭に面した両開きの窓の横にはゆったりと座れるソファが置いてある。廊下側の壁に面して設けられた本棚は、天井まで届く大型のものだ。

書斎の一部には上段と呼ばれる畳敷きのスペースがあり、そこに執筆のための和机が置かれた。ちなみにこの机は、亀戸の家の周囲に植えられていた楠で作られたものだ。

玄関ホールの右手には小部屋があり、そこからまっすぐに進むと左右が和室、その北側が台所だ。そこから廊下をへだてて、洗面所や風呂場がある。

二階へ続く階段は、数段ごとに左右に曲がり踊り場が設けられていた。これは「もし子どもが足を踏みはずすようなことがあっても、下まで一気に落ちることがないように」と設計の段階で依頼したもので、注意深い米吉らしい気づかいだった。

階段を上がりきると、大きな窓をとった廊下が続き、そこからは美しい庭が一望できた。廊下に沿って右手手前に小さめの和室、その先には床の間のある広い座敷がある。大切な客は主にこの座敷に通される。

この家は、トウモロコシ畑のなかに突如出現した別世界だった。

このとき米吉は、この家を「白日荘《はくじつそう》」と命名した。「白日」という言葉を好んだ理由は残念ながらはっきりとはわからないが、亀戸の連珠会も白日会であり、後におこなう出版活動の版元の名称も白日荘としていた。


まもなく「白日荘」では、千坪以上の土地をフェンスで囲う作業が始まった。生き物の研究をするには、生きている状態そのままを観察するのが最適であり、そのためには一緒に暮らすことが一番いいと、米吉は考えたのだ。

可能なかぎり犬たちの行動を制限しないように、敷地に沿って等間隔で柱を立て頑丈な金網が張られた。子どもの頃から犬を飼っていて、犬が穴掘りの名人だということを知っていた米吉は、金網の下を三十センチほど地面に埋めるのも忘れなかった。さらにその上は忍び返しになっている。こうしておけば、どんなに運動能力の高い大型犬でも飛び越すことはできない。

犬の寝床になる犬舎の場所は、夏はなるべく涼しく、冬はなるべく暖かくなるように、日当たりや風向きなどを考えて決められた。木材と金網で作られた犬舎は、見た目はあまりよくなかったが、犬にとっての快適性、掃除のしやすさなどの実用面で考えられたものだった。

今から九十年以上前、当時の日本でおこなわれていた動物生態研究は、少数の個体を檻などに入れて飼育し、ひとつの条件をあたえて反応を観察するのが主な方法だった。これでは動物本来の動きや性質、身体機能、行動パターンなどを解明することは難しい。だが自然のなかに入り調査するには、交通手段や輸送方法、風土病の対策、調査・記録のための機器、調査エリアで暮らす人々との交渉など複数の課題をクリアしなければならない。こうした問題から当時、フィールド調査はほぼ不可能だった。

米吉が考えた方法は、一九三〇年代の日本で、実現可能な最大限のことだったのだ。ちなみに動物と生活をともにした研究・観察によって動物の生態を知るという方法は、動物行動学者のコンラート・ローレンツが有名だ。『ソロモンの指環』の英語版『King Solomon's Ring』がイギリスで出版されたのは一九五二年のこと。その後、生まれたばかりの子ガモが最初に見た動くものを追いかけるという発見がもとになった

「刷り込み理論」によって、一九七三年にノーベル医学・生理学賞を受賞した。日本で『ソロモンの指環』が翻訳されたのは一九六三年のことだ。

米吉が犬科動物の研究を始めた当時、日本はもちろん世界でも「動物行動学」という分野は確立されていなかった。それどころか動物というものは本能のままに行動する「モノ」や「ケモノ」で、痛みを感じることもない機械と同様と考える者も珍しくなかった。そのなかで動物が社会性を備えた知的な生き物であることを前提に、彼らと生活を共有しようする米吉の計画は画期的だった。米吉は、ローレンツが世界から注目される約四十年も前に、同様の視点で動物を理解しようとしていたのだ。

転居の翌年の昭和五年、三十二歳の米吉は「犬科生態研究所」を設立。犬科動物の研究生活が本格的にスタートすることになった。

2

やがて平岩家には多数の犬がやってきた。上目黒から連れてきたエミーとオキナに加えて、柴犬のミヤコ、秋田犬のムク、シェパードのパフをはじめ、その数はまたたくまに増えていった。

米吉のもとに来た犬のなかで主な純血種は日本犬とシェパードだった。それは、昭和三年から参加していた「日本犬保存会」と「日本シェパード犬協会」の活動と深く関連していた。米吉は連珠の仕事の一方で、展覧会（ドッグショー）の審査員長なども務めていたのだ。

なかでも「日本犬保存会」の活動意義は大きかった。当時の日本では洋犬との混血が進み、純粋な日本犬が絶滅の危機に瀕していたのだ。今でこそ、柴犬や秋田犬は海外の愛犬家からも人気を集めるほど知名度が高いが、その頃は町中で日本犬の純血種を見ることは稀だった。そうした犬たちは、東北地方の山間などで暮らすマタギなど、ごく一部で飼われているという状況で、米吉ら「日本犬保存会」のメンバーは、各地で生きる日本犬を探し、その血統を守り育てる活動を進めていたのだ。

白日荘に新しくやってきた十数頭の犬たちのほとんどは、生後二、三か月の子犬だった。敷地内を自由に走り回りながら、犬たちは成長していく。美しい庭の芝生は、犬たちの爪でたちまちボロボロになった。

研究生活のなかで米吉がまず注目したのは、犬がどのように集団の社会をつくるかということだった。かねてから愛犬の様子を見ていて、集団にはかならずリーダー的存在の犬がいることには気づいていたが、あらためて観察するとトップの犬がいかに集団行動に大きな影響を与えているかがわかった。米吉は、集団のトップは家族の中心、すなわち家長と同じものだと言っている。家長の条件は「年長の雄で、気性が強く知恵のあるもの」だ。

家長の権力は絶対と言ってもいいほど大きく、妻や、若者たちは、日常まったくその行動を見ならっているにすぎないくらいである。例えば家長が耳を前方へ向け、何かを見つめて立ち上がると、家族たちは急いで彼の近くへ集まって、次ぎの行動を待ちうける。そして、彼が走れば、競ってそのあとについて走り、彼が吠えれば、それに従って一斉《いっせい》に吠える。しかし、これとは反対に、若犬が最初に何かに気づいた時は、ひとりで駆け出すようなことはしない。若犬は立ちあがると同時に、指図を待つように緊張した顔つきで家長の方をふり返って見る。もし、家長が立ちあがれば、喜んでいっしょに飛び出し、そのあとに従うが、家長が彼の注意を無視して、相変わらず寝そべっていると、若犬は内心ムズムズしながらも、仕方なしに再び、坐りこんでしまうのである。

（『犬の行動と心理』第二章「犬の社会」）

さらに米吉は、犬の社会は家長を頂点に、二位、三位、四位から最下位までの順位が決まっていることを確認している。それについて、つぎのように書いている。

> この順序は一群を犬舎などに呼び入れるときにも、はっきり見られる。指導者を先頭に、第二位のもの、第三位のもの、というふうにぞろぞろ入って行くからである。そこで、終わりの方になるにしたがって、おそるおそる小さくなって入って行き、先に入って傲然《ごうぜん》と待ちかまえているものの前へ身をさらさなければならない。時には最後の一頭は何の理由もなしに、——ただ最下位のものだという理由だけで、多数のものから一斉に攻撃されることさえあり、それが恐ろしさに犬舎の入口まで行きながら何度も逃げ出すようなこともおこるのである。

米吉は、犬たちと親密な関係をつくりながらおこなう観察・研究も進めた。

犬は人間の言葉を理解するのか？　古今東西の愛犬家にとって最大の疑問ともいえるテーマについて、日常生活から見える様子を細かく分析している。

犬が言葉を理解するのは、言葉の意味そのものではなく、飼い主の口調や態度からその意思を受け入れるという説を認めると同時に、「単語の意味をまったく理解していないわけではない」として、犬が理解した言葉を固有名詞、普通名詞、動詞などに分類している。

それによると固有名詞としては、自分の名前、家族の名前や「兄さん」など家族が呼び合っている名称、よく訪ねてくる人の名前、その人と一緒にいる犬や猫の名前などをあげている。

普通名詞で理解するのは、食物や動作に関係のあるものが大部分だという。よく理解する代表的な言葉は「食事」「牛乳」「散歩」「運動」「留守番」。また「マリ」「新聞」「椅子」「門」「玄関」「手」など、犬の動作と結びついているものも、くり返すうちに覚えることができた。しかし「勉強」や「進歩」など食物や動作と無関係で形のないことは理解しないという。

動詞の場合も「座れ」「伏せ」「行け」「待て」「止まれ」など犬の行動と関連のあるものほど理解度が高い。しかし、「行け」と「行くな」が正反対の意味だと認識させるのは難しいという。そのことから、犬が言葉を聞く時に集中するのは、言葉の初めの方で、語尾についてはほとんど気にとめてないと結論付けている。

こうした観察を経て米吉は、犬が電話を通した飼い主の言葉にどのように反応するかという実験もおこなっている。

私はまず、外出先から家へ電話をかけ、家人に犬を電話の前へつれてこさせて、その耳へ受話機をあてがい、名前を呼びかけることから始めました。後に家人の話によると、最初、自分の名前を呼ばれた犬は、たいへん恐れて、その声を出す奇妙な魔《ま》もの――受話機から逃げだそうとしたということです。それをおさえさせて私は更にくり返し犬の名前を呼んだのですが、その日はとうとう私の声がわからずに終りました。

二回目には、いくぶん私の声がわかったらしく、やはり受話機を恐れながらも、名前を呼ばれると、おどろいて天井を見上げたり、あたりを見まわしたりし、それから慎重《しんちょう》に受話機の匂いをかいで、最後にそれを舐《な》めたということです。

三回目に私は始めて命令の言葉を用い、しかも容易にそれに従わせることができました。犬は電話によって伝えられた私の「シット」および「ダウン」の言葉どおり、ただちに坐り、次に伏したということが家人から報告されたのです。

（『犬の生態』第八章「犬の知恵」）

大の大人がそんなことを？　と思われかねない実験だが、米吉はこうしたものにも大真面目にとりくんだ。それは犬に関するすべてのことが知りたいという当初の目的からさらに踏み込んで、犬の感情や感覚をより深く理解したいという強い思いにささえられたものだった。

3

米吉が一頭の犬と出会ったのは、犬科研究を始めてまもなくのことだった。名前はチム。優れた俊敏性をささえる筋肉と艶やかな黒毛を持つ、美しいオスのシェパードだった。庭を疾走するチムを初めて見た時、佐與子は「まるで矢が飛んでいるようだ」と思ったという。

チムは、容姿や表情の可愛らしさだけでなく、聡明さの点でも抜きん出ていた。

米吉は、犬たちに躾《しつけ》と呼ばれることをしなかった。傍若無人な行動は許さなかったが、いわゆる芸のようなものは教えなかったし、人の歩調にあわせて歩くといった訓練もやらなかった。人間の都合をおしつけることなく、可能なかぎり犬たちが自由に行動して、独自の社会を形成する様子を観察したかったからだ。

だがチムは、何も教えなくても米吉の態度や様子を見て、自分のとるべき行動を即座に理解した。庭に放してやると強靭なバネのように飛び出していくのに、米吉が仕事をしているときには、その横で何時間でも静かに待っている。普通の犬だったら玩具にしてしまいそうな本や書類にも触れようとしない。やがてチムの居場所は、庭の犬舎から米吉の書斎になっていた。

チムの賢さの根本にあるのは、高い状況判断力だった。米吉と一緒にいる時間が増えると、それだけ多くのものを見聞きする機会に恵まれる。チムは経験を糧にできる犬だったのだ。

買い物などで出かける時、気がむくと米吉はチムを連れていった。門の前に呼んでおいたハイヤーのドアが開くと、チムは嬉しくて待ちきれずに車に飛び乗る。米吉が隣に座ると、半分身体をあずけるように満足げにシートに落ちつく。ハンドルを握るのは、すっかりチムの同行に慣れている運転手だ。

車が発進すると、チムは窓からの景色を楽しむように外を見た。車内に初夏の爽やかな風が入る。犬を刺激させる魅力的なものを感じるのだろうか、ときおり鼻先がヒク、ヒクと微かに動く。米吉はチムの背中を軽く叩きながら、顔をほころばせた。ハイヤーは快調に飛ばし、渋谷から青山、日比谷公園の前を通過して、まもなく銀座三丁目交差点近くに到着した。ここからは車を降りて、しばしの散策だ。

歩道を歩くとき、チムはときおり米吉の顔を確かめるように見上げる。米吉がそのまま真っ直ぐ歩けば、チムも安心したように先を歩く。米吉が「あの角で曲がろう」と考えて視線を右にずらすと、チムも右に曲がる。もし、米吉が行き先を迷ったり、立ち止まったりすると、チムはあわてて傍らに戻ってくる。この慎重な行動があれば、どんな人ごみを歩いても、まず問題がおこることはなかった。

今日の目的地は松屋デパートだ。入り口をぬけると、チムは迷わずエレベーターの前に立つ。一台目の前で扉がひらいても、行き来する客の姿を眺めたまま動こうとしなかった。なぜなら、それは階下行きだからだ。文具売り場がある階に行くには、上階に向かうエレベーターに乗らなければならない。チムは、米吉について買い物に来ているうちに、すっかりそのことを覚えてしまったのだ。

売り場で品物を選んでいるあいだ、チムは米吉の様子をうかがいながら静かに待っている。そして買い物が終わると、先頭をきるようにエレベーターの前に進む。もちろんここでは階下行きのドアの前に並んだ。

一緒に出かけるのは買い物だけではない。米吉は、チムを連れて青山に住む恒次博四郎の自宅もよく訪れていた。恒次は、かねてから米吉と家族ぐるみのつき合いをしていた友人である。胃腸病の権威といわれる一方で、気取らない磊落な人柄が魅力だった。

チムが来るとわかると、恒次はいつも大きな声で明るく出迎えた。興奮したチムが前脚を交互に上げて甘えると、恒次は「おお、そうか。そうか」と、嬉しそうに笑いながらチムの頭を撫でるのだ。


チムがまもなく一歳を過ぎる頃、米吉のもとにプッペという雌のシェパードがやってきた。プッペがやってきた時、米吉以上に喜んだのは当時三歳七か月の由伎子だった。誕生した子犬を譲り受けることが決まった時から、由伎子は、まだ見ぬ子犬にプッペと名付けて「あと何日」と犬を迎える日を指折り数えて待っていたのだ。

実際にプッペがやって来ると由伎子は、米吉も感心するほど熱心に世話をした。プッペの食べ物の牛乳やオートミール、粥、卵などは、毎回自分で混ぜて与えていた。運動も庭をかけまわらせて相手をした。プッペが遊び疲れると、由伎子はまるで自分が母親になったかのように声をかけた。

「さあプッペ、今日はたくさん遊びました。お部屋にかえりましょうね」

そうして子どものように抱いて、家のなかに戻ってくる。布団をかけて寝かしつけてプッペが寝息をたて始めると、由伎子は大きな音をたてないように細心の注意を払った。そしてプッペが寝返りをうつなどして少しでも動いたり声を出したりすると、あわてて布団の上から、まるで赤ん坊をあやす時のようにポンポンと叩いてやった。

こうして大切に育てられたプッペは、聞き分けがよく、愛情深い犬に成長した。そして、米吉がもっとも愛情を注いでいたチムと夫婦になった。プッペは一度夫として認めると、チムに絶大な信頼をおき、可能なかぎり一緒に行動することを望んだ。

チムが走りだす時は、かならず一度プッペのほうを振り返る。するとプッペもすばやく起き上がり、二頭揃って駆けだすのだ。またプッペがそばにいる時、普段は温厚で慎重なチムが人や犬に猛然と立ち向かうこともあった。これを見た米吉は、犬にも夫婦愛や伴侶を守ろうとする強い使命感があることを確信した。

特に米吉を驚かせたのは、プッペの細やかな感情表現だった。

「チムを連れていってしまうと、プッペが元気をなくして食事をしないんです」

佐與子にそういわれても、米吉は信じられなかった。目の前のプッペの食器は、あっという間に空になっている。目の輝きもあるし、健康そのものだ。最初は気のせいだろうと思っていたが、同じことが何度も続きようやく本当のことだとわかったのだ。

米吉がチムを連れて外出すると、プッペはいつまでもチムの出ていった木戸に体を寄せかけて座り、帰りを待っていた。夕方になって食事の時間がきても、プッペは食器に近づこうともしない。ようやく米吉とともにチムが帰宅すると、たちまち元気を取り戻し、この世のすべての問題が解決したような顔をした。

ほかの犬たちに遅れて、並んで食事をする二頭は相思相愛の夫婦そのものだった。チムとプッペとの時間は、米吉の初期の研究生活のなかでもっとも幸せなものといっても良かった。この出会いは、やがて米吉の人生に大きな影響を与えることになった。

4

白日荘の敷地内では、いつも十数頭の犬たちが駆け回っていた。周囲の畑には、自由に行動する犬たちの吠え声がいつも響き渡っていて、近所の人々から「犬屋敷」「動物屋敷」と呼ばれるまで時間はかからなかった。

そこから少し変わった声が聞こえるという評判が立ちはじめたのは、引っ越しの翌年頃のことだ。米吉は犬のほかに、複数の犬科動物を飼育しはじめていた。なかでも熱心に研究したのが狼だった。犬の研究をするのなら、狼について知る必要があるという考えもあったが、純粋に狼との暮らしに憧れていたという理由も大きかった。

その原点は乳母・廣瀬みさが語り聞かせた『椿説弓張月』だ。主人公の源為朝がしたがえていた二頭の狼の山雄と野風の活躍に胸躍らせた少年時代の感動は、大人になっても衰えることはなく、むしろ狼への想いは高まるばかりだった。

白日荘に初めて狼がやってきたのは、昭和五（一九三〇）年の秋で、いずれも生後三か月から五か月だった。購入先は上野や谷中などの動物商で、産地は当時の朝鮮、満州、蒙古などだ。

ニホンオオカミは、それから二十五年ほどさかのぼる明治三十八（一九〇五）年に絶滅したといわれていた。北海道にも大型の狼が生息していたが、開拓が進むとともに畜産業への被害が問題になり、懸賞金付きで毒殺され明治二十二（一八八九）年頃に絶滅している。

現代になっても、ニホンオオカミの生存が話題にのぼることがあるが、こうした状況は絶滅が報告された直後から続いていたのだ。

しかし、世間的に注目されていたにもかかわらず、狼について体系的に研究されたものはなかった。既存のものは、断片的な伝承や土地に伝わる噂話、思い込み、人間の都合でつくられたイメージばかりだった。米吉は、狼の飼育を始めると同時に、骨格を主にした犬研究が専門の斎藤弘（弘吉）と協力して、日本で初めての本格的な狼研究をスタートさせた。

何十頭もの犬に加え、次々と増えていく狼たち。平岩家の毎日は、動物たちの世話に追われるように過ぎていった。当時は既製のペットフードなどなく、すべてを手作りしなければならないので食事の準備だけでも大変だった。

狼たちの食べ物の中心は生肉だ。食べる早さ、食いつきの度合い、体格、健康状態などを観察しながらようやく適量がわかってくる。食事は朝晩二回に分けて与え、一頭につき一日平均一一〇〇グラムの新鮮な肉が必要だった。狼の食べ物について、米吉はつぎのように書いている。

今日まで狼を飼育して失敗した人々は、いずれも肉食は危険になる、という迷信から無理に菜食させていたのである。彼等は最初は煮た肉さえ好まぬくらいなのだから、たとえ米飯に肉をまぜて食べさせることに成功したとしても、それがよい結果をみるはずはもちろんないのだ。下痢と衰弱とは当然起こる現象である。

しかるに、ご飯やパンで下痢をする狼が、新鮮な果実や野菜を食べたのでは一向なんともないのだから、自然の妙機にはただ感嘆するばかりである。というのは、野生生活においては、ご飯やパンのごとき人工的調理品がまったく不自然な食物であるのに反し、果実や野菜は一見それより悪そうに見えながら、実は自然の状態で自由に摂食することのできるものだからである。

（『犬と狼』「狼と食物」）

狼の食べ方はとにかく早い。これは集団で狩りをするため、急いで食べなければ自分の取り分がなくなってしまうという生活条件によるものだという。米吉がストップウォッチを手に計ってみると、四〇〇グラムの肉が約六秒で胃袋に消えた。

米吉が飼育した狼たちは、毎日新鮮な肉と野菜を与えられてどれも順調に育っていった。もちろん食肉によって気性が荒くなるようなことはなかった。それどころか生活が落ち着くほどに、狼たちは米吉によく懐いた。

その様子には個体差があったが、三か月から五か月でやってきた朝鮮産の狼は六頭ともよく馴れた。また成長してからやってきた一頭の狼も、まもなくすると米吉の顔を見て全身で喜びを表現するほどになった。

米吉が外出から戻ると、庭で遊んでいる狼たちは我先にと集まってくる。そのときの彼らは、耳を後ろに引いて、尾を振っている。甘えるしぐさも身体をすりつけてきたり、転がったり、鼻を鳴らしながら顔を舐めるなど、犬とそっくりの感情表現をした。感極まって尿を漏らしてしまう狼もいた。

その様子について、米吉はこう書いている。

狼のくわえているものを取り上げるのは至難といわれるのに、犬のようにマリを投げて受け取らせ、それを手許に持ってこさせることもできた。(中略)いや、それればかりではない。寄生虫の駆除にカプセルに入った薬を、口を開けて、咽の奥へ指で推しこんでやることさえできたのである。

彼らのうちのあるものを、私は散歩にもつれて出たが、鎖を解いても決して遠くへは行かず、むしろ何かの匂いに執着すると、そこを動かなくなってしまうので弱らされた。そういう時、私は狼を子供のように抱き上げて、汗を流しながら帰ってこなければならなかった。すると狼は私の両手のなかで、すっかりいい気持ちになって、ぐっすり眠ってしまうのであった。

(『狼—その生態と歴史』終章「狼を飼った人々」)

狼たちが馴れたのは、米吉だけではなかった。妻の佐與子にも愛情を示し、幼い子どもたちとも遊ばせることができた。狼の行動範囲はどんどん広くなり、犬と同じように庭から廊下や座敷、書斎などへも自由に行き来し、時には階段から二階に上がり、廊下の窓から興味深そうに庭を見下ろしていることもあった。そのために板の間は傷だらけ、畳の目はすべてなくなり、障子は破れ放題だったが、そんなことを気にする者はすでに平岩家にはいなかった。

米吉は、この馴れた狼をチムと同じように銀座などにも同行させていた。ハイヤーの運転手は、いつも連れている犬のうちの一頭だと思いこんでいたようだ。

鎖をつけて繁華街を散歩していても、道行く人が怖がったり、特別に気にとめたりすることはなかったという。テレビなどない時代に、本当の狼がどんな姿をしているのか正確に知っている人がいなかったので、ほとんどの人は大型の犬だと思っていたようだ。

それでも狼は、やはり犬とは違う。敏捷性が高く、顎の力が強く、興味を持ったものや自分の所有物と思ったものは簡単に噛み砕いてしまう。凄まじいパワーと破壊力を持つ彼らに、状況によっては米吉でも気が抜けなかった。

特に物を食べている時には要注意だ。通常の狼は、食器にさわったり、こぼれたものを拾ったりしようとすると激しく唸りながら嚙みつこうとする。しかし米吉は、こうしたことも難なくこなし、狼に手から食べものを与えることもあったが、それは狼の動きに集中しているからこそできたことだ。なにかの拍子にほかのことに気をとられたりすると危険だった。米吉は、家族に「狼に餌をやっているときは、絶対に話しかけないように」と再三注意していた。

狼は好奇心も強い。帽子や手に持っているもの、ヒラヒラとしたものや装飾品などは、恰好のターゲットだ。米吉は、何度も着物をズタズタに破かれた。そのほか羽織の紐を食いちぎられたり、履いている下駄を奪われて嚙み割られたりしたこともある。狼たちと遊び終わったら着物の袖が両方ともなくなっていた、ということも数えきれなかった。その姿を見て、家族は大笑いした。狼との生活があたりまえになってしまった平岩家では、狼に着物を破かれることなど日常の些細な出来事のひとつでしかなかったのだ。

やがて米吉は、狼の鳴きかたに変化があらわれていることに気がついた。

白日荘にやってきたばかりの狼たちは、上を向いて「オー」と長い高音を発した。いわゆる遠吠えだが、しばらくすると長い高音を出さなくなった。そのかわりにウーフウーフなどの短い中低音が多くなった。三か月ほどすると、たどたどしさが残るものの犬と同じような吠え声を出すようになった。

これはあきらかに犬たちと一緒に暮らしている影響だ、と米吉は考えた。狼の鳴き声というのは、遠吠えをのぞくと、クンクンという鼻を鳴らす声や唸り声、悲鳴など、犬とほとんど変わらない。特徴的なのは遠吠えのみで、それが聞けるのは新入り時代の短い期間だけだった。

5

白日荘で飼われていたのは、犬や狼だけではなかった。犬を知るためには、犬と比較する対象についても研究することが不可欠と考えた米吉は、多くの犬科の野生動物を飼育した。ジャッカルや狐、狸のほか、ハイエナ、猫科の朝鮮山猫、ジャコウネコなどが白日荘の一員になった。

多くの動物たちの胃袋を満たすため、平岩家では毎日のように豚の内臓などを大鍋で煮なければならなかった。犬たちのためには、肉のほかに主食になる米やパン、野菜なども準備された。

食事が終わったら、小屋の掃除をする。そのあいだに犬や狼を庭に出して運動させる。動物たちの数が増えてくると、性格や相性によってどうしても一緒に放せない組み合わせが出てくる。こうした関係を把握して、時間差で対応する必要も少なくなかった。

動物飼育の仕事をする者も数人雇っていて、そのすべてを取り仕切ったのは佐與子だった。狼はもちろん、犬であっても家族以外が安心して近づくことができるのはごく一部だったため、食事を与えるなど、動物に接する仕事のほとんどは、佐與子自身がやらなければならなかった。

だが動物にまったく縁のない家庭で育ったため、結婚したばかりの頃は「犬は怖い。猫は大嫌い」と近づくことさえできなかった。

「なんて恐ろしいんだろう……」

庭をかけまわる犬や狼たちを初めて見た時、抱いたのは恐怖心だけだった。そんな佐與子にとって動物たちの世話は試練そのものだったが、「命への責任」と「夫の仕事」のために頑張り続けていたのだ。こうした生活を続けるうちに、動物への考え方もしだいに変わってきた。

佐與子にとって忘れられないのは、昭和十年前後に米吉が大阪に調査に行き、その旅の過労が原因の胃潰瘍で吐血した時のことだ。当時、胃潰瘍に有効な薬はなく、絶対安静を守ることが唯一の治療法とされていた。そのため動物の世話は、佐與子がひとりでやることになった。

食事の世話や犬舎の掃除などは普段からやっているが、一番の問題は運動だった。

「狼を庭に出して、遊ばせてやってほしい」

米吉が指示したのは、若い雌の狼の世話だった。喧嘩を避けるためにほかの狼と別に運動させていたのだが、佐與子は自分にはとても無理だと思った。動物舎の扉を開けて狼を外に出すだけならできるが、問題は運動が終わった後だ。佐與子が呼んでも狼はまったく動こうとしないし、肉を見せても知らん顔をしたままだった。その様子を廊下から見ていた米吉は、もどかしくて仕方がない。

「抱いて入れたらいいだろう」

思わず庭に向かって叫んだ。いくら馴れているとはいえ、狼を抱けるのは米吉だけだった。佐與子は途方に暮れそうになった。華奢《きやしや》で小柄な佐與子の前では、がっしりとした筋肉と強靭な歯を持った狼が勝手きままに遊んでいる。この狼を抱き上げるなんて、とても考えられなかった。

しかしこのままでは、米吉が興奮して再び吐血して倒れないとも限らない。佐與子は、狼を抱くよりもそちらのほうが怖かった。

　覚悟を決めて、狼の後ろから近づいた。腰がひけているので、どんなに手を伸ばしても下半身にしか手がまわらない。それでも狼はじっとしていたので、佐與子はそのまま抱き上げようとした。しかし、やはりバランスが悪かった。狼は唸り声をあげて振り向いた。佐與子は、あまりの迫力に驚いて手を離してしまった。

「お腹に手をかけちゃだめだ！」

米吉は、要領を得ない佐與子にあきらかに苛立っていた。その姿を見た佐與子は、とにかくやるしかないと思った。今度は狼の真横に立ち、胸のあたりにゆっくり腕をまわし、しっかりと狼を抱えあげた。すると狼はそのままおとなしく、動物舎に入れられていった。

怖いと思っているのは自分だけではない。狼たちも、そんな自分に抱かれたらきっと不安になるのだ。動物の気持ちがわかるというのは、こういうことなのかもしれない……。そう思った佐與子は、この頃から動物が心から可愛いと感じるようになったという。

佐與子は、米吉の研究生活になくてはならない存在になっていった。調査記録のための写真や十六ミリ映画の撮影、録音機材の操作はすべて佐與子の仕事だった。軽量で操作が簡単な現在の機材とは違い、当時のものは巨大で重くて操作も複雑だ。セッティングひとつとっても大仕事で、こまめなメンテナンスも必要だった。後年、米吉の著書に掲載された写真や映画フィルムなど資料の多くは、佐與子の手によるものだったのだ。

6

ある夏の日、午前中の書斎仕事を終えて近所に散歩に出た米吉は、周辺がいつもより騒がしいことに気がついた。隣の家の前を通ると、数人の男たちが簞笥《たんす》やいくつもの行李を運びだしているところだった。

白日荘のまわりは、ほとんどが畑や竹藪で、引っ越し作業でてんやわんやのこの家の住人は唯一の隣人だった。だがこの家は、空き家になっていることが多かった。新しく入居した人がいても、隣の「動物屋敷」に圧倒されてすぐに転居してしまうのだ。

近所をひとまわりしてきた米吉は、玄関わきの部屋に顔を出した。そこでは、佐與子や由伎子、布士夫などが食卓を囲んでいた。米吉と家族の食事時間はまったく違っていた。昼と夕方の散歩を終えて帰ってくる頃は、家族の食事時間だ。米吉は、そこで二言、三言話してから書斎に戻るのを習慣にしていた。

「隣はまた引っ越しだ。今度は、新記録かもしれないね」

それまでの隣人は入居から一、二か月ほど住んでいた。しかし、今回は二、三週間と今までで一番短かった。

「きっと狐のせいよ、パパ」

米吉は由伎子の言葉に頷いた。

狐は犬科キツネ属に分類される、研究生活にとって重要な観察対象動物のひとつだ。数か月前から飼育しているが、狐には独特の体臭があった。それは犬や狼とはくらべものにならない、強烈な臭いだった。狐専用の小屋は、隣家との境の塀の脇にあった。どんなに小屋を掃除しても狐の体臭を消すことはできず、それは風とともに隣家の敷地へと流れていく。

現代社会では、近隣に悪臭や騒音などの問題があればすぐに訴えられてしまうだろう。しかし、当時は、こうしたことに苦情を言うという発想はあまりなかったようだ。新しい場所を見つけてさっさと引っ越したほうが、よほど話が早いというのもあったのだろう。

こうした生活のなかで、佐與子に大きな変化が訪れた。狼を抱いてから動物への恐怖心が消えたことをきっかけに、動物への愛情をしだいに募らせるようになったのだ。動物にかこまれ、その生態や習性を知るにつれて、それぞれの動物とコミュニケーションもとれるようになり、すっかり動物好きになってしまったのだ。

そんな佐與子によって、白日荘に新しく加わった動物もいた。

「アフリカのハイエナの子がいるのですが、見にいらっしゃいませんか」

上野の動物商から電話がきたのは、昭和十一年の秋だった。犬科研究を始めてから、米吉は東京に何軒かある動物商とつきあい、その事情を知る店主はめずらしい動物が入荷するとかならず米吉に声をかけてきた。

その時、米吉はあいにく体調を崩していて、かわりに佐與子が見に行くことになった。

「まかせるから、もし気に入ったら連れて帰ってもいいよ」

そういったものの、米吉は特に期待していなかった。それは佐與子も同じだった。見に行った動物をすべて飼えるわけではない。しかし、めずらしい動物がいるのなら参考のために見ておきたい。見るだけでも、研究でなんらかのヒントになることがある。佐與子は、そんな軽い気持ちで出かけていった。

上野に向かう道中で佐與子は、ハイエナについて書かれた本を読んだ時のことを思い出していた。写真を見たかぎりでは、それほど大型ではないようだ。しかし、ライオンの食べ残した動物の骨を噛み砕いて、食べてしまうほど強い歯を持っているという。

やはりそんな動物と暮らすことなどとても想像できない、と佐與子は思った。

店につくと、さっそく主人が檻のあるところに案内してくれた。そこには生後二か月くらいのシェパードの子犬ほどの大きさの動物が入っていた。薄暗い店のなかではよくわからないので、檻ごと外に運び出してもらった。あらためて日の光の下で見ると、毛がムクムクとしていてぬいぐるみのようだった。さらに近づいて覗《のぞ》きこむと、犬や狼、狸、狐などとはまったく違う、今まで見たことのない不思議な顔をしていた。大きな耳と大きな真っ黒の眼、上を向いた平らな鼻、ひらいた厚い下顎《あご》で、ちょっとおどけたような印象だ。ハイエナの子は興奮や恐怖で暴れたり、声を出したりすることもなかった。ただ眼を見開いて一心にこちらを見つめていた。

この時のことを佐與子はこう回想している。

その様子をみているうちに私は何だか悲しくなり、むねがドキドキしてきました。

今から思うと不思議な動物に出会った衝撃と、怖らく母を失って捕えられた幼い姿に心を動かされたのだと思います。

(『狼と生きて　父・平岩米吉の思い出』「へー坊と私——縞ハイエナを飼う」)

最初に感じたのは、母親と引き離されて捕らえられた小さな生命の存在だった。きっとここに来るまでに、自分には想像もできない恐ろしく悲しい体験をしたに違いない。そう思うと佐與子の胸の鼓動はおさまらなかった。ハイエナの子は、檻のなかから相変わらず大きな黒い眼でこちらを見ている。ライオンの食べ残しを貪《むさぼ》るような獰猛《どうもう》さは微塵も感じられなかった。この子となら、一緒に暮らせるのではないか……。

佐與子は家に電話を入れ、ハイエナを連れ帰ることを報告した。子どもたちは新しい動物が来るのを心待ちにしていた。そして、それは米吉も同様だった。

白日荘に到着したハイエナは、身動きできない小さな檻からようやく解放された。大きな薄い耳の後ろから背にかけてフサフサとした〝たてがみ〟が続き、胸から尾には縞模様がある。

米吉がさっそく測定をした。肩の高さ三八センチ、腰の高さ二九センチ、口先から尾根まで六七センチ、尾が一八センチ、体重七キロと記録した。肩から腰がストンと落ちたような体形が特徴的で毛並みが美しい、ちょっとひょうきんな顔を持つ愛らしい姿だった。名前は、へー坊と名づけた。

その晩は犬の移送用の大型の檻に入れた。玄関口に置くのは幼い動物が不安がるだろうと、米吉は自分の寝室へ運びこんだ。その隣の部屋では、佐與子と子どもたちが寝ていた。

家族が寝静まった頃、米吉と佐與子は異様な鳴き声で目を覚ました。
ア、ア、ア、ア……。
咽喉《のど》を締めつけながら、出ない声を無理に出そうとしているような苦しそうな低い声だ。ハイエナの子が、暗闇のなかで鳴いているのだ。

「今のは、へー坊ですか」

不気味な声に不安になった佐與子が、米吉に声をかけた。

「うん。少し気味が悪いね。地獄の底でお経でもあげているようだ」

この声には米吉も驚いた。もしアフリカの真夜中の平原で、こんな妖怪じみた声が響き渡ったらさぞ薄気味悪いだろう。屍肉《しにく》をあさる習性といい、この異様な鳴き声といい、ハイエナが嫌われる理由がわかったような気がした。

しかし、実際に一緒に暮らすうちに、ハイエナはしだいに家族になついてきた。とはいってもハイエナの歯は丈夫なので、遊んでいるつもりでも服などを破かれてしまうことがある。それを防ぐために佐與子や子どもたちは、いつもステッキやほうきを持って、それであやすようにしてハイエナと遊んでいた。

「あのお屋敷の門をうっかり入ると、背中の毛をおっ立てた怪物が飛び出してくるぞ!」

近所の人は、異様な動物の姿を見て驚いた。「怪物というのは、さすがに大げさだろう」と思った米吉は、実際にハイエナを知る人が何人いるのかと思い、へー坊が何の種類の動物だと思うのかを聞いてみた。その答えは、狼や犬、狐、狸、猫、熊、シマウマなど、予想を超えて広範囲に及んだ。なかでも犬や狼という回答がもっとも多かった。

ちなみに当時、ハイエナは和名の「鬣犬《たてがみいぬ》」と呼ばれることもあり、アフリカ産の一種の狼と説明された。また縞ハイエナを「縞狼」と翻訳することもあったという。動物に興味を持ち関連の本を読んでも、正しい情報を得ることはなかなか難しかったのだ。

現在、ハイエナ科は、シマハイエナとブチハイエナ、カッショクハイエナの三種類に分類されている。体形は犬のように見えるが、分類的にはジャコウネコに近いと説明されている。

縞ハイエナの子にとって初めての日本での冬越えにあたり、米吉はかなり気をつかった。寒さが本格的になると、冷え込まないようにいつも寝室に檻を運び入れた。しかし、夜行性のハイエナは深夜になるほど活発で、夜中にガリガリと藁をひっかいてホコリをたてる。鼻や咽喉が弱い米吉は、くしゃみや咳で眠れなくなってしまった。しかたがないので玄関に出して、風呂敷をかけて冷気の侵入をふせいだり、特に冷える時は火鉢を入れてやったりした。

縞ハイエナは、米吉が想像していたより寒さに順応していた。それでも心配で、雨や雪の日は家の中で運動させた。へー坊は、犬や狼のように全速力で駆け回るということはあまりなかった。玄関から廊下にかけての板の間を中心にノソリ、ノソリと歩きまわる。好奇心は旺盛のようで、玄関脇の階段をあがっていってバルコニーの鳩舎を「なんだろう?」という顔で眺めていることもあった。

穏やかな性格だったが、唯一困ったのは食べものへの執着心で、それは成長とともに強くなる一方だった。台所へは絶対に近づけないようにしていたが、それでも我慢できず、食事中に障子を突き破って顔を覗かせることがあった。お手伝いの女性は悲鳴を上げたが、家族は慣れっこで「あら、あら」などといいながらヘー坊を食卓から追い払うのだった。

子どもたちは、縞ハイエナと一緒に庭をかけまわって遊んだ。当時九歳くらいだった由伎子と年子の弟の布士夫が、特に気にいっていたのは追いかけっこだった。竹ほうきにまたがって穂先をひきずりながら走ると、ヘー坊もつられて追いかけてくる。最初はゆっくり、最後は全速力で走るのだ。

由伎子たちは興奮したヘー坊につかまるのが嫌なので、そのつど庭の一角にあるハイビャクシンの木の上まで登って逃げた。それ以上近づけないとわかったヘー坊は、フーフーといいながら近くをグルグル歩き、やがてあきらめてどこかに行こうとする。すると由伎子たちは、木から降りて、また竹ほうきにまたがって走りだすのだ。

そんなことを何度かくりかえしていると、ヘー坊も興奮をおさえきれなくなってしまう。由伎子たちに追いつけないことがわかると、近くでヨチヨチ歩きをしていた次男の阿佐夫の襟首をくわえ、グイグイと後ろに引っ張りはじめた。

これを見ても由伎子は、さして驚かなかった。二階の客間から庭を見下ろしていた米吉も同様だった。この縞ハイエナは、家族が姿を見せると仰向けにひっくりかえって甘えるほどよくなついていた。阿佐夫もじゅうぶんに着膨れているので、簡単に怪我をするような心配もなかった。普段よりも多少荒っぽいものの、日常のなかの光景のひとつだった。由伎子がへー坊の口をこじあけ、お手伝いの者が阿佐夫を抱き上げれば終わりである。その後、子どもたちもハイエナも、なにごともなかったように遊びだした。

しかし、この一部始終を二階の客間から見ていた女性客は仰天した。小さな子どもが猛獣に襲われている！　そう思ったとたん、腰を抜かして動けなくなってしまった。

こうしてすっかり家族に馴れたハイエナだったが、なかでも米吉には特になつくようになった。その様子を米吉は『動物文学』のなかでこう書いている。

彼は、最初は妻に遊ばせてもらっていたが、日がたつに従い、やはり私に対してもっとも愛情を示すようになった。（中略）庭に遊んでいる時、私の姿がチラリとでも見えると、どこにいても、夢中になって飛んできて、前肢を折って不恰好に這いつくばい、体を擦りつけてニャア、ニャアと繰り返した。

（「縞ハイアナ」昭和十三年四月掲載）

一緒に暮らしてみると、縞ハイエナは犬より猫を連想させる要素が少なくなかった。

舌にあるザラザラとした棘（舐められると驚くほど痛いという）、明るい場所で細くなる瞳、気分が良いと喉の奥をゴロゴロいわせるところなど、猫そのものといえる特徴もあった。

米吉は「縞ハイエナ」のなかで、「ハイエナは猫にこそもっとも近いものなのである。ただ、彼は爪を出したままでいる点だけが、犬や狼と共通であるにすぎない。が、指の数は前後肢とも四本で、猫とも犬とも異なっている」と書いている。

ハイエナの噂は、出版関係者のあいだでも注目を集めた。ある日、雑誌『オール讀物』の編集部から米吉のもとに撮影協力依頼があった。それは同誌のグラビアの企画だった。「女優と一緒にあなたのところにいる奇妙な動物を撮らせてくれませんか」というのだ。特に断る理由もないので米吉は快諾した。

白日荘にやってきたのは、新興キネマの築地まゆみという女優だった。美女とハイエナという奇妙なツーショットの撮影の様子を見ていた米吉は、「少し変わった写真だが、へー坊は美男のハイエナなのでそれほど不釣合いではないだろう」と家族に語った。この写真は昭和十三年の春に新東京風物詩というタイトルで同誌に掲載された。

縞ハイエナの最期は突然やってきた。

その年の夏、ようやく成長して体力も抵抗力もついてきたので、敷地の一角に専用の小舎を作るため、一時的に仮小屋に移したところ、しばらくすると急に食欲をなくし、その翌日に呼吸困難をおこして死んでしまったのだ。死因を確かめるために解剖して米吉は驚愕した。腹のなかには、もつれて一塊になった針金があり、それは横隔膜をつき破っていた。数日前に金網の一部を破いたことは知っていたが、まさかそれを飲み込んでいたとは予想外だった。

へー坊に特に想いが強かった佐與子は、哀しさと悔しさに涙を流しながら、米吉と一緒に腹から針金をとりのぞいた。米吉はこれを見て「一種の自殺」だと思った。ライオンでも歯が立たない骨さえも嚙み砕いてしまう、強い顎と歯を持つハイエナにしかあり得ない最期だった。

死後、遺体をどうするか家族で相談した。その特徴ある姿をどうしても遺したい、という米吉の思いもあって剝製にすることにした。下谷の中曽根鳥獣店に写真など資料をつけて作製を依頼した。しかし、出来上がったものは生前の姿とはほど遠く、不気味さに満ちていた。米吉も佐與子もそれを見てがっかりした。

そもそも剝製は、その動物の動きや表情を知らずにつくることは不可能だ。縞ハイエナが生きているときの姿を見ていない者に、生前の姿を再現してほしいと注文するほうが無理だった。

米吉らの落胆ぶりに店側も腹を決め、「とにかく気のすむまで直してみましょう」ということになった。耳のつき方や頬のライン、肢のつき方、腰の落とし方などの細かい注文に応え、ようやく一か月ほどして生前を偲《しの》ばせる姿になった。

「へー坊が帰ってきた！」

子どもたちは大喜びで、頭を撫でたり、耳をそっとひっぱったり、背中をやさしく叩いたりしながら生前と同じように話しかけた。しかし、へー坊はまったく反応しない。身体には、柔らかさも温かさもない。地獄の底であげるお経のようなア、ア、ア、も猫のような野太いニャア、ニャアの声もあげない。障子を突き破って、食卓に飛び込んでくることも永遠にないのだ。

剝製になった姿を見て、その事実がジワジワとおしよせた。

「本当に、へー坊は死んじゃったのね……」

由伎子と布士夫は、ポロポロと大粒の涙をこぼした。

米吉と佐與子は、親から引き離されてはるばる日本までやってきて、わずか八か月で死んだ縞ハイエナの子をあらためて不憫に思った。

第三章 動物文学に集う人々

自宅の庭で撮った家族の写真。左から妻佐與子、次女登和子、米吉、長女由伎子、長男布士夫（昭和十五年頃撮影）。この頃から米吉は、犬科動物研究とともに、雑誌の発行をはじめとする文学活動にも熱心に取り組むようになる。

1

動物たちとの生活のかたわら、米吉はもうひとつの活動に足を踏み入れようとしていた。きっかけは、長女・由伎子の存在だ。米吉は育児日記と称して、子どもが生まれてから成長する様子を克明に記録していた。由伎子が二〜三歳になった頃、もっとも興味をひかれたのは、言葉の発達だった。特に由伎子は言葉の習得が早く、二歳頃にはよくしゃべるようになっていた。長女の成長の様子について、米吉は次のように書いている。

始め、私は子供の心身の発育を記録したいと思つて、私の最初の子供、即ち由伎子の誕生を機会にそれを日記によつて試みて見ました。また、由伎子に言葉が始つてからは別にノートを置いてその所謂《いわゆる》「お話」の主要なるものを直に筆記して行くことにしました。これは主として由伎子の母の仕事であつたのですが、私もまた、なるべく多く幼児の生活に親しむやうに努めたのは勿論です。さうしてゐるうちに私は由伎子の言葉から予期以外の種々のことを学んだのです。就中《なかんずく》、自然や自己の周囲を正しく眺める眼はこの幼児によつて開かれたやうにさへ思へるのです。親がその子供の新鮮な姿によつて刻々に刺激され、また内心に目覚めて行く大きい愛によつて自己の精神生活を豊富にすることは改めて申すまでもありませんが、しかも、最も大切な、幼児が親への贈物は、恐らくこの、物を正しく見、聞き、そして感ずる真摯な姿でありませう。

（『人形の耳』平岩由伎子著 平岩米吉によるあとがき）

初めて由伎子が物語らしきものをつくって両親に聞かせたのは、まだ二歳半に達していなかった。その後、由伎子は日常のなかでつぎつぎに〝成長の過程〟を披露した。「ラジオ、ママちゃま、痛いようって、泣いているの。あそこで」と雑音の入るラジオを心配そうに眺めている。米吉の書斎にあった『世界地理風俗大系』の写真を見ながら「土人の娘さん。毛をもしゃもしゃって、やってる。可愛いわねえ。夕焼け小焼けって言ってるのよ」と想像力をふくらませた。「胡瓜、お箸で、穴ぼこあけると蛇が見える。生きてる蛇がいるんです」など、大人の感覚では想像できない言葉が出ることもあった。

米吉はそうした発言が面白くて、由伎子が何か言うたびに佐與子に書きとらせていた。その記録をまとめた、幼児の自由詩集『人形の耳』を出版したのは昭和五年のことだ。
序文を寄せたのは、詩人の北原白秋《きたはらはくしゅう》だった。白秋とは世田谷・砧《きぬた》の自宅を訪ねて雑談をするなど、かねてから親交があった。また、白秋は絵本雑誌『コドモノクニ』で童謡詩の選評をすると同時に、幼児の口誦の記録の提唱者でもあった。
広告には、このような文が載った。

由伎子の二歳から三歳四か月の口誦、百五十二編を集めた。三歳の幼児の言葉がかく迄精細に、かく迄多方面にわたって記録されたことは未だその例がありません。家庭の方々は勿論、教育家、医家、心理学者等、児童の研究に関心を有せらるる方には、逸することの出来ない資料です――。

子どもにしかない自由な発想と豊かな感受性から生まれる言葉を「詩」として記録することは、身近にいる親が自由な発想を持たなければ成り立たない。こうした形式の詩は、現代では詩人であり、方言の採集などでも知られる川崎洋《かわさきひろし》氏が選者を務めていた「こどもの詩」(読売新聞で五十年以上連載)などで知られているが、この連載が始まる三十年以上前、米吉はすでに娘の言葉を「詩」としてまとめていたのだ。

この出版によって、米吉はあらためて出版活動の面白さや手ごたえを感じたようだ。今までにない、新しい発想によって何かをつくりだす醍醐味を感じたのだろう。翌年の昭和六年には『変態随筆』と『母性』というふたつの雑誌を刊行した。

『変態随筆』のテーマは、子どもを生み育てる女性だけにできる性と生命についての探求だ。体裁はオールグラビアの小冊子で、「平岩米吉個人雑誌」として不定期に七号まで出版された。ひとつのテーマに興味を持つと、あらゆる角度からものごとを徹底的に掘り下げるのが米吉のやり方だ。世間の目など気にしない編集方針で、特集は毎回、性の神秘、尊さなどを各方面から分析・紹介するものだった。とどまることのない探求の結果、人獣交婚を扱った号が発禁処分をうけたこともあった。

一方『母性』は、文学的な内容をメインにしたものだ。後の出版活動の原点になる雑誌として、創刊二年後の昭和八年には『子どもの詩・研究』へ改題された。この頃、雑誌の仕事に熱中していた米吉は、このほかに『科学と芸術』も発行している。

昭和五〜九年頃は、米吉のなかで、文学的なものと科学的なものをどうすれば統合できるのか模索している時期だった。若い頃に短歌で開花させた文学的才能、そして現在、ますます高まる動物への関心。一見、相反するようだが、それらを融合させたものの先には、新しい文化の誕生があると感じていたのだろう。米吉は、今までにない表現方法やジャンルを探していた。

やがて、あるひとつの言葉に行きついた。

動物文学――。

これは米吉が考えた造語だ。昭和九年、これまで発行していた雑誌が統合され『動物文学』が創刊された。これは米吉にとってまったく新しい、未知なる挑戦といってもよかった。多くの動物たちとともに暮らす白日荘は、さらに多忙で刺激に満ちた空気に包まれていった。

2

米吉が「動物文学」という言葉をつくったのは、雑誌『動物文学』が創刊される前年の昭和八年秋頃だった。

その頃、児童文学の分野で動物を扱ったものがいくつか書かれていたが、その多くは伝承をもとにしたり、人間の都合にあわせて動物を登場させたりするもので、科学的な視点とは程遠い内容だった。

その状況について、米吉はつぎのように述べている。

動物文学の基礎をなすものが、動物に対する正しい理解であることは言ふまでもない。無雑粗笨《そほん》の概念をもつて単に動物を扱つたと云ふだけでは動物文学とは言ひ難い。一般の文学で許容し得る通俗的の誤謬も、動物文学の領域に於いては厳にこれを排除すべきである。

例へば、動物を扱つた作品として殆ど代表的のものの如く一般に思はれてゐるジャック・ロンドンの『ホワイト・ファング』は、狼の馴致を題目としたものであるが、その方法は徹頭徹尾、懲罰と威嚇であつて、野獣を――否、あらゆる生物を心服せしむる根本の精神と全然背馳《はいち》してゐるのである。枝葉末節の誤《あやまり》なら兎も角、一遍の眼目とするところが、かく甚だしい虚構の上に立つているのでは、これを動物文学として推奨することは、たとへ、他の部分が如何に優れていやうとも躊躇せねばならぬのである。

動物の習性乃至《ないし》心理を知悉することは、動物文学を生み得る不可解の要件と云ふべきである。

(『動物文学』第十九号・昭和十一年七月「動物文学に就いて」)

米吉が、『動物文学』の発行にあたって最初にかかげた目標は、生き物の本当の姿を伝えることだった。

当時、動物について知りたいと思っても、正確な情報を伝えるメディアはほとんど存在しなかった。野生環境のなかにカメラが入り、その様子をドキュメンタリーやバラエティー番組などで見られるようになった現代とくらべると、情報の質はかぎりなく低く、その量は皆無といってもよかった。

その頃の日本人が野生動物の姿を目にできる場所は動物園だけであり、その数も限られた。日本初の動物園として、明治十五年に開園した上野動物園に関する記録では、明治二十八〜三十年頃に園内で飼育されていたのは、ラクダ、ロバ、ラバなどで、これらは日清戦争の戦利品として軍から皇室に献上されたものだった。また、台湾から運ばれたイノシシ、スイロク（=水鹿、サンバー）などもいたという。その頃に飼育されていた外国の大動物は、ラクダのほかはトラくらいだった。

本格的に外国の動物が入るようになるのは、明治三十三年に元帝国大学理科大学助教授の石川千代松《いしかわちよまつ》が動物園責任者（当時、園長という職制はなかった）に就任した以降のことだ。ドイツ留学の経験のある石川は、世界的な動物商のドイツのカール・ハーゲンベックと交渉して、大動物の輸入を何度もおこなった。

動物の第一陣は明治三五（一九〇二）年一〇月に上野動物園に到着した。ライオン（価格二頭で約七四二円）、ホッキョクグマ（二頭で約七四二円）、ダチョウ（二羽で約八九〇円）等、一二種二二点であった。（中略）明治四〇（一九〇七）年三月一五日、キリンを積んだドイツ船パスボルグ号が横浜に入港した。（中略）キリン到着は凄まじい人気となり、この年の有料入園者は四月だけで二八万人を超え、年間では一〇〇万人を突破するという新記録をつくった。
（『もう一つの上野動物園史』小森厚著　丸善ライブラリー）

こうして人気を集めたキリンだったが、雄と雌の二頭とも日本に来て一年以内に死亡している。それ以前、明治二十一年にはシャム（現在のタイ）の皇帝から雄と雌のゾウが贈られていたが、雌は五年後に死亡、雄はしだいに気が荒くなり危険な存在になってしまったという。飼育方法の情報や調教方法のノウハウもなく、飼育設備もじゅうぶんに整わない環境で、野生動物の展示を継続させるのは容易なことではなかったのだ。

大正十三（一九二四）年一月、上野動物園が宮内省から東京市に下賜されたが、そのとき園内にゾウの姿はなく、同年十月にようやく雄と雌のゾウを迎えている。日本で最初の猿山が完成したのも同じ頃だ。エチオピア皇帝から贈られた雄と雌のライオンがやってきたのは昭和五年だった。

それでは身近にいる犬や猫なら詳しく知る機会があったかというと、本当の姿を観察するというレベルについては、ほとんど同じといってよかった。由伎子が習った教師のなかには「犬はワンワンとしか鳴かない」と言い張る者もいたという。「先生、犬には色々な鳴き声があります。甘えるときはクーンクーンというし、恐ろしい時は震えながらヒーンヒーンと、いいます」。そう説明しても、「犬にそんな複雑な感情があるわけがない」とその教師は聞く耳をもたなかった。教職に就いていても動物に関して興味がなければその程度の知識しか持てない、また持っていなくても大きな問題にはならなかったのだ。

米吉は、伝承や根拠のない思い込み、人間の一方的な都合で動物たちの行動や内面が描かれることに憤慨していた。とはいえ、それもしかたがないと納得せざるをえない状況もあったのだ。

雑誌『動物文学』の刊行にあたり、まずは生き物がどのようにして生まれ、成長し、繁殖して死んでいくのかについて世間に伝えることをひとつの目標にした。対象は、哺乳類や爬虫類、両生類、昆虫、魚類、鳥類など、人間以外のすべての生き物だ。

3

昭和九年六月『動物文学』の記念すべき第一号が発行された。全六十頁程の雑誌の目次はつぎのようになっていた。

蛇の世界（デイトマーズ）……………………西田安右衛門（五五）
伯林より・其他……………………………黒川真武（三七・四〇）
トビハゼに就て……………………………平凡寺（四三・四八）

巻頭を飾った当時三十九歳の中西悟堂《なかにしごどう》は、大正時代、主に歌人・詩人として活躍して、昭和三年頃から鳥と昆虫の生態研究を始めていた。『動物文学』創刊と同じ年に「日本野鳥の会」を設立して、同時に機関誌『野鳥』を創刊。その後、野鳥の種類や分布の調査、保護活動に熱心に取り組んだことは広く知られているが、「野鳥」という言葉は英語の Wild Bird をもとにした中西による造語だった。

中西が書いた「栗鼠《リス》を育てる」というタイトルの随筆は、この前年に飼った三匹のリスの育成記録である。ある日、山の草刈人が見つけてきた子リスが、巣ごと中西のもとへ届けられた。

生後一か月と推定されるこの仔栗鼠たちは、まだ歯も目立たず、身体に比較して頭が大きかつた。尾はまだ細かつたが、それでももう無邪気そのものをそのまま形にしたやうなお尻の上に、如何にも大人らしくピンと立つてゐるのであつた。

しかし何といふ愛らしい眼附や足附であらう。薄い茶褐色に隅取られた眼瞼《がんけん》に守られる眼は、まるで黒曜石《こくようせき》のやうに輝いて、あらゆる哺乳動物の乳児に特有な涼しい張りを見せてゐるし、鎖骨のある前肢は各々の趾が離れてゐてまるで楓《かえで》のやうにあどけない。（中略）

しかし栗鼠を乳児から育てた経験のなかつた私達家族の間ではどうして育てるかが最初の問題であつた。（中略）私達はあれこれと考えた末、試みに脱脂綿に牛乳をひたした。そして一匹一匹栗鼠を巣から摑み出して、その鼻先へ、一方の手の指先で抓《つま》んだ牛乳綿をあてがつてみた。するとどうだらうこの乳児達は前肢でその綿を犇《ひし》と抱え込み、長い後肢をば手首にからませ、うつむけた私の掌へと仰向けにぶらさがるのだ。そしてちやうど母の母乳を搾るやうに、可愛い前肢の趾先で牛乳綿を圧しては乳をしぼりながら、うまさうにチュッチュッと吸ふではないか。

（『動物文学』第一号「栗鼠を育てる」）

リスたちの可愛い姿に魅了された中西は、家族とともに熱心に世話をする。そうして育てられた三匹は、成長するとともにすっかり中西らに馴れ、野生動物とは思えない姿を見せるようになる。

満腹になって気分がよくなると、仰向けの姿勢でお腹を丸出しにして眠ってしまう。リスのお腹を指でつついても反応がない。なにかあったのかと心配になった中西が激しく揺すってみると、リスは初めて気づいてウットリ眠そうな眼をあけるのだ。その様子に中西は「人間をすっかり信頼して安心している。動物からこんなに信頼されたら、どんなに人として嬉しいだろう」と感激を素直にあらわしている。

中西も、米吉に勝るとも劣らない動物好きだ。人間の子どもが空腹でもそれほど騒がないのに、鳥獣が空腹だったり寒さに震えていたりすると大騒ぎをする、と評判だった。だが中西にしてみれば、それはあたりまえのことだった。空腹でも具合が悪くても伝える術もなく、苦痛に耐えなければならない動物たちにこそ、細かい要求に応えられるようこちらが注意を払わなければならない、と書いている。

中西は、動物生態研究は知識を高めるだけでなく、精神的な成長にも大きな影響があることをドイツの哲学者ショーペンハウアーの言葉を借りて指摘している。

動物に対する同情は人間同志の間に於ける道徳と同じ源泉から流れ出てゐるのだ。たとへば少し感じの鋭敏な人なら、自分が腹立たしい気持ちにゐるときか、その他とにかく不快な気持ちに居た時に、犬や馬や猿を理由もないのにただ腹いせのためにひどく強く打つた時のことを思い出してみよ。その時、人の悪口を言つた時に感じたと同じやうな自己に対する不満を感じたのを思ひ出すであらう。即ちその場合私達が良心の呵責と呼んでゐるところの感情を感じたことを思ひ出すであらう。

創刊号にあえて「死」をテーマに寄稿したのは本多顕彰《ほんだあきら》だった。表題作の象とともに、蜘蛛、犬という三種類の動物の死について書いた短編三編が掲載されたが、なかでも圧巻なのは「子犬の死」だ。何頭かの飼い犬のなかで、筆者がもっとも可愛がっているのは、バアトという生後四か月のポインターだった。ある日、バアトが家にいた獰猛《どうもう》な土佐犬に噛まれてしまう。本多が頑丈な土佐犬の足の下から助け出したとき、バアトはほとんど失神状態だった。しかし、やがて目覚めて歩き始めたので少し安心したものの、翌日は喉と前肢が倍以上に腫れ、食べ物も受け付けなくなった。

その翌日もまたその翌日も、彼は何も食べなかつた。そして最後の晩が来た。しかし、私はそれが彼とともに暮らす最後の晩であらうとは知らなかつた。いや、私はその晩に希望をさへいだいてゐたのであつた。なぜなら、その晩彼は幾日も拒絶しつづけてゐた食物を摂つたからである。私は、かうして書いてゐる今でも、彼が重そうに舌を動かしながら牛乳をぺちゃぺちゃ甞める音をはつきりと聞く。どんなに私は喜んだか！　ああ、食べてくれた！　もう助かる！　もう回復する！　回復したら、すばらしい首輪を買つてやるんだ！　私の胸は感謝で一杯になつた。よく食べてくれた！　私は犬に向つて合掌せんばかりであつた。

だのに、翌朝起きてみると彼は冷たい土の上に這い出して横たはり、眼を閉じたまま苦しい呼吸をしてゐた。私は寝巻のまま駆けおりて彼を抱きかかえてハウスの中に連れ戻つた。彼の体は、もう生命は残つていないやうに冷たかつた。私はその体を温めやうといろいろと手をつくした。

この日、本多はバアトの手当てをしてから、後ろ髪を引かれる思いで職場へ出かけていった。

仕事中も胸が一杯になり、涙が喉に詰まってくる。夕方、のろのろと進む省線電車にイライラしながら回復を祈っていた。人目があったが、どうしても涙を抑えることができなかった。しかし、その想いも空しく、帰宅を待たずにバアトは逝ってしまう。死の数時間前、バアトは一歩一歩休みながら歩き、敷地の外に行って小用をして戻ってきたことを家人から聞いた。死の直前であっても、屋敷を汚さない気づかいを忘れないバアトの賢さと健気さに、本多は声をあげて泣かずにいられなかった。

その後、本多はいろいろな犬を飼ったが、バアトを超える犬と出会うことはなかった。「犬に対する愛情が、バアトと一緒に葬り去られてしまった」と感じている本多は、この文章を次のように結んでいる。

私は、今でも、犬の話が出ると、必ずバアトの話をし、人前もかまわず泣くのである。

創刊号に死を語るのは縁起でもないと人は云ふであらうか。だが、死を知らないで何の生ぞ！ すべてすぐれた文学は死の文学である。さうでなければ死をくぐりぬけた生の文学である。

死が縁起がわるいといふうちは、まだ生を語り文学を語る資格はないのである。

動物を心から愛し、それが人間にとっていかに重要な意味を持つかを独自の言葉であらわした中西や本多の原稿は、『動物文学』創刊号を飾るにふさわしいものだった。

それらの力作と並び、米吉は「犬の生活」というタイトルでプッペと長女の由伎子の交流について書いた。その後半ではジステンパーに冒されたプッペの姿が描かれている。現在はワクチンでほぼ確実に予防できるが、当時のジステンパーは若犬にとって、もっとも死に近い恐ろしい病気だった。犬の体温は通常三十八度から三十八・五度だが、プッペは連日、四十度を超える熱に苦しんだ。毛艶も悪くなり、ふっくらとした肩や腰は骨ばってきた。眼のまわりは目ヤニで汚れ、舌や歯茎は血の気を失い白紫色になり、咳や下痢の症状も出ていた。治療方法は確立されていないため、栄養のあるものを与えて体力の衰えをくいとめることしかできなかった。

それでも家族の献身的な看病によって、プッペは奇跡的に回復へと向かう。熱は下がりはじめ、気管支炎や腸炎もおさまってきた。それを見た由伎子は、大喜びで全快祝いの相談を母親とするほどだった。米吉は経過を慎重に観察していたが、数週間後、プッペは完全にジステンパーから生還することができたのだ。

米吉の文章からは、この出来事が平岩家にとってこれ以上にない嬉しいニュースだったことが手にとるように伝わってくる。

七月の中旬、遂にプッペは全く回復しました。そして、長女の待ちまうけた全快祝ひは麻布の或る料亭で開かれました。

家の者だけのささやかな会ではありましたが、みんなの気持ちは再び春の訪れた朗らかさです。プッペは、その未来の夫である青年（?）と一緒に（彼もプッペに先立って全快したのです。）嬉々として自動車に乗り込み、舐めたり飛びついたり大騒ぎの後、漸く長女の足もとに横たはりました。暑さに開かれた口からは真つ赤な舌がのぞいてゐます。

一同はまもなく料亭に着きました。

「プッペが御飯をこぼすといけないから」

プッペの保護者をもつて自ら任じてゐる長女は、かう云つてプッペの食事の面倒を見てやりました。が、プッペはほとんど御飯をこぼさず、却つてその後で御飯を頂いた保護者の方が遥かに沢山こぼしたので、皆は思はず顔を見合はせて笑ひ出しました。

無邪の者、無邪の者と友たり！

私はわが子と犬とを見くらべて微笑みました。

『動物文学』の創刊号には、このほか新聞の美術記者でその後、人魚の研究に没頭したという金井《かない》紫雲《しうん》など個性的な面々が参加した。また、後に『ジャングル・ブック』

で広く知られるようになるラドヤード・キップリングの作品の日本未紹介部分を「恐怖はどうして来たか」というタイトルで堀口守《ほりぐちまもる》の訳で掲載している。

装丁を担当したのは恩地孝四郎《おんちこうしろう》で、これは米吉が『人形の耳』を出版したときからの縁だった。

明治二十四（一八九一）年に生まれた恩地は、近所に住む竹久夢二《たけひさゆめじ》の影響で美術の世界に入り、二十歳で竹久夢二らと『都会スケッチ』を洛陽堂から出版。それが縁となり洛陽堂で装丁の仕事を手がけるようになった。夢二の画文集『どんたく』の装丁をはじめ、その後、親交を結ぶ萩原朔太郎《はぎわらさくたろう》の『月に吠える』（感情詩社・大正六年）、室生犀星《むろおさいせい》の『愛の詩集』（同・大正七年）の装丁、挿絵などを担当した。昭和三年発行の『近代劇全集』（第一書房）、『白秋全集』（アルス社）の仕事で装丁家としての地位を確立したといわれている。戦後は博報堂の装丁相談所の副所長から所長に就任。岡本太郎《おかもとたろう》らとともにローマに本部を置く国際アートクラブの日本支部の設立にも関わった。『動物文学』の装丁をしたこの年は、パリで開催された「日本現代版画展」に七作品を出品している。

4

かねてからの雑誌の編集・発行活動によって始まっていた米吉の人脈は、『動物文学』によってさらに広がっていった。

寄稿者は、小説家や随筆家、詩人、俳人、歌人など文学関係者はもちろん、自然科学者、社会学者、歴史学者、画家など幅広いジャンルから集まった。分野や思想、系統、流派にしばられずに多くの人が集うことができたのは、哺乳類から鳥類、昆虫までを含めた「生き物」がテーマ故のことだった。

民俗学者の南方熊楠《みなかたくまぐす》との交流は、昭和十年九月発行の『動物文学』第九号に米吉が書いた、中国の「野干《やかん》」は狐ではなくジャッカルである、という内容の原稿がきっかけだった。これを見た熊楠が、米吉の文章は自分が明治四十三年七月に『東京人類学会雑誌』第二九一号で発表した論文の模倣だと指摘してきたのだ。しかし、論文が発表されたのは米吉がまだ小学生の頃で、その存在をまったく知らなかった。この事情を知らせると、熊楠はすぐに納得した。

それが縁で頻繁に書簡のやりとりをするようになり、熊楠は『動物文学』にタクラタと呼ばれる謎の生物について考察した原稿を寄せている。熊楠が知人らから得た情報によると、その生物はつぎのような特徴を持つという。

此獣は面白き物で、滅多に見る物でなく、久々に大雪ふりし日、奥山の小屋にて焚き火をして温り居る時分、出し抜けに入来り、人の傍に座し、火に上肢をさしかざして温まり、人懐かしく、人々手さえ加えずば決して人を害せざる由、斯て暫し温まりて其儘出て行く由。其全貌は熊に似たる者と云へり。

（『動物文学』第二十七号　昭和十二年三月「タクラタという異獣」）

大雪の日に山小屋の火にあたりにくるというタクラタは、雪男や山男を連想させる。一方、「田蔵田」という文字を用いている例もある。麝香《じゃこう》のような強い臭気を持つ獣で、人の足の下に走りこんで自ら死を選ぶという。静岡県では愚か者やばか者を意味する「タクランタア」という言葉があり、その獣の行動がもとになっているという。さらに熊楠は、その獣を「麝香鼠なのではないか」と推測している。しかし、雪山にあらわれるタクラタは、それとはまったく別のものと考え、情報提供を読者に募っている。

南方熊楠が世紀の天才にして強烈な個性の持ち主だということは、よく知られているが、米吉もその個性に驚かされたひとりだった。

熊楠の手紙には必ず生活上のこまごまとしたことが記してあった。あるとき、手の指の瘭疽《ひようそ》のために筆を持てず書き物に難儀していることを書いてきた。瘭疽とは指先や爪の周囲に痛みや腫れが生じる化膿性炎症で、深部に進行して骨にまで波及すると壊疽《えそ》の危険性があるといわれる病気である。それを読んだ米吉は、親しく付き合っている辰野隆《たつのゆたか》夫妻のことを思い出す。辰野の妻の久子は、日本で初めて大砲の鋳造をしたことで知られる江川太郎左衛門《えがわたろうざえもん》の孫にあたる人物である。久子は、瘭疽によく効くという江川家の家伝薬について詳しかった。

米吉がさっそく江川家の家伝薬のことを書き送ったところ、数日後、熊楠から怒りの手紙が届いた。「余計なことをするな」という内容で、その末尾には「午前二時何分」という時間とともに詳しい投函場所まで書いてあったという。好意のつもりでしたことに、これほど激怒する熊楠の心中を米吉はどうしても理解することができなかった。

そのほかの執筆者には、民俗学の柳田國男《やなぎたくにお》、民俗学・国文学・神道学の研究者であり釈超空《しやくちようくう》の名で歌人として活躍する折口信夫《おりぐちしのぶ》、漢学の八幡関太郎《やはたせきたろう》、鳥類学の内田《うちだ》清之助《せいのすけ》、古代人の食文化に精通したことで知られる古人類学者の直良信夫《なおらのぶお》、直良信夫の発見した骨に明石原人と名づけた人類学者の長谷部言人《はせべことんど》、蜘蛛類研究の岸田久吉《きしだきゅうきち》、評論家の徳富猪一郎《とくとみいいちろう》（蘇峰《そほう》）などがいる。

文学の世界では、北原白秋、室生犀星、まど・みちお、小川未明《おがわみめい》、翻訳者の堀口守、高瀬嘉男《たかせよしお》、寿岳文章《じゅがくぶんしょう》、アンデルセン童話など児童文学の翻訳で知られる与田準一《よだじゅんいち》などが参加している。

明治から昭和初期にかけて活躍したこれら専門家や研究者は、大学や政府の研究機関に籍を置く者もいたが、どちらかというと学歴に頼ることなく、独自の方法で学問の道を探求した者が多かった。特に民俗学や人類学、文学、美術の分野などでその傾向が強い。南方熊楠や柳田國男、折口信夫、さらに『動物文学』の創刊号に寄稿した「日本野鳥の会」の中西悟堂、そして米吉もそうしたひとりだった。

それは生活に困ることなく、研究生活に没頭できる資産があったことを示している。現代に暮らす我々からすると羨ましいかぎりで、そのため「金持ちの道楽」と揶揄《やゆ》されかねない要素もあるが、この頃の日本の学問や文化の発展は、こうした資産家たちに支えられていた。彼らの多くは、可能な限りの私財を研究費や調査費にあてていた。なかには植物学者の牧野富太郎《まきのとみたろう》のように、親から受け継いだ遺産を使い果たし、それでも晩年まで研究意欲が衰えることがなかった者もいる。

なぜそれほどのことをするのか？　それは個人の努力、つまり独学であっても、学問の世界で大きな成果をあげたり、新たな発見ができたりする可能性があったからだ。現代では各分野が確立・細分化され、ジャンルを超えた研究テーマを追うことは難しくなっている。学問を志す者は例外なく、大学や団体、政府、企業などの研究専門機関に籍をおかなければやっていけない。

こうした仕組みがまだなかった時代、研究者たちは学歴や学会、ジャンルの枠はもちろん、常識の枠に縛られることもほとんどなかった。自由闊達な空気が流れる場所には、才能豊かで個性的な面々が集まる。それだけに、奇行をくりかえして周囲を驚かせる人物も少なくなかったようだ。

米吉がフランス語のエキスパートと評する西村《にしむら》二郎《じろう》は、東京帝国大学の法科在学中に伊藤博文《いとうひろぶみ》に見出されて朝鮮半島に出向くという華々しい経歴の持ち主だった。しかし、赴任地での新年会の席上で軍人を殴って退職に追い込まれ、その後は無銭飲食の常習者になった。借金のカタに上着を取られ、シャツ一枚の姿で平岩家の玄関口にあらわれたのも一度や二度ではなかった。金銭的に困ると米吉のほかに、同級生で戦後に総理大臣として日本とソビエト連邦の国交回復を実現した鳩山《はとやま》一郎《いちろう》に手紙を書いていた。米吉は、語学の才能を買っていたので翻訳をすすめ、肥田利夫《ひだとしお》のペンネームで書いたものを何度か『動物文学』に掲載していた。

画家の大崎善司《おおさきぜんじ》も米吉が懇意にした人物の一人で、「上海帰りの、パステル画が得意な男」というふれこみである人物から紹介され、米吉の飼う犬や狼など、さまざまな動物をスケッチすることで動物画家としての地位を築いた。大崎は、米吉の愛犬のチムの最期の姿も描き遺している。人物画の才能もあり、米吉の書斎に飾られた乳母・廣瀬みさの肖像画も手がけた。

普通に仕事をしていれば生活には困らない才能がありながら、大崎にはこれを妨げてしまう神経の過敏さ、思い込みの激しさによる奇行も多かった。平岩家で出された紅茶にアスピリンが入っていると言い張り、家人が台所を調べたり同じものを飲んだりして「そんなことはない」と説明しても「入っている」と譲らなかった。銀座を歩いていて、突然「空気が悪い」といって服を脱ぎ、そのまま卒倒するのも日常茶飯事だった。大地震の予感がするといって、全財産を仏教祭典用の装飾をほどこした巨大なロウソクに換えてしまったこともある。そのためビスケットと水で空腹に耐える生活をくりかえしていた。

平成の大奇人の異名を持つ荒俣宏《あらまたひろし》が「世紀の奇人」と呼ぶ収集家の平凡寺《へいぼんじ》も執筆

者のひとりだった。本名は三田凜蔵《みたりんぞう》だが、自らを日本我楽他宗趣味山平凡寺《にほんがらくたしゅうしゅみやま》と名乗っていた。実家は木場の材木問屋で、江戸時代の物の蒐集家として有名だった。十四歳で耳が不自由になってからは、訪問者とはすべて筆談だったという。

5

こうした各方面の人物との交流を基盤に、米吉は昭和十一月九月に「動物文学会」を発足させた。雑誌『動物文学』誌上で参加者を募り、毎月のように自宅や渋谷、新宿などで定例会がおこなわれるようになった。

動物文学会の発足に先がけて昭和十一年四月におこなわれた動物文学談話会は、事実上の第一回目の定例会だった。会場は新宿中村屋で、会費は六十銭だった。

定例会は、まず米吉の談話から始まった。テーマは「文学に現れた犬声」。その後、上野動物園園長の古賀忠道《こがただみち》の「動物園雑話」、漢学者の八幡関太郎の「支那文学と動物」と続いた。後半は十六ミリ映画の鑑賞で、佐與子が狼たちの様子を撮影したものを編集した「馴れた狼」が上演された。

こうした談話会は、白日荘や渋谷の東京パン、銀座の竹葉亭、目黒雅叙園などでも開かれた。定例会の内容は、数名が講演をすることもあったし、出席者全員で議論をすることもあった。

昭和十二年四月に目黒雅叙園でおこなわれたものは「動物の生活を語る」というタイトルで出席者自身が実際に目にしたり、体験したりした動物とのふれあいをもとにした観察報告を語り合う内容だった。それだけに登場する動物の種類は多く、話題もあちこちにとんだ。

犬にくらべて人間に飼われても野性的な部分を持ち続ける猫の性質について、鳥獣共通して細長い棒状のものを恐れること、フランスで見た雀を馴らす名人の話、動物は餌だけでは馴れないことなど――。

人魚研究などにも熱心だった金井紫雲は、動物が音楽にどう反応するのか調べるために尺八が得意な友人とともに一日かけて動物園をめぐった話を披露した。オウムだけが活発に反応したが、それ以外はライオンがムックリと頭を持ち上げただけだったという結果で一同の笑いを誘った。

関東大震災が記憶にまだ新しかった当時、犬が地震を感知して啼くという話に多くの興味が寄せられ、いろいろな意見が集まった。さらに話題は動物に関係した各地の伝説、白馬は戦場で目立つので日露戦争の時には黒く塗って使用したこと、動物の種類ごとの性別の見分け方、最近はじまった動物心理学の内容は大半が鼠を実験対象にしているので正確には「鼠心理学」だという指摘など、話題は尽きなかった。

生前のハチ公を渋谷駅で見ていたという画家の清水良雄《しみずよしお》は、死後に「ひとつの信仰のようになって驚いた」と発言している。それに対して、米吉も「忠犬という呼び方は感心しない」と同意した。恩を受けたから恩を返すという気持ちは、犬には微塵もない。犬にあるのは、主人に対する純粋な愛情のみなのだと解説したうえで、人間の流儀を動物にこじつけて寓話を生みだすことの無意味さを指摘した。

この談話会の記録は『動物文学』誌上に二か月にわたり掲載された。昭和十二年は、泥沼の戦争の第一歩ともいえる日中戦争が勃発した年だった。そのため軍馬や軍用犬など戦争に絡んだ話題も出ていたが、参加者の興味の主な対象は動物の調教の方法や気質や性質の理解につながることで、そこにある空気は平和そのものだった。

米吉は、こうした時間を共有できる多くの仲間とともに、動物文学という新たなジャンルを模索していった。

6

雑誌の発行と定例会を中心に、動物文学会は順調に会員を増やしていた。

米吉が若い書き手のなかで特に評価していたのは、戦後になって『ぞうさん』『やぎさんゆうびん』『一年生になったら』『ふしぎなポケット』など多くの童謡をつくった、まど・みちおだった。昭和十年に『動物文学』に参加してから、まどは、多くの詩を発表した。当時、台湾総督府に勤務するかたわら、『ノートに挟まれて死んだ蚊』『魚の花』『魚のように』『壁虎《やもり》の家の居候』など、あらゆる生き物をテーマに詩や随筆などの創作活動を続けていた。

そのなかのひとつに『魚を食べる』という随筆があった。

私は独り者のせいであるか、一日中で、御飯を食べる時が一番もの淋しい。淋しいつて言ふのか、何かかう、しみじみとものの哀れのやうなものを感じる。「又御飯を食べる時になつたのか」と年老いて正月を迎へる度に、誰しもが感じると言ふあの淋しさにも似てゐるのであらう。(中略)ただじんわりじんわりと口を動かしてゐる事は、食べてゐると言ふよりも、むしろ大きい自然と共に、見えない真理と共に、呼吸してゐるやうな気さへして、不知不識に深い思索の旅へ出たりする事もある。

（『動物文学』第十九号掲載）

この随筆は後半に向かって、自分が魚を食べる時に感じる、しみじみとした感覚について詳しく書いている。焼き魚や煮魚、佃煮など、あらゆる魚を口に運ぶという日常的な行為のなかから、生命が終わるときの静けさ、淋しさ、愛しさ、幸福感などに焦点をあてている。ほかの生き物の命を犠牲にして、生かされている自分というものを独特のユーモアとセンスでまとめた作品だった。

米吉はこれまで掲載された詩とともに、この随筆を高く評価した。〈深き愛、静かな詩、新鮮な想をもつて、明らかに動物文学の一分野に新しき手法を提示させるもので、黎明《れいめい》期の本誌活動の業績を喜ぶ〉と編集後記に書いている。

まど・みちおは、明治四十二（一九〇九）年生まれ。平成十八（二〇〇六）年取材時、九十七歳と高齢ながら、都内に在住して創作活動を続けていた。

「嬉しいですね。こうして人に褒められたから、きっと続けてこられたんでしょうね」

この掲載誌を約七十年ぶりに手にするまで、まどは「当時のことはほとんど覚えていない」と言っていた。外地からの投稿というかたちでしか関わりがなかったため、米吉と直接会ったこともなかったという。しかし、あらためて米吉に絶賛された文章を目にすると、まるで今ここで褒められたように感激し、「嬉しい」という言葉を何度か口にした。

まどは、本名を石田道雄《いしだみちお》という。山口県徳山市で生まれたが、父の仕事の関係で十五歳から台湾で暮らしていた。台北州立台北工業高校の土木科を二番で卒業した後、二十歳で台湾総督府に就職。その頃、基隆から高雄までの縦貫道路建築工事が進められているところで、まどは、橋梁工事の現場で測量・設計・施工などを担当していた。

仕事は、まったく自分には向かなかったという。

「現場監督として勤務していましたが、実際の主な仕事は台湾人が材料を薄めたり、横流ししたり、手抜きしないか監視することでした。そんな人を見張るような仕事だから、本当に憂鬱でね。台湾人による接待も苦手でした。それによって優遇する、しないというのも嫌でした。そうしたことから仕事は、いつも辞めたいと思っていました」

そうした日々のなか、まどは、台北市内の本屋で『コドモノクニ』という雑誌に出会う。そのなかの北原白秋・選「童謡募集」に五編の作品を投稿した結果、二編が特選になった。それがきっかけで童謡詩の創作に力を入れるようになった。まどは、『動物文学』のほか『童話時代』『童話手帳』『桑の葉』『桑の実』など、童話・童謡雑誌に精力的に寄稿していた。

だが創作活動も、やがて戦争によって中断されてしまう。『ぞうさん』の歌がNHKラジオから流れるのは戦後、昭和二十七年、まどが四十三歳の時のことだった。

7

昭和十年、『動物文学』創刊翌年の夏、米吉の活動が世間から大きな注目を浴びることになった。きっかけは、その年の初めに持ち込まれた一冊の洋書だった。

「ちょっと、見ていただきたいものがありまして」

白日荘にあらわれたのは、翻訳家の内山賢次《うちやまけんじ》だった。

「先日、手に入れた本なのですが、アメリカの野生動物の観察記のようです」

そういわれて、米吉はその本を手にとった。表紙には「Wild Animals I Have

Known』と書かれている。

それは広大な北米大陸を舞台に、野生動物を主人公にした物語だった。ストーリーが巧みなだけでなく、動物の生態や行動が詳しく、生き生きと描かれている。迫力あふれる描写の数々は、著者が実際に見たり、体験したりしたことがベースになっていることを確信させた。

もうひとつ米吉の関心をひいたのは、各所に入った挿絵だった。細部まで妥協することなく丁寧に描かれた絵は、野生動物を見たことのない読者でもリアルな姿をイメージできる。動きのある絵ほど魅力的なのは、正確なデッサンと高い画力がある証拠だ。子ども時代に絵画を学んだ経験のある米吉は、その点にも注目した。

外国には、すでにこれほどのものがあるのか……！　この本は、動物文学という新しいスタイルの文学分野を目指す活動で、モデルケースのひとつになりそうだった。

「内山さん、この本、ぜひ翻訳してください！」

米吉のすすめで、内山が翻訳した『Wild Animals I Have Known』は後に『動物記』や『狼王ロボ』などのタイトルで知られるようになる、アーネスト・トンプソン・シートンのものだった。後に『私の知る野生動物』という日本語タイトルをつけられたこの本は、シートンが三十代後半に書いたもので、アメリカで初版が出たのは一八九八年だった。

ここで、当時の翻訳権について少し触れておきたい。該当するのは明治三十二（一八九九）年から適用されていた旧著作権法で、翻訳に関するところは、第一章「著作者ノ権利」・第七条「保護期間・翻訳権」である。内容は、次のようになっている。

一、著作権者原著作物発行ノトキヨリ十年内ニ其ノ翻訳物ヲ発行セサルトキハ其ノ翻訳権ハ消滅ス。

二、前項ノ期間内ニ著作権者其ノ保護ヲ受ケントスル国語ノ翻訳物ヲ発行シタルトキハ其ノ国語ノ翻訳権ハ消滅セス。

これによると、外国で発行された原著作物が十年の間に翻訳出版されなかった場合、原著作物の翻訳権が消滅して、それ以後は自由に翻訳することができると定められている。これは、著作権保護の多国間条約のベルヌ条約によるものだ。

つまり昭和十（一九三五）年当時、一九二五年以前に書かれた原著作物は翻訳権を失っていたということになる。シートンの初の著作は一八八六年の『Mammals Of Manitoba』で、米吉らによって翻訳された『Wild Animals I Have Known』は五冊目の著書だった。シートンはそれ以降もコンスタントに出版を続け、その当時すでに五十冊以上の著作があったが、そのうち四十数冊の作品が、日本での翻訳権を失っていた。これは『動物文学』にとって非常に幸運なことだった。

この旧著作権法が廃止されたのは昭和四十六年で、明治三十二年以来、七十二年にもわたって適用されてきたものだった。ちなみに現在の著作権法では、翻訳権の保護期間は、著作権と同様に著者の死後五十年間とされている。

昭和十年七月発行の『動物文学』第七号から九号にかけて「ロボー物語」が内山の訳で掲載され、こうして日本で初めてシートンの作品が紹介された。

この連載は幅広い読者から反響があった。それにより昭和十年十一月以降も『Wild Animals I Have Known』に収録されているものを次々に翻訳、掲載した。「銀の星」「疵面の大将とその女房」「私の飼った犬」「ぎざ耳坊主」などを昭和十一年十二月まで、それに引き続いて『Lives of the Hunted』の翻訳を「街の吟遊詩人」「チトー(長岡行夫訳)」「白狼(平岩米吉訳)」などのタイトルで昭和十三年五月まで続けて掲載した。

この評判に注目したのは白揚社社長の中村徳二郎《なかむらとくじろう》だった。昭和十二年六月、内山は『動物記』を白揚社から出版した。四六判で三五〇ページ、金額は一円五十銭だった。

もともとシートンの作品には動物記というタイトルの本はない。これは社長の中村が、すでに国内でヒットしていたファーブルの『昆虫記』にヒントを得てつけたものだった。

この案には当初、米吉も内山も多少の戸惑いがあった。しかし、中村の商業戦略は大成功した。『動物記』が多くの人に読まれることによって、『動物文学』の知名度は急速に高まった。

内山はこのヒットをきっかけに、『動物記・第二巻』『動物記・第三巻』と続けてシートンの作品を日本に紹介していった。しかし、その仕事はかならずしも順調ではなかった。

シートン作品は、当時のアメリカではそれほど高い評価を受けていなかったのだ。一九二七年に『Lives of Game Animals』がジョン・バロウズ賞を受賞していたが、初期の作品をはじめ、その多くはすでに絶版になっていた。原書を入手するためには、古書店を丹念にまわるしか方法はない。しかし、アメリカには日本ほど古書店の数は多くなく、その作業は困難をきわめた。

こうした事情がわかると、内山が『Wild Animals I Have Known』を手にしたのは奇遇としかいえないが、これには興味深いエピソードがある。

ある晩、内山は横浜で酒を飲んだ。若い知人二人が一緒だった。支払いをする時になると、二人は「持ち合わせがない」という。それならと内山が払い、その夜は解散になった。

そんなことも忘れていた数日後、そのうちの一人が訪ねてきた。

「先日の飲み代のカタです」

そういって一冊の洋書を手渡そうとする。

「たいした額じゃない。気にしなくていい」

「そうおっしゃらず、お受け取りください」

「いいよ、いいよ」

〈カタ〉などといわれると、内山はなおさら受け取れなかった。しかし、どんなに断わっても、その男は一歩もひこうとしない。

「それでは、こちらが困るのです！」

最後はなかば押し付けるようにして、その本を置いて帰っていってしまった。

「なんとまあ、義理堅い……」

内山が見送ったその男は、小山勝清《こやまかつきよ》だった。後に『それからの武蔵』『彦一とんち話』などの著書で有名になった小山は、この当時『動物文学』の編集スタッフ兼寄稿者で、その縁で内山とも交流があったのだ。

『動物文学』では「九州アルプスの猛牛」「山村動物誌」など数多くの原稿を寄せている。動物の生息地に入って調査をするということが難しかった当時、自然界で生きる動物たちの生態について詳しい人々を訪ね歩き、聞き書きをした小山は『動物文学』内で貴重な存在で、動物に関する知識や観察力、洞察力の点でも米吉に信頼されていた。

小山が『それからの武蔵』を熊本日日新聞で連載を始める十七年ほど前の話である。

8

『動物文学』が創刊されてから、佐與子は多忙を極めていた。毎月雑誌を出すということは、文字通り自転車の車輪がいつもまわっているようなもので、最新号が読者の手に届く頃には、もう次の号の準備をかなり進めていなければならない。もちろん編集部スタッフもいるが、それで佐與子の仕事が減るわけではない。

昼間は動物たちの世話をしながら家事をこなし、夜は原稿の清書や校正、読み合わせなど、常に米吉の助手として仕事をしなければならなかった。亭主関白で仕事そのものに対して厳しい米吉のそばでは、息をつく暇もない。佐與子は、立ちながら眠ることもめずらしくなかった。

シートンの翻訳で話題になってから、『動物文学』では外国の翻訳物の掲載が定番化していた。なかでもシートンについで評判がよかったのは、ザルテンの『バンビ』だった。『子鹿のバンビ』の題名でも知られ、現在でも子どもから大人まで根強い人気のあるこの物語も、シートンと同様に日本で初めて紹介されたものだった。

バムビーはお母さんの後から駆けだした。五、六歩駆けだした。すると、今度は短い跳躍に変わった。まるで、自分で何の力も入れないで、飛んでいるような感じだった。自分の蹄の下には空間があった、跳躍する足の下にも空間があった、空間がますます大きくなっていった。

しゅうしゅういう草の音が彼の耳には不思議にひびいた。

（「小鹿物語」内山賢次訳『動物文学』第三八号・昭和十三年発行）

米吉と佐與子の校正の読み合わせの声は、子どもたちにとって、就寝前の絵本の読み聞かせがわりになった。愛らしい仔鹿が森のなかでたくましく成長する冒険物語に、幼い姉弟は毎晩布団のなかで心躍らせたという。

雑誌創刊翌年の『シートン動物記』とそれに続く『小鹿物語《バンビ》』のヒットによって「動物文学」という言葉は、しだいに世間で認知されるようになっていた。米吉がこの名称を使い始めた頃は、「おかしな言葉だ」といわれ、なかには「動物に聞かせる話なのか?」と揶揄する者もいた。

この頃はさすがにそういった声は聞かれなくなったが、〝科学的な視点と文学的な視点の融合〟という本質については、ほとんど理解されていなかった。なかには、動物さえ出せば動物文学だろうという乱暴な解釈をする者もいた。

米吉にとっては、寄稿者の固定化も気になっていた。中西伍堂や北海道帝国大学教授の犬飼哲夫《いぬかいてつお》、上野動物園初代園長の古賀忠道などの動物の専門家のほか、小説や詩、評論、民俗学、美術などの分野で活躍する会員たちは、米吉の運動を理解しているだけあって、一定のレベル以上の作品を寄せてくる。そして、その多くは米吉にとっても興味深い内容だ。しかし、そこで満足していては、「科学的な裏付け」と「誰もが楽しめる表現」を一体化させた新しい文学ジャンルを世に送り出すことはできない。

世の中には、まだ多くの才能が眠っているはずだ。雑誌の主宰者にとっては、若い才能を発掘して育てることも重要な仕事だ。そう考えた米吉は「懸賞創作」の募集を募った。しかし、第一回目の応募数は十数編で作品のレベルも予想以上に低かった。昭和十一年七月の結果発表では、推薦・佳作ともになし。期待の新人会員の作品が掲載されるはずだったページは、「新進諸家の奮起を切望する――」という一文で終わった。

米吉は、その結果に落胆の色をかくせず、編集後記にも辛口なコメントを寄せている。有名人の低調無責任な寄稿について批判し、さらに「一夜漬けの考証、むりやり動物と結びつけたような作品は送らないでほしい」と書いている。しかし、翌月八月号にはあらためて応募作品についての批評欄をもうけ、「質・量ともに不満だが日本に存在しない文学をつくるのだからそれも無理もない。海外作品であっても、一部をのぞいて同様の状況である」と続けている。

その後、懸賞創作は第二回、第三回となるにつれて佳作も出始めた。同年十二月号には「牝馬の愁い」というタイトルで北海道の雑誌記者・三國慧が競走馬と調教師の物語が掲載された。落胆のあとのわずかな希望の光に照らされながら、『動物文学』は一歩ずつ歩み続けていた。

9

『動物文学』の出版開始から数年、米吉は犬・狼の研究や観察をはじめ、国内外の新旧とりまぜた文献資料の整理や分析も精力的におこなっていた。

さらに『動物文学』を出した頃から、各雑誌からの原稿の執筆依頼も増えていった。ここで媒体名と掲載された原稿のタイトルと内容を簡単に列挙してみる。

『文藝春秋』昭和九年二月「狼」　狼についての伝承と狼が絶滅した理由についての随筆。

『野鳥』昭和十一年二月「子供と鴉」　鳥を飼いたいとせがんだ長女のこと。

『むらさき』昭和十四年九月号「狸の親子」　狸のお産についての観察記。

『草炎』昭和十四年十二月号「熊の兄弟」　福島の村からやってきた二頭の熊の仔を飼った記録。

『オール讀物』昭和十三年八月号「麝香猫」　飼育したジャコウ猫のことについて。麝香の香がするというのは伝説。体臭や啼き声はネズミにそっくりであることなど記述。

『ホームライフ』昭和十三年九月「熊の伝承」　熊の伝承について古文書などをもとに考察。

『大法輪』昭和十四年二月「人を救った熊の話」　古今東西に残る人を救った熊の記録について。

『科学とペン』昭和十六年二月「犬の乳」　成長した犬は犬の乳を飲まないことなどの飼育観察記。

『科学人』昭和十七年一月号「犬の放尿」　放尿から見える犬の能力、本能などについて。

『中央公論』昭和十年十二月号「犬の英知」　犬が社会性や秩序を持つ動物であることについて書いた随筆。

『日本犬』昭和七年四月号「狼の眼」　闇夜で光る狼の眼を表現する言葉を複数の文献をもとに考察。

『山小屋』昭和十六年二月号「赤狼」　中国東北部に生息する狼の血をひく珍しい狼について。

『メトロ時代』昭和十六年三月号「狸汁」　狸汁に入れる肉は狸ではなく実は穴熊だという事実について。

米吉は、文学系から自然科学系まであらゆるジャンルの雑誌に寄稿していた。それは「動物」というテーマがあるからこそ可能だった。そのほか、ラジオ出演も何度かこなしている。

そうした執筆に加えて、なにより米吉を忙しくさせたのは『動物文学』の発行だった。

「まったく編集の仕事というのは、どうしてこうも煩雑で、時間のかかるものが多いのだろう！」

頭のなかには、常に今すぐにでもやりたい仕事や研究が山積みされている。だが目の前の編集作業のために、それらにとりかかることができない。焦りとイライラに襲われ、過労のために体調をくずすとさらに仕事が滞った。そうなると気持ちのコントロールが効かなくなる。その爆発ぶりは、昭和十四年十二月の『動物文学』の編集後記にもあらわれている。

良心的な雑誌の編集は一つの苦行である。一歩一歩の足跡を印し、資料を積み重ねていく喜びはあっても、そのために支払わねばならぬ犠牲は決して小さなものではない。しかも、その殆ど全部が表面に現れぬ所詮縁の下の力持ち式のものであって、顧慮されることなどは到底望むべくもないのである。——例えば、不充分な原稿の補修整理には、毎常、自ら執筆するよりも数倍の努力と時間を費やし、そのために、重要な研究や思索を中断したり遅延したりせねばならぬような羽目に陥りながら、なお且つ、感情的な、或いはやや明識を欠いた人々からは、往々にして不当な憤激や非難を被るのである。

これを読むと、原稿の山のなかで思うように進まない仕事に苛立っている様子が手にとるようにわかる。これは従来からの凝り性、完璧主義から、すべて自分でやらなければ気がすまないという米吉の性格も大きく影響しているのだろう。また、それらをなんとかやり終えても、各所からの反響はかならずしも良いものばかりではなかったことも推測できる。

しかし、苛立ちの原因が雑誌であれば、それを癒すのもまた雑誌である。この後記について、多くの会員から同情の言葉が寄せられた。

「同病相憐れむ。御苦労のほどは恐らく小生など最もよく判る一人」と寄せたのは、日本野鳥の会で『野鳥』の編集をする中西悟堂だ。

「月刊誌の編集は、カチカチ山の狸のように、しょっちゅう背中に火のついているようにせかされる」とユーモアを交えつつ慰めたのは、日本犬保存会で『日本犬』の編集にあたる斎藤弘（弘吉）だった。

これら会員の言葉に、落ち着きを取り戻したのだろう。昭和十五年一月発行の翌月号の後記には「少し書きすぎたと思っていた十二月号の後記について、諸方から御見舞や御同情の御言葉をたくさん頂いて恐縮しています」と綴っている。

第四章 愛犬の系譜

米吉が生涯でもっとも愛したシェパードのチム（左）と妻のプッペ。お互いに強い愛情と信頼関係で結ばれたシェパードのカップルとの生活を通じて、米吉は「犬にも人間に劣らないほどの強い夫婦愛がある」と確信した。

1

米吉の毎日は規則正しい。

朝食後、九時半頃から書斎に入り執筆や調べ物をする。正午近くになって疲れると近所を散歩、昼食後に少し昼寝をして、午後は暗くなるまで仕事をする。そして夕方にもう一度散歩に出る。そのそばには、いつもチムの姿があった。

食事時間は家族と別々で、かたわらに佐與子や由伎子をおいて一人で食べていた。米吉の好物は鰻《うなぎ》、そぼろを御飯の上によそったものだった。だから食卓に蓋つきの塗りの食器が載っているのを見ると大喜びした。普段は厳格で神経質な米吉だが、こうしたときは、無邪気な子どものような表情になる。上機嫌で箸を運ぶ夫の様子に、佐與子の顔も自然とほころんだ。

規則正しく研究生活をおくる一方で、米吉は日常の身のまわりのことについては徹底して不精だった。顔を洗うのも、髭を剃るのも、できるだけ先延ばしにしたい。どうしてもやらなければならない時になっても、「ああ、大変だ」と言うばかりで、いっこうに動こうとしなかった。

米吉が散髪や洗髪を定期的にするようになったのは、佐與子と結婚してからのことだ。床屋には行かず、庭が見渡せる一階の廊下が米吉の専用の散髪所だった。

古いシーツを米吉の首に巻きながら、佐與子は「短い時間で失敗なくできますように」と心を引き締めた。はさみを手に、左右のバランスをみながら慎重に切っていく。しかし、左右の髪の長さは、なかなかピタリとあわない。長いと思うところを切ると、今度はほかとのバランスが合わなくなってくる。正面や横はなんとかまとまったが、襟あしから耳の後ろにかけてのラインがまだガタガタとしている。

「もう、いいじゃないか」

気の短い米吉がイライラし始めていることを感じていた佐與子は、その声につられて思わず「終わりました」と言ってしまった。

「なんだか、トラ刈りみたいじゃないか？」

手を後ろにまわしながら首をかしげる米吉に、佐與子は明るい声で答える。

「そんなことありません。大丈夫ですよ」

しかし、頭の後ろを撫でるとやはり少し不揃いになっているのがわかる。

「来週の会合までにのびるかな」

不精な反面、一度気にし始めると、いつまでも気にしている。米吉は、同じ会話を翌週まで何度かくりかえした。

佐與子が苦労していたのは、髪や髭だけではなかった。

米吉は格式ばった服装がなにより苦手だった。袴をつけるように言っても、あれこれ理由をつけては着ようとしないので、外出の準備をするたびに佐與子を困らせた。佐與子がちょっと気をぬいて何も言わずにいると、米吉は着流しのままでどこへでも出かけてしまうのだ。もっとも、身長百七十センチ以上という、当時の日本人としては長身の米吉には、それがよく似合った。

しかし、身なりにかまわないでいると、時には不都合なこともあった。ある家具店で机を注文しようとすると、店の主人は「そうやって作ると一万円はかかるよ」と言ったきり、目もくれなかった。あんたに買える代物じゃないという態度に、しかし米吉は特に腹も立たなかった。こんなのは、いつものことだからだ。しかし、欲しいと思った机が買えないのは困る。

そこで米吉は、今度は佐與子を連れて再び家具店を訪れた。上品な着物を身に付けた佐與子を見て、主人の態度は一変した。

「奥様、今日はどんなものをお探しでしょう」

佐與子の後ろにいる米吉を見た主人は「しまった」という顔をした。

「私は、奥方様がおいでにならなくては買い物もできない」

帰り道、米吉がそう言って佐與子を笑わせたという。

神経質で感情の起伏の激しい米吉は、いつ機嫌をそこねて怒り出すかわからない怖い存在だった。しかし、機嫌のいいときは、冗談を言って人を笑わせるのが大好きだった。

子煩悩だった米吉は、子どもが小さい頃は、家族で出かけることも多かった。その頃の思い出として長女の由伎子はこう書いている。

私たちが四、五歳になると、父はよく母と私たちを連れて外出しました。でも弟には喘息があったので片瀬や江ノ島などに行くほかは、私だけが連れて行ってもらうことのほうが多くなりました。上野動物園や、自由が丘からたった二駅目の多摩川園には手提げ袋に、お猿さん用にといってジャガイモやニンジンを輪切りにしたものをいっぱい詰めこんで持っていきました。（中略）

昭和四年八月、ドイツの飛行船ツェッペリンが来たのをみたことや、昭和二年、大西洋横断飛行に成功したリンドバーグが昭和六年に日本へ来たときの飛行機もみています。

（『狼と生きて　父・平岩米吉の思い出』）

家族全員で出かけたのは、昭和八年に初来日したハーゲンベックのサーカスだった。このサーカスは、ドイツのハンブルクにあるハーゲンベック動物園の一部門で、団員百五十名、動物百八十頭あまりという圧倒的なスケールのものだ。複数の猛獣によるパフォーマンス、大胆な演出、計算された構成など、エンターテインメントとして完成していたステージは、その後の日本のサーカスに大きな影響を与えたという。

2

「今日の午後は仕事を休んで、出かけることにするよ」

昼食を食べながら佐與子に言うと、かたわらにいるチムがとたんに期待に満ちた目をした。すぐにハイヤーを門の前に呼んで、いつものようにチムを傍らに座らせると、車は快調に走りだした。目指したのは、今は親戚が住む亀戸の家だった。

父が亡くなってからは、鯉を飼う者もいないので池のなかはずいぶん淋しくなってしまったが、それでも周囲を歩くと子ども時代がよみがえってきた。チムは、自由が丘の数倍ある広大な庭に大喜びしているようだった。米吉は、池の岸に腰をおろした。

こうしてチムと一緒にすごすことができる今に大きな幸福を感じると同時に、永遠ではないこの時間をしっかりと味わっておかなければ、というしんみりとした思いにもかられた。

すると、不意に私の目の前にチムが現われ、しかも、彼は水の上に身を横たえているのだ。そしてフィラリアから来る狭心症の激烈な発作が二度三度と彼の全身を引き歪めるのをまざまざと見た。彼はその度毎に唸りながら首と四肢を突っ張ったが、最後の発作が来るとともに、そのまま動かなくなってしまった。

(『動物文学』第二号「チムの死とその前後・前編」昭和九年十月発行)

米吉が大声で叫んだ瞬間、情景が一転した。視界に入ったのは、月明かりに浮かび上がる天井板の模様だった。恐怖のあまりしばらく現実感が戻らなかった。

米吉は布団から飛び起きて、書斎で寝ているチムのもとに走った。ドアを開けると、チムはむっくりと首をあげた。パン、パン、パンと尾で床をたたく音が軽快に響いた。いつもとかわらない歓迎ぶりだ。

「ああ、よかった！　本当に、夢でよかった！」

米吉はそのままチムのかたわらにガックリと座りこみ、明け方近くまでチムの背中を撫で、寝顔を眺めていた。

チムはフィラリアに感染していた。

フィラリアは、蚊を媒介とする寄生虫で、ほぼ日本全域で見られる犬の病気だ。蚊が刺した時に体内に侵入したミクロフィラリアが、皮下や筋肉のなかで成長して、最後は心臓に寄生する。この虫がまるで糸のように細くて長いため、犬糸状虫症とも呼ばれている。

フィラリアが寄生すると心臓はもちろん、肝臓や腎臓、肺などの機能がいちじるしく低下する。それによって倦怠感や食欲不振、嘔吐や血尿などの症状が出て、ジワジワと体力を奪い、最後は死に至るのだ。

この頃、日本で暮らす犬が老衰で最期を迎えることは稀だった。プッペは運よく回復したが、子犬や若犬の時にジステンパーであっけなく死んでしまう犬も多かった。それをようやく乗り越えて二、三歳になったとしても、ほとんどの犬はすでにフィラリアに感染していた。そのため長くても六、七歳までしか生きられなかった。

ちなみにフィラリア予防薬が開発された現代では、犬の平均寿命は十四、五歳と倍以上になった。フィラリアは、犬たちの一生を左右する難病だった。

米吉のチムに関する最大の心配事は、フィラリアの寄生による心臓、肝臓の肥大だった。一時は、激しい運動や精神的なショックを与えたら、そのまま逝ってしまいそうなほど危険な状態だった。だがここ数か月は、体調が落ち着いていた。脈拍は正常の六十程度で安定しているし、フィラリア独特の咳き込むような発作も時々は起こるものの、それも数秒で回復している。体の調子がいいのだろう、チムは食欲も旺盛で、朝と夕方の運動時間も心待ちにしているようだった。

米吉は、この元気な姿をいつまでも見られるようにと心から祈った。

3

チムに関する不吉な夢は、その後も何度か続いた。二度目は、米吉が呼ぶのにもかかわらず、チムが野良犬たちにまじって駆けていってしまうというものだった。さらにその数日後に見たのは、家族との旅行中に列車の追突事故に遭い、転覆した車内にチムだけが残されてしまうというショッキングなものだった。

その頃のことを米吉はこう記している。

私はいつものように傍らに彼を座らせて自動車を走らせていた。（中略）車がちょうど、森を抜けてある神社の前を曲がろうとしている時、不意に私の胸に奇妙な思いが浮かび上がってきた。それはチムの老後に対するある推想であった。「チムにもいつかは老年と死が来るのだ。そして、こうして元気な彼と並んで気持ちのよい時を過ごすということも、いつかは思い出として残る時が来るのだ！」瞬間、私は胸を引き締められた。が、目の前には嬉しそうに瞳を輝かせている壮年の彼の姿がある。「チム！」私は静かに呼んで彼の額を撫でてやった。そして、お互いの幸福な時を味わうような気持ちでしばらく彼を眺めていた。彼も親しげに私の視線に応えながら、いつも彼が満足な時にする様子で、手をさし出したりしていたが、やがて、私の膝へ顎を乗せて寝た。——事実、私は幸福であった。不安な幻想は遠い世界のことのように思えた。

（「チムの死とその前後・前編」）

神経質な米吉が、ここまで楽観的だったのは、チムの健康状態が比較的順調そうに見えたためだった。実際、チムは特に変わった様子もなく、銀座のデパートや友人の恒次博四郎宅にも出かけていた。

近所の散歩の時には、チムの妻のプッペも一緒に連れていった。チムに絶大な愛情を示すプッペは、チムだけが外出するととたんに落胆して、いつまでも門の前で待っている繊細な犬だった。夕方の日差しのなかで、二頭は肩を並べて嬉しげに歩いていた。米吉はその微笑ましい姿に思わず目を細めた。

それから数日は雨が続いた。その雨がようやく上がった日の夕方、米吉は庭の芝生におりて犬たちと遊んだ。全速力で駆け回る犬、ボールを取り合う犬、ふざけて嚙み合う犬、レスリングのように転がる犬、自分のことを追いかけてもらいたいとダッシュでUターンを繰り返す犬——。

なかでもチムの黒毛と褐色の胸のトーンは、西日のなかに美しく映えた。トトッ、トトッ、と軽快な足取りでほかの犬たちと戯れている。

急に西日のなかのチムが遠くに感じられ、米吉は言いしれない不安に襲われた。それを振り払うように、大きな声で「チム！」と呼んだ。遊びを中断して振り向いたチムは、一瞬キョトンとした顔をしたが、すぐに嬉しそうに尾を振った。

「……よかった。チムは、今日も元気だ」

米吉は安堵とともに、不吉な夢のことを忘れかけていた。

その翌日の七月十六日もチムは朝から元気だった。運動させるために庭の前の廊下の引き戸を開けてやると、待ちかねていたように走り出ていった。

午前中は来客があったので、そのあいだチムを外で待たせていた。それが終わり、米吉が庭に向かって名前を呼んだ。離れていたのはほんの小一時間なのに、「やっと会えた」と言わんばかりに眼をキラキラさせて力いっぱい尾を振っている。

午後は、青山の恒次医院に出かけることになっていた。雨が降っていたのでチムは留守番だ。この日は、友人の恒次のほかに二〜三人が集まっていた。話を始めてほどなくして「電話が入った」と呼ばれた。

受話器をとると佐與子だった。佐與子の声は震えていた。そして、信じられない言葉が聞こえてきた。

「あの、チムが……死にました。犬舎のなかで倒れていたんです」

挨拶もそこそこに、米吉は外に飛び出した。車で走る自宅までの道のりは、途方もなく長く感じられた。

帰宅すると外套を丸めて玄関に投げ込み、すぐに犬舎に走った。その後を佐與子が追った。

視界に入ったのは、金網に背をつけて倒れているチムの姿だった。眼は開いたままで、紫色の舌がダラリと口元から垂れ下がり、その先が砂で汚れていた。わずか二時間ほど前、家を出る時に見た元気な様子からは想像もできないことだった。

米吉は、口もとの汚れをとってチムを書斎の机の傍らに運んだ。ここはチムが一番好きな場所で、実際に今朝まで寝床にしていたところだった。


私はしばらく、動かぬチムの寝姿を前に呆然として立っていた。なにが起こったのかを理解するのさえ困難のような気がした。ただ、私が昨日までの私でなく、世界が昨日までの世界でなくなってしまったという感じだけが強く心を領していた。

（「チムの死とその前後・前編」）


チムの亡骸《なきがら》の前で茫然とする米吉。佐與子が、肉や水を持ってきて枕元に供えた。その様子に子どもたちも驚いている。

「チムは死んだの」

その声に米吉は応えることができず、ただ頷くだけだった。佐與子が気をきかせて、子どもたちを別室に連れていった。ひとりになった米吉は、ようやくチムの前に膝をついた。チムの死に顔は眠っているように安らかだった。

「チム、どうした？」

最初に出たのは、チムが眠っているときに呼びかける言葉だった。米吉には、それ以外の言葉が思い浮かばなかった。もちろん何の反応もない。首を抱くと、その重みがズッシリと腕に伝わってきた。思い出がよみがえるとともに、溢れ出た涙がチムの漆黒の毛を濡らした。

その夜、米吉は画家の大崎善司を呼んだ。チムの死に顔を描き残しておこうと思ったのだ。懸命に筆を動かす大崎の横で、米吉はあらためてチムの見慣れた顔、立派な胸郭、艶やかな体毛、均整のとれた伸びやかな肢を見つめ、そのすべてを目に焼きつけようとしていた。

「先に休んでください。徹夜して描きあげますから」

大崎が声をかけたが、米吉はとてもそんなことはできなかった。

もはや限られたる時間しか私の側にいることのできぬチムを残してどうして私が眠ることができよう。彼は寸刻といえども私の側を離れることを厭がった。彼は庭にいる場合を除けば、散歩や外出の時はもちろん、屋内では浴場から便所まで私のあとをついて歩いていたのだ。そして、たまたま私の姿の見えぬ場合はまったく狂気のごとくなって部屋中を探し歩いた。（中略）そして今は、彼はたとえ私が部屋から出て行くようなことがあっても、もう私の後についてくることができぬのだ！ああ、その彼の側をどうして私が離れることができよう。

（「チムの死とその前後・前編」）

米吉は、そのままの姿勢でチムの傍らに座り続けた。夜が明ける頃には、立ち上がる気力も失っていた。

これから自分は、チムのいない世界で生きるのだ。米吉にとって、それは想像もできないことだった。ただひとつわかるのは、そこがすべての色を失った灰色の世界だということだった。米吉は孤独感に押しつぶされそうになっていた。いっそこのまま廃人にでもなれたら、どんなに楽だろう。そう思うほどの絶望だった。

4

翌十七日の午後になり、前日のただならない様子を心配して、恒次が電話をかけてきた。

「惜しいことをしましたなあ。利口な犬でしたが……」

その声を聞いて、米吉の胸には新たな悔しさがおしよせていた。

チムの身に何がおこったのか、まったくわからない。この動揺を少しでもおさえるためにも、はっきりとした死因が知りたい。そう思った米吉は、受話器を握り締めて声を絞り出した。

「先生、お願いがあります。チムを解剖したいのですが」

このとき米吉の胸には、最愛の愛犬を失った悲しみに打ちひしがれる飼い主としての想いと、その命を奪ったものが何だったのかを知りたいという研究者としての探究心が、交互に押し寄せていた。

死因は、やはりフィラリアだったのか。もし、そうであれば少しは救われる気持ちになる。さらに手の施しようのない状態なら諦めがつく。

死から丸一日が過ぎて、チムの腹部は膨張が起こり始めていた。その様子はあまりにも苦しそうに見えた。米吉は早く楽にしてやりたい一心で急いで解剖の準備を始めた。

犬舎のなかに寝台を置いて、そのうえにチムの亡骸を運んだ。まもなく、恒次が到着して解剖が始まった。

私は彼の頭の方にまわって前肢を支え、T氏は側面に立って、まず彼の胸の中央の毛を挟んだ。厚い皮につづいて脂肪と筋肉が現われ、さらにブスリという鈍い音を立てて肋骨が断ち切られた。（中略）

胸腔はほとんど空洞に等しかった。極端に萎縮して気泡のかげさえとどめぬ肺はいかに急激な大貧血が起こったかを物語っていた。肺動脈の切り口からはまず真っ白の糸のようなフィラリアの虫体が現われたが、それは次から次と凝血の中から引き出され、ついに四十二に達した。（中略）

つづいて、心臓が開かれると、ここにも驚くばかりのフィラリアの集団が見出された。それはほとんど右心室に充満し、あるいは乳《にゅう》嘴《し》筋《きん》にからまり、あるいは縺《もつ》れて一団となり、血液の運行がよくも保たれていたと思うほどであった。

「なるほど、これじゃ助かりませんよ。」

T氏はついに嘆声を発したが、私はむしろ、彼の生命を保持せしむることの不可能事であったのを悟って、静かに諦めの念のわいてくるのを覚えた。

（『動物文学』第三号「チムの死とその前後・後編」昭和九年十二月発行）

米吉は臓器にからまるフィラリアをすべてピンセットで抜き取り、その総数は六十七匹に達した。

「これがチムの身体に寄生して、チムの命を吸い取ったフィラリアなのか！」

諦めの念のつぎにこみ上げてきたのは、強い怒りだった。家のなかに笑いを生み、仕事で疲れた時には元気づけるような眼差しを送ってくれたチム。そのチムと彼の家族を観察することによって、多くの記録がまとめられていた。

それなのに、チムはわずか四歳四か月で逝ってしまった。その前で、自分はなす術もなく立ち尽くすしかなかった。米吉は、自分の無力さに腹を立てていた。

解剖後、すべての臓器をチムの胸に戻して、ふたたび書斎に運びいれた。お腹のはりもとれて、チムの顔はとても安らかだった。それを見て、米吉はようやく少し心が落ち着いてくるのを感じた。

その時、書斎のドア越しに佐與子が声をかけてきた。

「犬たちが、昨日の晩からほとんど食べないんです」

米吉が驚いて庭に出ると、チムの妻のプッペをはじめ、犬たちはすっかり平静を失っていた。あたりを見まわしたり臭いを嗅いだりしながら、無意味に庭を歩きまわっている。さらに解剖を終えた犬舎のあたりに集まり、悲しそうに遠吠えを始めた。それを見た米吉は、あらためて犬たちの細やかな愛情、悲しみや不安を感じないではいられなかった。

夜、米吉はチムの亡骸のそばにプッペと、二頭の子の代表としてギンコを連れてきた。永遠の別れを告げさせるとともに、少しでもチムの孤独を癒してやりたいと思ったのだ。しかし、プッペもギンコも、チムを見たとたんに尾を後肢の間で丸めて、一歩も動けなくなってしまった。米吉がやさしく声をかけ、ようやく二頭は部屋の隅で小さくなって座ることができた。生活のすべての中心だった夫や父が、突然意識を失って動かなくなるというのは、犬である彼女たちにとっては理解し難い恐怖そのものだったのだ。

突然、プッペが米吉に駆け寄り、夢中になってペロペロと顔を舐め始めた。

「こら、プッペ何をするんだ。やめなさい」

たしなめるとすぐに落ち着いたが、プッペはさらに潤んだ瞳でこちらを凝視している。その訴えかけるような様子を見て、米吉はハッとした。

プッペは救助を求めていた。自分の愛するものが、ただならないことになっている。この理解できない不安と恐怖をどうにかしてほしい。夫がもっとも信頼を寄せる米吉ならば、回復させることができるはずだ。昨日と同じように走り、跳び、吠える身体になるはずだ。だから早く、元に戻して――。

「プッペ、おまえの夫は死んだのだ。私には、どうすることもできない。どうか許しておくれ」

米吉にできることは、プッペの頭を撫でながら心のなかで何度も詫びることだけだった。プッペの冷たい鼻先を頬に感じた時、またもや米吉の頬に熱いものが流れ出した。


チムの遺体は、白日荘の敷地内に埋葬されることになった。棺のなかには、生前一番好きだったパンが入れられた。庭で摘んだ花も飾られた。

「チム、長い間、お家を守って下さってありがとう」

「さようなら、チム」

由伎子や布士夫ら、子どもたちが挨拶をする。

「チム!」

米吉は、呼びなれた名を口にすることしかできなかった。隣にいる佐與子は無言のまま顔を伏せた。

納棺の前、米吉はチムの身体の数か所から体毛を切り取り、半紙に包んだ。チムはいつも米吉の後をついて歩いた。散歩や買い物、会合、食事など、どこにでも連れていった。

「これからも、一緒だ」

米吉は、チムの体毛を自分の紙入れに納めた。

5

チムの死についての文章が『動物文学』に発表された翌年、米吉は同誌にひとつの告知を掲載した。

タイトルは「満天下の愛犬家に訊《と》ふ」(難病フィラリアの研究について)だ。

日本の犬のほとんどが寄生虫フィラリアによって死亡すること、その数は推測で一日に二百頭に及ぶこと、治療法や予防法がまったくない状態だという説明文が続いた。

米吉が飼育している犬や狼の死因は、ほとんどがジステンパーとフィラリアだった。それでもジステンパーについては、欧米諸国で研究が進んでいて、やがてはその成果が期待できる状況だった。だが東洋の風土病といわれるフィラリアの予防法や治療法は、まったく手つかずの状態だったのだ。

米吉は、チムの心臓に達した数多くのフィラリアを見た時、ある決意をしていた。

この日本からフィラリアを撲滅したい——。

フィラリアさえなければ、日本の多くの犬と愛犬家は末長く楽しく、健康に生活することができるのだ。アジアエリアが中心の病気なので、欧米の獣医学界で治療や予防の方法、効果的な新薬が開発される可能性は低かった。フィラリア撲滅のためには、日本の愛犬家が団結するしかないと考えたのだ。

米吉は「フィラリア研究会」を設立。東京帝国大学教授の板垣四郎農学博士のもとを訪ね、フィラリア撲滅のための研究を依頼した。この告知は、研究資金を募るためのものだった。

研究は五か年計画で昭和十年四月からスタートした。専任研究者は同年、板垣教授の研究室を卒業した獣医師の久米清治《くめせいじ》だった。この活動によって米吉は、昭和十三年五月に日本人道会より動物愛護賞を贈られている。

この当時、フィラリアについてわかっていたのは部分的なことだけだった。フィラリアに侵された犬を吸血した蚊が、ほかの犬を吸血する時にその犬の皮膚からフィラリアの仔虫《しちゅう》が侵入し、感染が広がっていくというものだ。しかし、その仔虫がどういう経過で皮膚から心臓に達するのかは解明されていなかった。

この告知文は「萬人鶴望《かくぼう》の難病克服も必ずや成就せられる日の来たるであらうことを信ずるのであります」という文章で結ばれている。決して容易ではないが、五年後か十年後には、日本の多くの犬たちがもっと長く生きられる日が来るに違いない、という米吉の希望がこめられていた。

現在、フィラリアは毎月一回の投薬でほぼ完全に予防できるようになった。飼い主は手間がかからず、犬にとっても負担が少ない方法が開発されたため、フィラリア予防は広く浸透した。そうした意味で、日本の犬を脅かす風土病はほぼ消滅したといってもいい。

こうした状況になったのは、年号が昭和から平成に変わる頃のことだ。昭和九年に始まったフィラリア撲滅への道のりは、米吉の想像をはるかに超えていた。

この研究会をつくるきっかけになったチムの死後、米吉は、プッペとのあいだに生まれた二頭の犬たちにも多くの愛情を注いだ。本来の犬好きに加え、愛するチムの血統を引き継いでいる犬たちの存在そのものが、愛しくてたまらなかった。なかでもゲラートは特別だった。この犬は、チムの最後の子どもとして生まれた雌のシェパードだ。ゲラートは体高五十七センチと平均よりも小柄だったが、その容姿、性格ともにチムを思わせるものがあった。

ことに目の大きい精悍な表情やすぐに耳を引いて、軽く首を左右に振りながら小刻みに駆け寄って来る親しみのある動作などはチムを眼のあたりに見る感じであった。そして、牝でありながら、寂《さび》のあるどっしりした吠え声を持ち、品位と落ち着きとを備え、聡明さにおいてもチムに次ぐものがあった。

（『私の犬――珍らしい犬イリスの話』第四章「母」）

ゲラートは「さすがチムの子！」と思わせる多くの要素を持ち合わせた犬だった。だが同時に、大きな欠点もあった。それは極端といえるほどの神経過敏な性質だ。しかし、そうした欠点によって、米吉とゲラートはより強い絆で結ばれていった。米吉の目を細めさせたのは、真正面から挑んでくるかのような、やや過剰とも思われる愛情表現だった。

彼女は三ヶ月の頃からどんなによく兄姉達と庭で遊んでいても、私の姿をチラリとでも見かけると、すぐさま家の方へ突進して来て、両手で激しくガラス戸を引っ掻き、そこを開けて入れてくれるまでは決してそれをやめなかったのである。私の方を見上げながらヒンヒン鼻を鳴らし、あたりをガタガタいわせて両手で引っ掻き、ぐるぐるまわり、飛びつき、鼻を鳴らし、それからまた両手で引っ掻くというようなことを不退転の勇気をもって続け、しまいには喘いでよろよろしながらも、どうしてもやめなかった。

「これじゃ体に悪い。上げてやろう」

私はいつも打ち負かされて彼女を座敷に上げ、そして、ついに彼女は多くの競争者を凌いで私を独占し、決して側を離れないようになってしまったのだ。

（『私の犬――珍らしい犬イリスの話』第四章「母」）

ゲラートはどこまでも米吉の後をついて歩いた。仕事中はもちろん、食事、洗面、トイレなど、どこにでもついて来ようとした。こうした行動はチムとそっくりだった。しかし、ゲラートは、ドアを閉めると庭にいる時と同じように荒々しくドアを引っ掻いて、激しい愛情をぶつけてきた。そのおかげでドアは傷だらけ、襖や障子は破れ放題だった。

さらにゲラートは、米吉を独占することに熱中した。米吉がほかの犬と遊ぶことをことごとく嫌がり、米吉のそばに走りよろうとする犬を片っ端から蹴散らした。散歩中は、一緒に並んで歩いている佐與子に引き綱を手渡したとたんに地面に伏せて、ピクリとも動かなくなってしまう。米吉以外の存在は一切受け入れたくない、という意思表示だ。ゲラートの世界のすべては、米吉との関係のなかで成り立っているといっても大げさではなかった。

ゲラートが執着したのは、米吉自身だけでなかった。書斎にあるものや、着物や帽子、食事の後の食器など、米吉が使ったものに触ろうとすると、たちまち攻撃してくる。米吉に関係する物を手にとることは、ゲラートにとって米吉への不法行為と同じだった。

こんな状態なので、掃除や洗濯、食器のあとかたづけなどをするだけで大変だ。見慣れない他人ほど警戒心を強めるため、新入りのお手伝いの女性はゲラートの視線にビクビクするはめになる。

「犬が怖いので辞めさせてください」

せっかく新しい人が入ってもすぐに退職を申し出てくる。一方、米吉は、犬の攻撃対象になる怖さが今ひとつピンと来ていなかった。世の中には、どうしてこうも犬を怖がる人が多いのだろうかと不思議だった。

しかし、お手伝いの女性にしてみれば、いつ怒鳴られるかわからない主人の存在は受け入れられても、いつ襲ってくるかわからない犬を受け入れることなど絶対にできない。最後は「どうしても辞めたい」の一点張りで、米吉もしかたなく退職を認めるしかなかった。こうして白日荘は、いつも人手不足の状態が続いていた。

しかし、ゲラートは唸り声をあげて飛びついても、人を咬むことはなかった。その点で米吉は安心していた。動物たちをなるべく自然の状態のままで飼うことで、観察記録やデータをとることを信条としていたので、危険がないかぎり特に行動矯正の訓練はしなかった。

そのゲラートが成長するとともに、米吉のなかには新たな思いが膨らんでいた。

ゲラートに子どもを生ませたい——。

相手として選ばれたのは、同腹のビルトだった。従来は避けるべき兄妹の組み合わせをあえて米吉が選んだのはなぜか？　その理由は「忠実なチムの血液を固定し強化する最善の手段だと考えたから」だった。

米吉は、チムの面影を強く感じさせるゲラートと暮らすうちに、チムという生涯で最愛の犬の特徴をさらに強くした犬と出会いたい、純粋な形に近づけたいという欲望が抑えられなくなってしまったのだ。

ビルトは聡明で、穏やかな優しい性質の犬だった。人にも犬にも温厚だったが、時には思いもよらないことで米吉を驚かせた。ビルトの特技は、どんな留め具がついた扉でも開けてしまうことだった。打掛は鼻先で押し上げて難なく突破してしまう。もっと複雑な輪鍵は釘をくわえて上に引き、次に輪をくわえて手前にもってきてはずしてしまった。

柱に縛っておいた引き綱を解くのも得意で、よく綱をひきずったまま遊んでいた。ほかの犬の綱も解き、その端をくわえて連れて歩いていることもあって、米吉はビックリするやらおかしいやらで、ビルトの賢さに感服した。

二頭の交配はなかなかうまくいかなかった。ゲラートはすでに三歳になっていたが、その発情は毎回不完全なものだった。もしかしたらゲラートは、正常な生殖能力がないのかもしれない。ゲラートの子どもを見ることを望んだものの、その望みは薄いと悟らざるを得ない状況だった。

しかし、やはり簡単には諦めがつかなかった。米吉が、最後のつもりで使ったのが、帝国臓器製薬から発売されたばかりのホルモン剤「オバホルモン」だった。注射したのはたった一度だったが、効果は絶大だった。その年の末、ゲラートは生まれて初めて正常な発情兆候を見せたのだ。

しばらくしてゲラートの胸腹部の毛が抜け始め、乳房が赤らんできた。妊娠兆候の特徴のひとつだが、お腹が大きくなる様子はなかった。きっと想像妊娠だろう。米吉はそう判断した。しかし、それからしばらくして、予想もつかないことがおこった。

昭和十四年二月二十日の明け方、米吉は奇妙な音で目が覚めた。ゲラートが布団の裾のところで唸っているのだ。

「ゲラート、どうした?」

犬は夢を見ながら声を出したり、手足を細かく動かしたりすることがある。そんな時、声をかけてやればすぐに覚醒して、いつもどおりの反応をする。しかし、米吉が呼びかけても苦しそうな声はやまなかった。さらに前肢で布団や畳をかきむしり続けていた。

米吉は大慌てで、隣室で寝ている佐與子を呼んだ。

「ゲラートの様子がおかしい! なにかの病気かもしれない」

うろたえる米吉に対して、佐與子はゲラートの様子を見るなり落ち着き払って言った。

「いいえ、これは陣痛だわ」

「なんだって？」

「お腹のふくらみはないけれど、間違いないわ」

そう言われてよく観察すると、たしかにゲラートは弱いながら一定の間隔をおいて、いきむような声を漏らしている。

米吉がようやく納得した時、佐與子はすでに出産の準備にとりかかっていた。これまでに何頭もの犬の子をとりあげてきた佐與子は、出産に関しては米吉の何倍も詳しくなっていた。

「ゲラートに子どもが生まれるの？」

子どもたちはすっかり興奮している。

佐與子は「忙しい、忙しい」と顔を輝かせながら、家中からタオルやシーツを集め、ゲラートの産褥を作った。思いもかけない喜びが家中を包んだ。

そのかたわらで米吉は、新たな心配をしていた。生殖機能の発達が未熟なゲラートが無事に出産することができるのだろうか？　従来の出産であれば家族だけで対処するが、今回ばかりは万が一の時のことを考えて、信頼する獣医に電話を入れた。

ゲラートはそんな時でも、米吉がその場を離れようとするだけで唸りながら後を追おうとした。もし最悪の状況になったら迷うことなく母親を助けよう。ゲラートを見て、米吉はそう決意していた。

しかし、分娩は予想していたよりも順調だった。夜が明け始めた六時すぎ頃から、ゲラートの陣痛はさらに強くなり、九時三十分、産道から子犬が顔を出した。子犬はまだ体半分を母親の胎内に残しているのに、米吉が出した指に吸いついてくるほど元気だった。

生まれたのはじゅうぶんに発育した雌犬だった。弟妹はなかった。従来六〜八頭生まれることが多い大型犬としては、異例のことだった。

近親交配、ホルモン剤の使用、突然の陣痛、そして、たった一頭の出産——。

米吉がもっとも対面を望んでいた〝理想の犬〟は、異例ずくめのなかでこの世に生をうけた。

名前は、イリスと名づけられた。

6

生まれた瞬間から驚くほどのエネルギーに溢れていたイリスは、成長の過程でも目をみはるものがあった。ようやく歩けるようになった生後十九日目には、子犬とは思えない威嚇する唸り声をあげた。二十一日目には、母親のゲラートの乳の出が悪いことに抗議して乳房に咬みついた。

驚異的な気の強さと、普通の子犬にはみられない激しい自己主張だった。

筋力の発達も早かった。二十八日目で体重二・八キロと小柄だったが、自分の体重とほとんどかわらない重さの毛布をくわえて引きずって歩くほど力強かった。

一方、母親のゲラートは、米吉の目から見ても痛々しいほど混乱していた。

新らしい生命を産み出す苦痛と、眼の前にうごめく不思議な生き物に対する愛情の眼覚めとが、彼女にどんな衝撃を与えたかは、彼女がほとんど三日間震え通したことを見てもおよそ見当がついた。（中略）排泄のためにやむを得ず産褥《さんじょく》を離れる場合には、緊張と焦慮《しょうりょ》とですっかり背中の毛を逆立ててしまっていた。（中略）分娩後四日目に至って、ゲラートの私に対する執着は再び表面へ現れてきたように見えた。彼女はまたもや、子犬を置き去りにして私の後を追って来たからだ。おそらく、一時は全身をゆすぶった母としての激情が幾分鎮まってきたためであったろう。（中略）彼女は、私について来ようとしながら、子犬の啼き声であわてて引き返したり、あるいは、子犬に乳を与えていながら、私の立ち上がる様子でビクッとして跳ね起きたりするような羽目にしばしば陥った。

（『私の犬――珍らしい犬イリスの話』第五章「母と子」）

ようやくイリスが立って歩けるようになると、米吉と我が子のあいだで右往左往することも少なくなった。心身ともに少し落ち着くと、ゲラートはイリスに涙ぐましいほどの愛情を見せるようになった。

体重を計測するはかりや、カメラなどを米吉が持ってくると、ゲラートは即座に隅から隅まで臭いを嗅いで安全を確かめた。庭で遊ぶときも、まずゲラートが駆け出ていって四方を嗅ぎまわり、異常がないことを確認してから中央部のもっとも視界の利くところにイリスを呼び寄せた。

ゲラートはイリスのすべてを注意深く見守った。くしゃみをするだけで驚き、顔中を舐めまわした。遊んでいるときに、なにかの拍子にイリスが「キャン」と声をあげようものなら、大慌てで走り寄ってヒンヒン言いながら体を舐めていたわった。

そんな過剰ともいえる愛情に包まれて、イリスはぐんぐん成長すると同時に、自己主張も日々激しくなっていった。ゲラートの尾をくわえて振り回したのは生後三週間頃のことだ。だがその時は、ゲラートが叱りつけるように唸るとおとなしくなった。しかし、二か月を過ぎると猛然と立ち向かうようになり、すっかり母親を黙らせてしまうほどだった。

三か月になる頃には、温厚な父親のビルトや伯母にあたるデナ（共に四歳）を完全に圧倒していた。彼らがボールで遊んでいると、イリスは威嚇してそれを横取りしてしまうのだ。

「乳歯だけしかない子犬が、ここまでやってしまうとは！」

自分の三倍もある相手をひっくり返し、目的を達成してしまう驚異的な気の強さに、米吉は驚愕した。

さらに運動能力の高さにも驚かされた。特に優れていたのはジャンプ力だ。約六十五センチの高さの障子を突き破って米吉の食卓に飛び込んできたのは、体高三十センチにも満たない生後二か月の時だった。三か月になると、約七十センチの塀を乗り越えて書斎に入るようになり、六か月で約一・二メートル、十か月で一・八メートル以上の塀を飛び越した。もちろん訓練などしていない。シェパードは運動能力の高い犬だが、この跳躍力は驚異的だった。

愛情表現についても、イリスは極端だった。二か月に満たない時には米吉、佐與子、担当のお手伝いの女性の三人にはっきりとした愛情を示したが、三か月を迎える頃には米吉だけを見るようになった。声や足音を聞くと、全身で喜びをあらわし、後を追い続けるようになった。

これはチムやゲラートとまったく同じ態度だった。だがイリスの反応は、この二頭の犬よりもさらに激しいもので、しまいには米吉以外のすべての者に対して威嚇する態度をとるようになった。

佐與子が米吉に上着を着せようとすると、そのあいだに割って入る。さらに子どもたちと手をつないだのを見ただけで、本気で唸っている。イリスが実際の攻撃にいたらないのは、米吉の態度でかろうじてくいとめていたからだ。

イリスの嫉妬はほかの犬たちにも向けられた。犬たちが遊んでいるときに米吉が庭に出ると、イリスはほかを押しのけるように駆け寄ってくる。それだけなら微笑ましいのだが、さらに米吉に近づこうとする犬たちを唸ったり、咬みついたりして蹴散らしてしまう。やがて米吉が犬の名前を呼ぶと、その瞬間にイリスがその犬の鼻先を咬みつきに行くようになった。温厚なビルトは何度も災難に遭い、米吉に「ビルト」と呼ばれるたびに不安げに立ちすくむようになってしまった。

聡明なチムの血をより純粋なかたちで遺したい――。

イリスが成長するとともに、この考えがいかに危険で間違ったものなのか、米吉も認めざるを得ないことが増えていった。

深い愛情は、いいかえれば相手をいかに独占するかということだ。その関係に立ち入る者は、自分たちの幸せを脅かす敵であり攻撃の対象になる。イリスは、喜びと嫉妬と警戒のなかで常に神経をピリピリさせながら、米吉の愛情を貪欲に求め続けた。

決定的な事件がおこったのは、イリスが生後百十四日の時だった。イリスにとっては軽い脅しのつもりだったのだろうが、長男の布士夫の背中に咬傷を負わせてしまったのだ。

「こんな恐ろしいことはもうたくさん！　もっと厳しくしつけてください」

普段は米吉に従う佐與子も、この時ばかりは涙ながらにイリスの矯正を訴えた。米吉も自分の目の前で、長男に怪我をさせてしまったことにショックを受けた。事態の深刻化はあきらかで、なんとかしてイリスの危険をともなう行動を緩和させようと努力したが、その効果はまったく見られなかった。

大胆な行動をとる一方で、イリスは恐怖に対しては過剰に反応することがあった。猫の顔を描いたセルロイドのボール、棚にさげてあるヘチマの実、端午の節句に飾った桃太郎の桃などを異常に嫌い怖がった。なかでも天井からぶら下がっている蠅取りリボンには、激しい恐怖を抱いた。それを見るとイリスはガタガタと震えだし、その振動で寄りかかっている箪笥や障子が音を立てるほどだった。

それを見た佐與子や由伎子らは「あんなものが怖いなんて、おかしなイリスね」と言って笑った。だが他の家族にとっては、蠅取りリボンの前で震えるイリスこそ恐怖だった。イリスが家のなかを自由に行動しているとき、家族や手伝いの者は一瞬も気が抜けなかったからだ。

イリスは米吉の書斎ですごす時間が多くなった。書斎の入り口には、ドアに重なるように格子戸がとりつけられた。米吉は食事や風呂、トイレ、散歩などの時にはイリスとともに部屋を出て、それ以外の外出時は書斎にイリスを置いて、屋内外を自由に行き来できないようにした。もっとも、イリスにとってその生活は、ある意味で理想に近いものだった。

米吉が机に向かっているあいだ、その脇のソファには母のゲラートとイリスの二頭が、仲良く体を重ねるようにして座っている。米吉に徹底した愛情を寄せてくるゲラートと、激しい愛情を過激なまでにぶつけてくるイリス。多くの問題はあるものの、二頭との時間は米吉にとって至福そのものだった。

書き物のあいまに視線を移すと、母子は、肘掛に顎を乗せてウトウトしていた。その微笑ましい姿に目を細めながら、米吉はこの時がいつまでも続くようにと祈った。

7

ゲラートは、イリスの子育てに関して、普通の犬には見られない行動をした。生まれてから数週間のあいだ、母犬は子犬のお尻を舐めて排泄を促すなど清潔を保ってやる。しかし、ゲラートはイリスが五か月になる頃まで、排尿した後でも処理をしようとした。そのころのイリスはかなり体が大きくなっていて、外見的にはすでに成犬と大差なくなっていた。しかし、母親のゲラートは、いつまでも「守るべきもの」「自分のかわいい赤ちゃん」という態度で接していたのだ。

そのゲラートが突然の死を迎えたのは、イリスが十か月の時だった。

夕方、庭で佐與子が叫んだ。その声を聞いて米吉が、あわてて駆けつけた。

「ゲラートが、ゲラートが……」

犬舎のなかでゲラートが倒れていた。急いで扉を開けてゲラートの様子を見ると、わずかに体温を感じることができたが、四肢はすでに硬直が始まっていて手のほどこしようがなかった。イリスは犬舎から庭に飛び出し、異常に興奮して走りまわっていた。

ゲラートの突然死の原因は何だったのか？　米吉はショック状態でありながらも、原因究明のため解剖をおこなった。しかし、わずかに心臓の肥大がわかるだけで、特に死に至るような異常は認められなかった。その臓器を専門家のもとに持ちこんで、さらに詳しい検査を依頼したが決定的なものは見つからなかった。薬物中毒の可能性を考えて、胃の内容物も調べたがそれらしきものは発見されなかった。

一方、母を突然失ったイリスは、この時も普通の犬とは違う行動をとった。

私はゲラートの死後四日間、彼女を昼は書斎の机の傍に、夜は寝室の布団の横に、日常やっていた通りに寝かしておいてやったが、この間、イリスは絶えず立って行っては動かぬ母の臭いを嗅ぎ廻し、その口や、鼻や眼や耳をいつまでも舐め続けていた。

（『私の犬——珍らしい犬イリスの話』第五章「母と子」）

チムが死んだとき、プッペやギンコは亡骸が置いてある部屋から逃げ出そうとした。

今回も夫であり兄でもあるビルト、姉のデナは恐れて近寄ろうとしなかった。だが並はずれて敏感なイリスが、生前と同じように母の側にいるのが、米吉には不思議でならなかった。

しかし、イリスはやはり母を失った恐怖や衝撃を感じていないわけではなかった。ゲラートが棺に納められ地面の下に姿を消していく時、イリスは目をいっぱいに見開いてガタガタと震えていたという。この姿を見た米吉は、ゲラートの愛したひとり子のイリスを立派に育て上げ、生涯、愛し守ることを誓ったのだ。

イリスが成長するにしたがい、家族の者はますますイリスに近づくことができなくなった。その反面、米吉だけには驚くほど忠実に指示に従った。

米吉は飼育記録をつけるために、生まれたすべての犬の体重を毎日量っていた。イリスは、他の犬と同様に最初ははかりに乗るのを恐れていたが、数日続けるうちに何を求められているのかを理解するようになった。生後三か月の時には「はかり！」というだけで、どこで遊んでいても走り寄り、自分ではかりの上に乗った。尾をぴったりと身体にくっつけるのも忘れない。尾が下に垂れると正確な数値がでないのだ。米吉に何度か注意されるうちに、イリスはやるべきことを覚えていた。もちろん目盛りを確認しているあいだは、ピクリとも動かない。運動能力の高い遊び盛りの子犬がそうしたことができるのは、驚異的な学習能力と集中力があるからだ。

また太陽灯を照射した時も、際立った学習能力を見せた。この太陽灯は、もともと心臓が弱くて庭で遊ぶことが少なかった母親のゲラートのビタミンD不足を心配して用意したものだ。米吉は、その子どものイリスにも同様の症状があることを心配して定期的な照射を行なっていた。

照射するときは、紫外線から目を守るために黒い布で目隠しをする。意味がわからなければ子犬はもちろん、人間の子どもでも布をはずして逃げてしまうだろう。もちろんイリスも最初の数回は動きまわろうとして、五分程度の照射でもおさえておくのが大変だった。しかし、数回すると目隠しをしたまま七分から十五分程度おとなしく横になるようになった。さらに十数回目には、太陽灯のカバーをはずすのを見ると、庭で遊んでいても走って座敷にあがって所定の位置で静かに横になった。

成犬になったイリスは、さらに犬らしからぬ行動を見せることが少なくなかった。

外出から戻ると、米吉はいつも真っ先に書斎に向かった。格子の扉を開けると、イリスは瞳をキラキラと輝かせながら、激しく尾を振っている。その首筋や背中を撫でながら、米吉が仕事机の上に視線を移した。そこには外出前にはなかった菓子が置いてあった。きっと米吉が出かけているあいだに佐與子か、手伝いの者が置いていったのだろう。イリスは米吉が触れた物には執着を見せたが、触れる前の物にはまったく関心を示さなかった。そのため書斎に物を「置きに入るだけ」であれば誰でも問題なくできたのだ。

皿の上の菓子は、半分包み紙が開いていた。これを見た米吉は、思わず微笑んだ。

「イリス、今日の茶菓子は何だった?」

米吉が聞くと、イリスは大きな瞳をちょっと不思議そうに見開く。「さあ、何でしょう。どうぞご自分でお調べください」と訴えているようにも見えた。包み紙を全部開けると、なかから焼き菓子があらわれた。キツネ色で甘い香りがして、上にはまんべんなく粉砂糖がふりかけられていた。

米吉の留守中、イリスは運ばれてきた菓子を検査することがあった。しかし、口をつけるようなことは絶対になく、包み紙を開けて中身を確認するだけだった。

イリスは、米吉の許しがない限り、どんな食べ物にも口をつけなかった。イリスの乗っている椅子から、仕事机の上までは三十センチほどの距離しかない。何時間も食べ物が鼻先に置かれたような状態だ。そのなかで節制を続けられるイリスを見るたびに、米吉は心底感心した。

しかし、米吉以外の者に対する態度は露骨だった。

米吉の食事中、イリスはいつもその横に座っていた。家族の食事時間とずれているため、米吉ひとりで食べることが多かったが、佐與子や由伎子が食事を済ませていない時は一緒に膳をかこむこともあった。イリスは米吉が食べているあいだはおとなしくしているが、米吉が食後の茶を飲んだり、箸を置いたりするなどの食事終了のサインが出ると豹変した。佐與子や由伎子の食器に無遠慮に口を突っ込むのだ。

「イリス、やめてちょうだい！」

「それはダメよ」

いくら叫んでも、その声がイリスの耳に届くことはない。この場所が米吉と関係がなくなった瞬間、欲望をぞんぶんに発散させる。イリスは、あきらかに米吉とそれ以外の者を差別していた。犬との生活に馴れきっている家族も、さすがにこの食卓の暴挙には辟易した。だが米吉には、こうしたところも可愛くてしかたがなかった。

そんなイリスの体調の変化に気づいたのは一歳半くらいの時のことだ。

庭で運動をさせた直後に、瞬間的に吐き気をもよおしている。口を開けてみると、粘膜も舌も白っぽくなっていた。脈を調べると運動時で一五〇から一六〇あり、それから一時間休養させても九〇から一〇〇までしか下がらない。あきらかな心臓病の症状だった。

イリスはとにかくよく動く犬だった。庭での運動時間のあいだは全速力をくりかえし、不審なものを感じると高いフェンスを飛び越えるのではないかと思うほど激しく興奮した。高い運動能力に加えて、嫌悪や恐怖を感じると極端に反応してしまう神経過敏な性質も関係があったのだろう。心身の激しい興奮状態のくりかえしはイリスの心臓に想像以上の負担をかけていた。

聡明で繊細で、愛情深く、美しい容姿と高い運動能力を備えたチムの血をより濃いものにしたい——。米吉の欲望を実現させることによって生まれた犬は、米吉が心底惚れこむ理想の犬になったが、その理想とはひきかえのマイナス要因があまりにも多かった。

書斎で落ち着いて過ごしている時、イリスは純真そうな瞳をキラキラと輝かせながら米吉に寄り添う。激しい攻撃性など微塵も感じさせず、心身ともに健康に見えた。その姿を目にすると、罪悪感がより胸に迫る。

「イリスに責任はひとつもない。すべて私の間違いのせいだ。悪いことをしたね……」

静かに頭を撫でながら、米吉はイリスに詫びることしかできなかった。

イリスの心臓の異常がわかった時、米吉のなかで真っ先に蘇ったのは、犬舎のなかで倒れているゲラートの姿だった。いくら検査をしても死因ははっきりしなかったが、わずかな心臓の肥大があり、それが死因につながったとも考えられた。病状を悪化させないために、米吉はできるかぎりのことをしようと思った。

日常のなかで注意すべきなのは、イリスを興奮させないようにすることだった。そのため書斎にいる時間はさらに長くなった。米吉が仕事をしているあいだは、専用の椅子の上で静かに過ごしているからだ。

外出する時は、米吉は扉の前で一度振り返る。

「おとなしく待っておいで」

そう声をかけると、イリスはいつも静かに一回、パチッとまばたきをした。その姿は、まるでイリスが「了解」と返事をしているようだった。そしてイリスは言いつけどおり、留守中は静かに過ごしていた。

しかし、米吉が外出や来客の応対を終えて戻る足音や声が聞こえると、イリスは飛び上がって喜び、ボールやダンベルをくわえて振りまわした。自分を歓迎してくれるのは嬉しいが、心臓のことを思う米吉はいつもヒヤヒヤした。それを避けるために、家族や手伝いの者とは小声で話し、ドアや襖、障子の開け閉め、廊下を歩く時など、すべての音に気を使って生活しなければならなかった。

そんな状態だったので、外出時は気が気ではなかった。神経過敏なイリスが、なにかのきっかけで興奮したり激怒したりするようなことは充分考えられる。ようやく玄関に近づいて、イリスの吠える声を聞くといつもホッとした気持ちになった。

しかし、そこで一息ついている暇はない。急いで書斎に戻り、興奮するイリスをなだめなければならなかった。口を開けて見ると血の気がひいて舌が白紫色になっていて、毎回これを見る米吉も血の気がひく思いをした。

こうした過ちは、今後二度と繰り返してはいけない……。

後悔と自身への叱責をくりかえしながら、米吉は、これからもイリスの健康と幸せを考えて生活することを誓うのだった。

第五章　戦火のなかの動物たち

戦争が激しくなるなか、米吉のもとに残ったキング。米吉は、チムの血をひく最後の犬を連れて家族とともに疎開した。昭和二十年の春に栃木、さらに初夏から山形に移り住んだ。写真は当時の疎開地の山形で撮影したもの。

1

バンザーイ、バンザーイ……！

今日もまた、出征兵士を見送る歓呼の声が自由が丘の町に響き渡っていた。

昭和十二（一九三七）年、日中戦争が勃発した。出征兵士の見送りは、一般庶民にとって日本が戦争をしていることをもっとも身近に感じる場面だった。若者たちが召集令状を受け取ると、周囲の者は「勝ってこい」「勇ましく戦ってこい」と口々に励まし、景気よく送りだす。しかし家族、ことさら母親や妻たちの想いは複雑だ。近隣でその声が聞こえると、自分の息子や夫が近い将来同じ境遇になることをいやでも連想させられる。

「また出征の声が聞こえていたよ」

「ここのところ、毎朝じゃないか」

「どうして自由が丘の方では、あんなにたくさん出征なさる人がいるのだろう……」

そんなことが近所で噂されていた。

しかし、歓呼の声と思われたのは、実は白日荘で飼われているジャッカルの鳴き声だった。しばらくたって町内の人々はそのことに気づいたが、納得しながらも「よりによって、こんなご時世に……」と困惑する者もいた。
ジャッカルの鳴き声とはどんなものなのか？　近所の人々が聞いたのは、ジャッカルの遠吠えの声だった。米吉は犬と狼、ジャッカルの鳴き声を比較して、つぎのように書いている。

犬も狼も遠吠えはオーオーという声で、かなり似ておりますが、ジャッカルの遠吠えだけはキャー、キャーという高い声で、まったく一種独特なものなのであります。恐らく実際に聞いたことのある人でなければ想像もできぬ奇怪なもので、この啼き声をサン・チレール氏は「子どもの泣き叫ぶ声」また、ブレーム氏は「人の救いを求める悲鳴」と形容しております。

（『犬と狼』「生態観察より見た犬の祖先」）

米吉は犬や狼とともに、インド産の二頭のジャッカルも数年にわたり飼育していた。ジャッカルは狼にくらべるとかなり小型で、肩の高さは四十センチほどしかない。しかし、米吉が比較研究すると犬や狼と多くの共通点があることがわかった。骨組みから筋肉の配置をはじめ、背骨や歯の数などもまったく同じだった。

ジャッカルも野生動物ながら、狼のように米吉によく馴れた。好意を示すときは尾を振りながら耳を後ろに引いて、姿勢を低くして全身をくねらせるようにする。服従や無抵抗のときは、腹を上にむけて転がった。ちなみに恐怖を感じたときは、犬と同じように尾を後肢の間に巻き込んでしまうという。

しかし、ジャッカルには野生の狼と比較して、ただひとつ違うことがあった。それが鳴き声の変化だ。狼は犬と一緒に飼育すると、最初の三か月ほどは遠吠えをするが、それ以降は遠吠えすることをやめて、犬が吠える時のような声を出す。一方、米吉がいくら注意深く観察しても、ジャッカルにそうした変化は起こらなかった。

ジャッカルの遠吠えの声が、出征兵士を見送る人々の声に聞こえていたらしい。その話を耳にした米吉は「ジャッカルの仲人」というインドの民話のことを思い出した。

それは、一頭のジャッカルが貧しい若者を王子に仕立て、隣国の王を騙して、王女を妻にしてしまうという話だ。米吉の興味を特にひいたのは、ジャッカルがその鳴き声を利用して王を欺くくだりだった。

ジャッカルは単身で隣国の王のもとに赴き、自分の仕える王子（本当は貧しい若者）がいかに素晴らしいかを説明する。その話を信じた王は、王子の歓迎の宴を催すことを約束する。「それは本当の話か」と驚く若者を励ましながら、ジャッカルは数十頭の仲間を集め、一斉に遠吠えをさせる。ふたたび王の宮殿に出向いたジャッカルは、「あれは我が国の王子をたたえる人々の歓喜の声です。何万という群衆です。全員が宮殿に入ることができないので、王子だけをお連れします」と説明して、みごとに王の信用を得てしまうのだ。

たった二頭の声でも、町内の者が集まって騒いでいると錯覚させるほどだ。数十頭のジャッカルが一斉に遠吠えをしたら、何万人という群衆が歓喜していると思っても不思議ではなかったのだろう。この物語がジャッカルの生息地で生まれたことに、米吉はあらためて納得したのだ。

米吉がこうして動物生態や国内外の文学について思いめぐらせていたのは、多くの日本人にとって、戦争はどこか遠い出来事という思いが多少残っている時代だった。しかし、新聞を読めば、やはり戦争が身近にせまっていることを感じないではいられない。米吉が特に心を痛めたのは、戦地にいる動物たちのことを伝える記事だった。

記事のなかには、兵士になついた野良犬が今ではすっかり部隊の一員になったり、軍犬の親子が戦場で対面したりといった微笑ましいものもあったが、その大半は悲惨な内容だった。

大陸では突然の市街戦で多くの市民が犠牲になっていたが、その人々に飼われていた犬や猫、鳥などの愛玩動物、牛や豚、ヤギ、鶏、アヒルなどの家畜たちもまた、生死の境をさまよっていた。軍馬や軍犬、軍鳩たちの運命も過酷だった。

利用できる時は存分に利用して、非常時には一番後まわしにされる動物たち。聡明さと従順さゆえに、激戦の地で働かなければならない動物たち。人間の勝手な都合によって、生命を脅かされる多くのものがいることを思うと、米吉は激しい憤りを感じないではいられなかった。

だが時勢が時勢だけに、真正面からそうした意見を発表することはできない。それでも米吉は、戦争の悲惨さ、戦いの犠牲の多さ、そして人間の身勝手さを世間に訴えずにいられなかった。

そこで考えられた企画が『動物文学』で連載された「支那事変と動物」だった。これは戦場での動物に関連する話題を扱う記事を各新聞、雑誌などから抜粋したもので、昭和十二年十一月号から、編集部の企画として開始された。

「主を失った犬や鳥」

何しろ戦場が街中なのだから彼我対戦して築いた土嚢の近くまで避難の時置き忘れられ主を失つたセパード、エアデルテリア、さては鶏、鵞鳥が餌を求めてか命を的に戦ふ兵士に近づいて来る。（中略）敵の飛行機が来るごとにびくびくしながらわが戦士を慕っている姿はいじらしい。
（上海──八月二十四日・東日／『動物文学』昭和十二年十一月号掲載）

「屍に群れる犬」
○○（伏字）部隊進撃のあとには敵の人馬が既に腐敗して横たはつており、犬が群がつて貪り食つてゐる凄惨な情景だ。突然前方自動車の中で、銃声一発拳銃の音だ。聞けば死体を食つてゐる犬を追払ふための威嚇射撃であつた。（後略）
（北支──九月二十日・東朝／『動物文学』昭和十二年十二月号掲載）

「馬を捨てる」
〝どこまで続くぬかるみぞ〟皇軍を最も悩ますのは北支特有の酷いぬかるみである。腹までドロに埋まつてヒンヒンと四頭の軍馬が鳴いてゐた。行軍は一刻も争ふ場合だつたので「馬を捨てろ」と隊長が怒鳴つた。轡をとつてゐた兵は泣き顔をして馬の鼻先に四日分の馬糧を並べ「一度に食つてしまふンぢやないぞ」と眼をこすつた。

その兵はもう四日もしたらドロも乾いて抜けられると考へたらしい。いくら馬でも四日もドロに漬つてゐたんでは助かる筈もなからう、がその兵は「まだ三日だからあすあたりは来るだらう」と、ローソクの灯の下で指折り数へてゐるのだ。

（北支——十一月五日・読売／『動物文学』昭和十三年一月号掲載）

「倒れる軍馬」

馬ぐらゐ戦線で精根を御国のために捧げてゐる動物はゐない。元の飼主は馬が買はれて行く時せめて取扱者の名前だけでも教へてくれとせがみ、なかには人参や飼料を持つて来て見送るものがある。（中略）全く戦線の馬の病気は殆ど全部『過労』だ。今度の大進撃の戦線の路傍には傷つける馬が数知れず遺棄されてゐる。戦線を往来する人々はこの「物いはぬ戦士」の最後の姿に敬虔な気持ちに胸うたれる。飯塚部隊の中田獣医少尉は倒れた馬にリンゲル氏液を注射しながら『全くわれわれが殺してしまふやうなものさ。だが戦争には無理が多いものだから涙を呑んで彼等を使はねばならぬ。全く馬は可哀さうだ』としみじみ語つた

（上海——十二月五日・東日／『動物文学』昭和十三年二月号掲載）

紙面に掲載された記事からは、戦場になった大陸の惨状が手にとるように伝わってきた。普段から人間と動物の隔たりを持たず、動物を愛し、理解したいと思っている多くの会員たちはこれらの記事にショックを受け、あらためて戦争につき進もうとしている日本の将来に大きな不安を抱いた。そして誰もが、「これ以上、大きな戦いにならないように」と願った。

また特集「支那事変と動物」で集められた記事の数々は、新聞の一面よりも、ある意味で戦争のリアルな情景を描写していて、資料という点からも貴重だと会員からの指摘もあった。

この連載企画は大好評で、昭和十三年九月まで九回にわたって掲載された。

2

動物文学会では、入会の申し込みが相次いでいた。その多くは、時局の変動とともに表現の場を失い、新たな活動場所を求めていた者だった。もともと政治とは無関係の『動物文学』は、統制の対象にはなっていなかったが、新会員の参加によって状況もしだいに変化していた。

昭和十三年一月、この月発行の『動物文学』三十七号で「動物随筆集」という大特集が組まれることになり、十数人の執筆者が参加した。

特集のトップに掲載されたのは、室生犀星の「懸巣《カケス》」だった。それは前年の夏、室生が信州に滞在しているときに地元の炭屋から譲られたカケスの成長記、観察記だ。カケスは鳩よりやや小型の鳥で、ほかの鳥の声を真似るという習性があるという。飼い始めの頃はゴイサギの子のようなギャアギャアという声で鳴いていたが、室生が飼うようになってからしばらくすると少しずつ変化があらわれた。

たとへば、書斎の窓の近くに吊つてある懸巣は、人間の咳の声が非常に珍らしくまた興味があるらしく、私が部屋の中で咳をするときつと私の声に真似て咳をする。それがまるでそつくりなのである。それからまた来客があつて、私が客と話をしてゐるとその口調を真似て上手に喋る。そのうへ、何処で聞いてきたのかしらぬが、鶯の声を至極達者に真似る。これは春の頃、裏の寺の藪原に笹啼が時折来て囀《さえず》つてゐたのを聞いてゐて忘れずに居るのであらう。記憶力はなかなかいいらしいのである。

そのカケスは自分の名前を覚えて、自らを「かけちゃん」と呼んだ。さらに、子どもたちの「いやアよ」という言葉を真似て連呼したという。ユニークな生態を披露するカケスと、その声に耳を傾ける室生。小さな鳥によって家庭内に笑いが生まれる情景が描かれた作品である。

ここには非常時の暗く殺伐としたムードは微塵もない。米吉は、出来上がったばかりの『動物文学』を手に、ほのぼのとした気分に浸った。

だが室生の原稿が掲載されているページをめくると、いやでも今が戦時だということを思い知らされた。そこには約二ページ半にわたる白紙が横たわっていた。

人民戦線事件がおこったのは、昭和十二年十二月十五日のことだ。この日、日本政府による左翼弾圧事件で四百名余りが検挙され、一週間後の二十二日に反ファシズム運動の中心ともいえる日本無産党と日本労働組合全国評議会が解散させられた。

この事件がおこったのは、米吉ら編集部員が『動物文学』三十七号の編集作業に追われている最中のことだ。室生犀星の随筆の次に入る原稿を書いたのは、この事件で検挙された会員だったのだ。

動物文学の会員は、米吉にとって共に動物や文学を愛する仲間だった。そうした交流のなかで政治的思想が右寄りか左寄りかといったことは、米吉にとっては取るに足らない問題だった。しかし、今回のように国家の弾圧が激化してくると、さすがの米吉も時代の流れに完全に逆らうことはできなくなった。逮捕はあきらかに不当だったが、このまま原稿を掲載すれば『動物文学』そのものが発禁になりかねない。主幹を務める立場として、それだけは避けなければならず、苦渋の選択をしたのだ。

そのページには、編集部からのわずかな言葉だけが掲載された。

謹告　十二月十五日突発同二十二日解禁の事件により、動物随筆集のうち、某氏執筆に関する部分は校了間際に於いて全部削除のやむなきに至りました。(本文二九頁下段五行より三一頁一五行まで、凡そ七〇行) 誌友諸兄の御諒恕を乞ふ次第です。

この頃から、会員のあいだでも「あの人は危険だ」「あの人とはつきあわない方がいい」という会話が度々かわされるようになった。しかし、米吉は、そうした声にほとんど耳をかそうとしなかった。

だが、やがて米吉も戦争とまったくの無関係ではいられなくなった。

その年の九月号の編集後記で、米吉は『動物文学』は書店配本の部数を少なくして郵送配布を主体にすると告知した。国策による用紙節約に応じるためだ。

動物文学の活動を広げるためも、書店配本は重要事項だった。新会員や懸賞作品など新しい才能の窓口になるからだ。しかし物資不足が進むなか、発表の場を維持するためには発行部数そのものを抑えるしか方法がなかった。

世の中の空気が硬直化していくなかで、米吉が定期的におこなっていた動物文学会の例会や談話会は、毎回盛況だった。防空演習などでやむなく延期になることもあったが、ほぼ毎月のように開催されていた。

この頃、会場は渋谷駅前の料理屋「東京パン」の三階が使われることが多かった。開始時間は夕方五時か六時頃。参加者は会員本人に、その家族や友人が加わることもあった。そこで毎回、動物をテーマにした解説や談話が二〜三人の会員によっておこなわれる。米吉が飼育する動物の生態を記録した映画、外部から持ち込まれたドキュメンタリー映画が上映されることもあった。

昭和十三年九月二十日に開催された談話会の出席者数は、秋雨のために普段よりやや少ないながら十七名だった。この日、米吉は「動物ニュース」のタイトルで、ここ数か月で入手した動物に関する興味深い話題を紹介した。動物の速力、犬と酒、異種動物間の友愛、動物の恐れるものなど十五項目について、三十分ほど解説をしている。米吉のつぎには、上野動物園で園長を努める古賀忠道が「動物園における動物の飼育法」について話している。基本的な飼育法とともに、キリンの分娩やカバの哺乳といった動物園で働く者にしか見ることのできない話題が好評を博した。

プログラムは二時間半〜三時間くらいで終わるが、そのまま帰る者はひとりもいなかった。会場のあちこちで歓談の輪ができ、たいていは夜十時過ぎ、場合によっては終電近くまで賑わいが続いた。

話し声や笑い声が響く会場は、米吉にとって心癒される貴重な空間になっていた。こうして動物のことを話し合っていると、暗い世の中から一時でも解放された気持ちになった。米吉はいつまでも、こうした時間を会員とともに過ごせることを願った。

しかし、そうした想いとは裏腹に、日本は軍国の道を突き進んでいた。

昭和十六年（一九四一年）十二月、日本各地で号外が舞った。通行人が我先にと手にした新聞は、新たな戦いの開始を告げていた。太平洋戦争が勃発したのだ。

3

戦争が激しくなるにつれて、米吉は自分自身の文学活動について、ひとつの焦りを感じるようになっていた。

動物文学という言葉が世間で知られるようになってから、特に日本の児童文学の世界では、動物を扱う内容のものが次々と刊行されていた。シートンの『動物記』やザルテンの『小鹿物語』の翻訳本の成功が、その分野に大きく影響を与えたことはあきらかだった。広大な大陸、奥深い森やジャングル、険しい山岳地帯、雪と氷の大地──。そうした場所に生まれ、冒険や危機をくぐりぬけて生きる野生動物の物語は、当時ひとつの流行になっていた。

しかし、米吉は、それらの作品のほとんどを「動物の本来の生態が無視された描写が多く、荒唐無稽な内容」とほとんど評価していなかった。その理由をいくつか挙げている。

ひとつは、物語に登場する動物の多くが、日本に生息していない動物という点だ。著者も編集者も読者も、誰も見たことがない動物が主人公になっていることに、そもそも無理がある。

そこから感じる著者と編集者の「めずらしい動物を出せば売れる」という、安易で浅はかな企画内容も我慢ならなかった。

「子ども騙しとはよく言ったものです。こういう本を出す連中には、子どもたちに正確な情報を届けようという責任感など微塵もないのだろう」

呆れながら米吉は、発売されたばかりの児童書を会員に見せた。それは白熊が主人公でありながら、舞台は南極という設定からでたらめなものだった。

こうした作品を目にするたびに米吉は、めずらしい野生動物にこだわっているかぎり、日本に良質の動物文学が生まれることはないだろうと感じていた。この状況を打開するのは、むしろ犬や猫、牛、馬、鶏など身近な動物に注目する発想だ。一見、ありふれたと思われる素材でも、実はまだ知らないことは数えきれない。科学的な視点の観察をもとにリアルな姿を表現することができれば、じゅうぶん読み応えのある作品になるはずだ。

そう確信するものの、米吉は雑誌の発行と動物たちの世話で多忙を極め、それを理由に自分自身の著書をいまだ刊行できていなかった。「いつか、いつか」と思いながら、動物文学という言葉を誕生させてから八年の歳月が過ぎ、年齢は四十三歳になっていた。

今では、大正から引き続いた自由な空気もすっかり影をひそめていた。戦争は激しくなるばかりで、物資の不足も目に見えて進んでいる。もう「いつか、いつか」などと言っている場合ではないのかもしれない。『動物文学』の主幹を名乗る以上、そのモデルになるものを世の中に示さなければならない。今やらなければ、きっと間に合わなくなる。

そう確信した米吉は、これまで自分の書いてきた原稿を単行本にまとめる作業にとりかかった。

タイトルは『私の犬』にした。

もっとも愛した犬のチムの血をできるだけ濃いものにして遺したい。これは米吉の願いから生まれたイリスの成長過程を軸に、母親のゲラート、父親のビルトのことについて描いたものだ。理想の犬を追求した結果、イリスは突出した知能と運動能力、異常ともいえる過敏な神経、そして過激な愛情を持つ犬として生まれてきた。その結果、ほかの犬たちの穏やかな生活を脅かし、家族を危険にさらすことになった。イリスの持って生まれた強烈な個性は、イリス自身をも苦しめることになってしまった。

米吉が『私の犬』の原稿をまとめたのは昭和十六年四月のことだった。イリスが原因不明の腸出血で突然この世を去ったのは、そのわずか三か月後の七月だった。米吉がイリスへの永遠の愛と自責の念をもって、初めての著書の冒頭に収録したのが「私の犬――珍しい犬イリスの話」だった。

この本には多数の写真も掲載された。茶の木の陰で寛ぐ生後四か月のイリス、子どもたちとイリスが「川」の字になって太陽灯にあたっている様子、書斎の格子戸付のドアの前で嬉しそうに座っている姿、父親のビルトと初めて対面した場面、母親のゲラートとともに書斎のソファで折り重なるように座っているイリス――。米吉が選んだ写真には、美しく、愛らしく、聡明なイリスの姿があった。

この次に入れたのは、米吉に多くの影響を与え、フィラリア研究会発足のきっかけにもなったチムの死について記録した「チムの死とその前後」だった。

米吉は『動物文学』の第二・第三号に掲載されたものを時間をかけて推敲した。何度も見た不気味な夢、夕暮れの庭で軽やかに駆けるチム、嬉しそうにプッペと並んで歩く場面、チムの亡骸の前でただ呆然と立ち尽くした時の気持ち、チムの心臓から六十数匹のフィラリアをピンセットで抜きとったこと、そして最後の別れの場面までを克明に描いた。

写真は、着流しで庭に立つ米吉とその横に座るチムが写っているものを選んだ。そこにいるチムは、安心しきった満足そうな顔をしている。撮影したのは昭和九年七月二日で、これはチムと撮った最後の写真だった。

このほか『動物文学』創刊の昭和九年から十六年までに、他誌で発表した動物に関する原稿もこの本にまとめられた。

昭和九年『文藝春秋』掲載の「狼」、昭和十三年『オール讀物』掲載の「麝香猫」、同年『ホームライフ』掲載の「熊の伝承」など随筆十七編、「犬とともに」など三首の短歌を収録した。

米吉の初の随筆集『私の犬』は、昭和十七年に教材社から出版された。B6判で三百四ページという体裁は、用紙の入手が困難な当時に大変贅沢なものだった。

この本の序文で、米吉はこう書いている。

近時、動物文学に類する著作物の刊行がいっそう盛んになってきたが、その多くは当初と変わらず依然、外国作品の紹介であり、しかも勃興期の玉石混淆の様相を呈し、単に興味本位の低調卑俗なものも少なくないのである。が、いまや念願されるのは、わが国独自の純乎たる動物文学の発芽と成長とでなければならぬことは言うまでもなく、少なくとも私は今後この方面にできる限りの力を注ぐ覚悟を決めているのである。

あらためての決意表明だった。一般の随筆と違う点として、文学的でありながら科学的な観察を基礎においていることも強調した。

それと同じ年、引き続き刊行したのが『犬と狼』（日新書院）だった。B6判・三百ページで、こちらは白日荘に転居した頃から飼い始めた狼や縞ハイエナなどの飼育記録をもとに、犬科動物の生態がわかる随筆、手記、考証など、昭和九年から十六年にかけて『動物文学』をはじめとする各雑誌に掲載された二十六編を収録した。これらの作品も『私の犬』と同様、科学的な内容を文学的に表現しようとする「動物文学」の活動の記録だった。

しかし、米吉はこの本を出したことによって、自分のめざす文学ジャンルの完成の道のりがいかに遠いかを実感することになった。そのため序文には「完成過程の一部」であることを明記した。

とはいえ、この本を世に出した意味は大きかった。

米吉がまず世間に知らせたかったのは、獰猛で恐ろしいといわれる狼が、実際はいかに愛情深い動物であるかということだった。

自宅で十数頭の狼を放し飼いにした記録は、もちろん日本で初めてのものだ。この本に登場する狼は「家畜を襲う敵」ではなく、ともに暮らす仲間だった。そうした狼の習性や日常を内面から見た記録を読むと、狼の習性をきちんと理解して接すれば、けっして獰猛な恐ろしい動物ではないことがわかる。信頼する相手には犬と同様か、むしろそれ以上の愛情を表現して、甘えたり、喜んだりといったリラックスした様子も見せてくれた。

4

戦争が激化するなかで、無理をしてなんとか二冊の本をまとめた米吉の判断は正しかった。

『動物文学』は、昭和十六年十二月以降は三か月ごとの発行になり、昭和十八年の春にはさらに用紙の確保が難しくなった。ページ数はなんとか保ったものの、統制前とくらべると発行部数は三分の一近くまで落ち込んだ。政治色のない内容なので今まではなんとか削減率をおさえることができたが、内容云々で区別できないほど物資不足は深刻になっていた。紙が手に入っても質は粗悪で、使えるインクも限られた。そのため誌面には部分的なカスレ、文字のカケが目立つようになっていた。

限られたスペースのなかでも米吉は、できるかぎり読者に有効な内容を届けようと努力した。そのひとつが動物愛護運動に関するものだ。

戦前の日本の動物愛護は、東洋大学教授の廣井辰太郎《ひろいたつたろう》が代表を務める「動物愛護会」と、獣医師の渡邊和一郎が代表の「日本人道会」という二つの組織を中心に展開されていた。大正時代から動物愛護週間が実施され、警察関係や学校関係などでの啓蒙活動、牛馬など使役動物のための給水所の設置など、動物愛護運動が活発化した時期もあった。

だが日中戦争が勃発して以降、こうした活動は急速に衰退していった。犬や猫、複数の家畜を対象にしていた動物愛護は、時代とともに軍馬愛護へと移行していったのだ。だが結果的に馬たちを戦地へと送り出す行為とつながるそれは、愛護とは程遠いものだった。既存団体は互いに協力して活動を続けようとしたが、戦争の渦へと巻きこまれてしまった。

それでも米吉は『動物文学』を通じて動物愛護運動を呼びかけた。また時局の影響で会員が減り経済的困難が進むなか、活動費の寄付を募る告知を度々掲載した。

★生き物をかわいがつてやりませう★

人類に尽して呉れる動物をいたはるのは当然であり、またどんな動物でも虐待してはならないと信じます。そして、私達が気をつけてやれば必ず動物の無用な苦しみが減るのです。生き物をいたはるやうに躾けられた子供達は人類同胞に対して更に温かい同情を持つやうになるのでせう。私達は動物の苦痛を緩和してやり、又人道的教育によつて、将来人間も動物も一層幸せになる様な基礎を作りたいと思ひます。

どうぞお力添へください。

維持会員（年）五円以上、正会員　二円

（『動物文学』昭和十七年九月第八十七号）

平和で物質的にも豊かな時代であれば、こうした運動も世間で注目されるだろう。だが今は、国家の非常時だ。人々の暮らしさえ苦しいなかで、動物愛護を訴えることは容易ではなかったが、米吉には「戦時だからこそ」という思いがあった。

米吉は、日ごろから考えていることがあった。人間と動物のあいだには、「利用する・利用される関係」という、避けては通れない事実がある。動物を愛する一方で、自分自身も動物の命とひきかえに生命を維持している。そこから目を逸らして、動物に愛情を注ぐことを語ることはできない。大切なのは動物を利用している事実を認めながらも、いかに動物に苦痛を与えないように注意を払うかということなのだ。

だが人間の側に余裕がなくなると、「利用する」ことのみが優先されてしまう。「支那事変と動物」の記事にもあったように、中国大陸で活躍した馬の死因の多くは過労だった。戦争とは、動物や動物愛護がもっとも蔑ろにされるものなのだ。

今、あきらかに動物はあとまわしにされている。

動物愛護＝当然のこと、として生きてきた米吉は、そう思うだけでたまらない気持ちになった。動物をテーマにしているからには、この事態を少しでも改善させる活動に参加しないではいられなかった。

米吉は、当時の日本で活動を展開していた「動物愛護会」と「日本人道会」の代表者に声をかけて、動物愛護をテーマにした座談会を企画した。定期発行媒体を持っている自分にできることは、「そもそも動物愛護とはなにか」「普及活動の具体的な方法」などについて、わかりやすく世間に伝えることだと考えたのだ。

座談会に参加したのは、動物愛護会代表の廣井辰太郎、日本人道会代表の渡邊和一郎、同会の高橋和子《たかはしかずこ》、動物文学会からは画家で動物愛護に興味を寄せる清水良雄、そして司会の米吉だった。

議論は米吉が予想する以上に白熱した。この長時間に及んだ座談会の様子は、昭和十七年九月発行の『動物文学』に十四ページにわたって掲載された。

話題はまず、各人がどのようにして動物愛護運動の道に入ったかということから始まった。最初に発言したのは、活動歴四十数年の廣井だった。

「私は少年時代から動物、特に犬猫が好きで犬や猫の捨て子を見るとどうしても素通りする事の出来ぬ性質でした。その為にどのくらい苦労したか知れない。後年（明治四十五年頃）私は一時に十頭あまりの野良犬をかくまって警察に迷惑をかけるし、家庭の平和は破るし、はては『なりたい、なりたい廣井さんの犬に、主にひかれて散歩に出掛け、何て間がいいんでしょう』とちゃかされるまでになったが、これは全く私の童心の延長であったろうと思います」

廣井の体験には、さすがの米吉も圧倒された。目の前には、幼少時から不特定多数の犬猫に愛情を注ぎ、成人してからもその考えを貫き通した男の姿があった。米吉自身も十数年前から犬や狼、多くの野生動物と暮らしているため、世間では「奇人博士」などと陰口をたたかれることがあるが、明治の頃から動物保護を訴え続けてきた廣井には想像を絶する苦労があったはずだ。

廣井は、動物保護運動を始めるきっかけについて語りだした。

それは明治三十二年の夏、九段坂下でのことだった。廣井が馬車に乗っていたところ、その馬車の馬が猛暑のために倒れてしまった。馬車をあやつる男は激しく馬を打ち据えたが、馬にはすでに立ち上がる力は残っていなかった。真夏の太陽の下で、その馬は暑さに呻きながら絶命してしまったのだ。

「私は馭者《ぎよしや》に対する怒りの念と馬に対する憐憫《れんびん》の情にかられて馬車から飛び降りて九段坂を上がり、招魂社《しようこんしや》の後の樹陰のベンチに腰掛けて暗き瞑想に耽り、感ずるままを持ち合わせの紙片に書き記しました。それから急いで四谷の下宿に帰り、これに再検討を加えて思索構想の結果、［誰か牛馬の為に涙を濺《そそ》ぐ者ぞ」と云う一文を書き上げました。これが同年の八、九の二か月に亘って雑誌『太陽』に載ったのです」

廣井のこの文章には、賛否両論を含めて大きな反響があった。やがて文化人、教養人のあいだで、廣井の意見に同意する者があらわれ始めた。

「その一人は、大内青巒《おおうちせいくん》居士でした。『太陽』に一文を発表した直後、初代『中央公論』の主筆であった桜井義峰君が大内先生の旨を受けて私の処に来られ『中央公論』にも「動物保護論」と云う一文を発表するようすすめられました」

大内との出会いは、廣井の活動を大きく広げた。大内の人脈から政界、財界など、各界の有力者につながり、会員や寄付を集め、明治三十五年に動物愛護会の前身の「動物虐待防止会」の設立に至ったのだ。発起人のなかには、評論家であり明治から昭和にかけての言論界の重鎮といわれる徳富蘇峰、日本に初めて合本会社（株式会社）を導入するなど明治から大正の日本実業界で指導的役割を果たした渋沢栄一《しぶさわえいいち》、帝国大学教授で自らを「スエズ以東第一の哲学者」と呼んだ井上哲次郎《いのうえてつじろう》などの名前があった。

日本人道会が始まったのは、これより少し後の大正二年のことだ。設立者は新渡戸《にとべ》稲造《いなぞう》のアメリカ人の妻の万理《マリ》夫人で、夫人が日本を離れた後は、米国大使館付中佐の妻のバーネット夫人が後任をまかされた。

このとき日本人道会の代表をしていた渡邊は、栃木の農家出身だった。子どもの頃から身近に馬がいて、その世話をするのが好きだった。上京して就いたのが、日露戦争によって日本政府がオーストラリアから大量に輸入した馬の世話をする仕事だったという。馬が大好きな渡邊にとっては天職といえたが、しだいに本当に動物を愛するなら、怪我や病気から救える仕事に就きたいと考え獣医学校に進学した。

渡邊が、日本人道会のバーネット夫人と交流するようになったのは、獣医学校を卒業してまもなくのことだったという。

「私はその頃から動物愛護というものは外国人にまかせておくべきではないと考えていましたが、最近では時勢が変わり、本当に日本人の人道会という風になって来ました。(中略)申すまでもないことですが、この問題は趣味ではいけない。信念でやって行かなければならないのです。(中略)とにかく動物愛護ばかりは真剣に信念をもってやられなかったら、到底出来ません。いい犬だから可愛がる。そう云うことでは駄目です。また我が犬だけを可愛がると云うだけでもいかんと思います。けれども、今日のような戦時状態になるとこの動物愛護と云うものは、どうも置いていかれ易いのですね」

熱心な渡邊の語り口に、米吉をはじめ一同が大きく頷いた。戦時における動物愛護の難しさは、実際の活動を展開させる者にとってより切実な問題として迫っていた。日本人道会の高橋もまた、強い信念のもとで活動を続ける者のひとりだった。高橋の動物愛護精神は、すでに幼少時の環境のなかにあたりまえのものとしてあった。

「私は横浜の西洋人ばかりのところで生まれたのですけれども、暑くなれば馬には全部麦藁帽子をかぶせてやり、水槽には水がなみなみと張ってあって、坂を上り下りする馬が飲めるようになって居ました。世の中はそういうものだと思ったのです。それが震災後に東京に出て来て、東京と云うところは、なんと動物に残酷なところだろうと始め（原文ママ）て驚いたんです」

西洋文化のなかで育った高橋は、この座談会の出席者のなかでは、西洋文化から生まれた動物愛護のやり方をもっとも徹底して貫く考えを基本にしていた。

米吉にとって、その考えは日本人と西洋人の違いをあらためて実感させるものだった。もっとも顕著なのは、野犬の対策としての薬殺だ。人道会では、子犬を放棄して野良犬として不幸な道を歩ませるくらいなら、飼い主が責任をもって生命を絶つべきだと主張した。座談会のなかで米吉は、それは西洋人の流儀と指摘した。

「日本人はたとえ捨てられた子犬が将来どう云う不幸な運命をたどるかと云うことを想像しても、目前でそれを殺すには忍びないのです。（中略）この感情は日本的なもののひとつだと私は思うのです」

その発言をうけて高橋がきりかえす。

「日本人は非常に思い切りが悪いのですね」

これには、米吉も驚かされた。

「思いきりが悪いにはちがいないが、私はその思いきりが悪いのがいいところだと思うのです。（中略）私は殺すのが悪いと申すのではなく、将来の不幸を想像しても、どうしても殺せないという点こそ、日本人の動物に対する（愛護の）素質の現われだと考えるのです」

それに廣井も同意して、知人の例を出す。

「私の知っている或る外国人は、子犬が生まれると必要なものだけ残して、あとは土に埋めたり、水に溺れさせたりしていました。私がそれを非難すると、彼は『日本人は道徳的な薄志弱行だ』と云いました。西洋人の考え方は非常に唯物的です」

そのやりとりを聞いていた清水が口を開く。

「つまり日本人は可愛がり方が洗練されていないと云うのでしょう。根本的に豊かな愛情をもっていても、それが社会的な事柄になって来ると困ると云うわけでしょう」

「外国人にも日本人みたいにあくまで殺したくないと云う人はあります。もっとも、それは少数ですが」

そう発言する獣医の渡邉が人道会に入った頃、東京で家畜病院と呼ばれるような動物を診察するところは五～六軒しかなかったという。それが昭和十七年当時には三百軒に増えていた。愛犬や愛猫が怪我や病気になったとき、医者に診せるという習慣が一般の飼い主のあいだに広がっている証拠で、それは人道会の活動実績のひとつでもあったのだ。

5

ある日、米吉は庭に出てふと足元を見た。庭の一角の木の根元に、大量の犬の糞があった。これは、おそらくキングのものだ。

キングは、イリスが生んだ六頭の子のうちの一頭の雄のシェパードだ。キングと一緒に生まれた子犬たちは他家に譲ったり、すでにフィラリアになったりして他界してしまった。キングは、チムの血を継ぐ最後の犬だった。

米吉の姿を見つけて、キングが走り寄ってきた。身体を撫でると、指先に固いものを感じた。健康にさしつかえるほどではないものの、以前より骨ばっていた。

物資不足はすすみ、食糧や日用品など多くのものが配給制になっていた。人間でさえ日々の食事にことかくなかで、犬たちの飼料を確保するのは大変なことだった。それでも、平岩家では稀にドッグフードが手に入ることがあった。シェパードを飼っていたため、軍用犬飼育という名目から配給の対象になっていたのだ。

前日、キングはそのドッグフードを食べていた。しかし糞の量の多さから、ほとんど栄養が含まれていなかったことが推測できた。きっと海草かなにかで分量をふくらませてあったのだろう。

米吉は、戦時下で生き物飼育することの大変さを痛感していた。とはいえ白日荘に住み始めたばかりの頃とくらべたら、動物たちの数は格段に減っていた。

昭和五年から飼い始めた狼たちは、それぞれ十年近く、なかにはそれ以上の日々を米吉のもとで暮らし、数年前に他界していた。そのほかの野生動物も戦争勃発前後をさかいに、ほとんど病気や寿命などによって最期を迎えていた。

もし、あの時に飼っていた動物たちがそのまま残っていたら、食糧の確保は並大抵のことではなかった。もっとかわいそうな思いをさせていただろう。多くの犬、狼、野生動物がこの世を去ったときには悲しみがあったが、戦争が激しくなった今は、それが不幸中の幸いだという思いを強く抱いていた。

その頃の日本は、とにかく無駄を省いてお国のために節制生活をおこなうことが奨励され、それを町内や隣近所で監視しあう社会になっていた。そのなかでペットの飼育は、非難の対象になることもめずらしくなかった。日本国民が一丸となって耐えているのに、役に立たない犬猫に貴重な食糧を与えることが贅沢だというのだ。

議員のなかには「犬猫不要論」をはっきりと主張する者もいた。このことについては『犬の現代史』（今川勲著・現代書館）に一九四〇年二月十三日、第七十五回帝国議会衆議院予算委員会で、北昤吉《きたれいきち》議員がつぎのように発言したことが会議録に記されている。

「もう一点、これは軍に直接関係のあるものでありますから、陸軍大臣にうかがっておきます。この議会におきまして過日来飼料の問題が大分論じられています。これは戦争中どこの国でもあることでありまして、現に陸軍でもご調査はありましょうが、独逸などではこの前の欧州大戦中犬猫を殆ど殺してしまった。これはただ物を食ってだして益するところがない。（中略）食うものがなくて困っている。そういう際に犬猫を撲殺することに陸軍が努力したらどうか。（中略）軍用犬以外の犬猫は全部殺してしまう。そうすれば、皮は出る、飼料はうんと助かります（後略）」

これに対する畑俊六陸軍大臣の回答はつぎのようなものだった。

「犬猫を殺せというような御意見でありましたが、陸軍といたしましては無論この食糧政策には重大なる関係をもっております。又軍用犬等にも依頼することが多いのでありまするが、この犬を全部殺して愛犬家の楽しみを奪ったがよいか悪いかということにつきましては、なお折角研究をいたしたいと思います」

北議員の発言に対する、畑大臣のそつない対応によって、この話題はここまでになった。

しかし、時代の空気は動物とそれを飼う者にとって、より厳しいものへとなっていった。

動物文学の会員のなかには、こうした風あたりを真っ向から受けた者も少なくなかった。そのひとりが、京都に住む松蔭女子専門学校の教授の森永義一だった。人間さえ食べるものがほとんど手に入らない状況下で、森永は二頭の柴犬を飼い続けていた。その様子について、森永は終戦後の昭和二十一年に発行された『動物文学』につぎのように発表した。


私達はほんとにいろいろなものを食つた。そして、人間も犬も痩せ細りながら生き抜いてきたのである。「人間さへも、食ふや食わずでゐるのに、犬など飼つてゐる」といふ世間の人の、蔭の、又露はな非難、まさう、非難されるであらうと思ふ心の苛責を、私は、この二つの小さな命をいとほしむ心に引かれて、ぢつと堪えて来た。飛行機の坐席に用ひるとか、飛行服に使ふとかいふので、犬を献納するといふ運動が起つた。否、命令が発せられた。去年の三月の事である。飼料に困った人たちは、「犬も死所を得た」とか「国のお役に立つのだ」とか、強いて自ら慰めて献納した犬もあらう。（中略）私としては、ひとつは十年以上、今ひとつは五年も飼つた。（飼つたといつても、私の場合は、普通の犬を飼ふといふ観念とは異つて、文字通り起居を共にし犬が私の子供である）その犬が、生皮を剝がれる光景を想像すると、自分の体に刃を加へられる以上の苦痛を感じるのであつた。これは、私の犬に対する感じを知らない人から見ると、実に笑ふべき、また軽蔑すべきことでもあり、私も自分のわがままを恥かしくも思ふのであつたが、どう考へても決心のつき兼ねることであつた。

（『動物文学』第九十九号掲載「犬のこの頃」）

森永が戦時中に経験した愛犬との暮らしは、まさに人目を忍んでというものだった。犬たちを運動に連れ出すのは、朝は人が起きない時間に、夜は日がおちて暗くなってからだった。動物文学の会員には、森永や米吉のように愛犬となんとか生き続けた飼い主もいたが、やむを得ない選択をした者もいた。犬の皮や肉が高値で取引されたことから、犬泥棒も多かったという。

「犬のこの頃」について、ある会員は愛犬家を自称していながら昭和十八年の冬までしか飼うことができず恥ずかしい、と感想を寄せた。「動物を愛しむ心を取り戻した時こそ、日本が本当の意味で文化国家として再生する時だ」と言う会員もいた。

戦争という非常事態の世の中では、あらゆる常識が覆されてしまう。動物を飼うことも、そのひとつになってしまったのだ。

森永は、この時に発表した文章の最後をこうしめくくっている。

私はもう、今居る犬以外に犬を飼ふ気持がない。今ゐる犬が天寿を全うして死ねば、私はもう犬に、おさらばしたいやうな気がする。そしてもし私が子孫のために家訓を書き残すとしたら、「末代まで犬飼ふべからず」と書き残すであらう。それほど犬を愛することの苦しみは大きかつた。

6

その年の暮れになると、用紙の削減はますます進んだ。さらに統制によって書籍の絶版、雑誌の廃刊・統合など大幅な整理がおこなわれることになった。

三か月に一度の発行で書店配布もひかえ、なんとか今までやってきて、気づいてみれば『動物文学』も百号まで目前のところまできていた。編集作業や管理などの事務作業の大変さに参ってしまうこともあったが、やはりこの雑誌は米吉にとってなくてはならないものだった。しかし今や出版環境どころか、日々の生活さえ悪化の一途をたどっている。「もう少し、もう少し」と思いながら発行を続けていた米吉にも、とうとう決断する時がきてしまった。

昭和十九年十二月、『動物文学』はこの月の号を最後に休刊になった。


本土で本格的に空襲が始まったのは、それからまもなくのことだった。

東京上空にB29の編隊があらわれる。空の彼方に低いエンジン音が響き、やがてそれは窓ガラスをピリピリと小刻みに震わせるような爆音に変わる。

「みんな、ちょっと出ておいで」

B29が姿を見せると、米吉は子どもたちを庭まで呼んだ。日本はきっと戦争に負けるだろう。そして今、歴史は大きく変わろうとしているのだ……。

軍の上層部に所属する友人は、「B29が東京に来るようになったら、日本はおしまいだ」と密かに語っていた。米吉は、その様子を子どもたちにしっかりと見せようと思ったのだ。

庭に出た由伎子が空を見上げると、B29は銀色の機体を輝かせながら真っ青な空を横切っていくところだった。その時、由伎子は、恐ろしかったが同時に飛行機雲を描く爆撃機を美しいと思ったという。

昭和二十年の二月頃になると艦載機による攻撃もはじまり、B29とともに空襲警報は昼夜を問わず鳴るようになった。それでも一般の住宅街が攻撃されることはまだ少なかった。白日荘の西南の九品仏の浄真寺の森には、少し前から高射砲の陣地がつくられ、それが標的になっていたのだ。

最初は、森の上で急降下と急上昇をくりかえす艦載機を心配そうに眺める人もいたが、何度も攻撃が続くとその光景も日常のひとコマになった。しかし、そのうちに白日荘のすぐ近くにも焼夷弾が落ち、被害が深刻になっていった。ここは大丈夫と言っていた米吉も疎開を決心せざるを得なかった。

「ああ、また九品仏に来ているわ……」

佐與子は庭で疎開の荷作りをしながらいつもの光景を見ていた。高台にある白日荘からは、急降下と急上昇をくりかえす艦載機の様子がよく見える。その様子はまるでパノラマのようだった。

その時、突然、頭上で弾けるような凄まじい音がして艦載機の機関砲が火を吹いた。あまりに突然のことで避けることもできない。かろうじて振り返った佐與子は一瞬だが、艦載機の操縦席に座るアメリカ兵と目が合ったという。

撃たれた！

そう思ったのは佐與子だけではなかった。驚いて書斎から飛び出してきた米吉と、疎開のための荷造りをしていた由伎子が、縁側から家のなかに転がり込んでくる佐與子をかかえあげた。佐與子は震える声ながら、しっかりと「大丈夫よ」と言った。佐與子の身体にはかすり傷さえなかった。ほっとして三人で地下の防空壕へ駆けこんだ。この日の機銃掃射で町内では二人が死亡している。

昭和二十年三月六日、米吉はついに自由ケ丘を離れ栃木へ疎開した。父・甚助の代からの土地があったからだ。この移住に際して、唯一の救いは昭和初期から飼いはじめた動物たちがほとんど年老い死に絶えていたことだった。

米吉は、家族とシェパードのキングともう一頭、由伎子の飼う猫一匹を連れて旅立った。車窓から見る東京の風景は、東に行くほど悲惨だった。秋葉原あたりは、すでに焼け野原になっていた。朝から降る雨のなかで、米吉たちの乗る汽車は、モノトーンの景色のなかをすすんでいった。

東京の下町、米吉の育った江東区に大空襲があったのは、そのわずか三日後の三月九日のことだった。

7

平岩家の疎開先である栃木県下都賀郡小金井は、県の南東部、現在の宇都宮市から南へ二十キロ程のところに位置していた。西側には赤城山がそびえ、その反対、東側の県境の向こうには筑波山地と八溝山地が南北に連なる。それらの山に挟まれた細長い平地の一角に、父・甚助の代から所有する土地があった。

三月の栃木は、東京とくらべものにならないほど寒かった。乾燥した強風が、昼も夜も容赦なく吹きつける。いわゆる赤城おろしといわれる局地風だ。さらに赤城山の北にある日光の男体おろしが合流する。それがわずかな平地に向かって集まり、一度東側の山岳地帯にぶつかり、そこから再び勢いをつけて北東の風となって一気に駆け下りていく。日差しは少しずつ春めいてきているはずなのに、春の到来を拒否するかのような突風が吹き荒れていた。

厳しい寒さは、ただでさえ沈みがちな日々をさらに憂鬱にさせ、体力を奪っていった。米吉は疎開先に到着してまもなく、かねてから患っていた気管支拡張症の悪化で寝込んでしまった。

その父をかばうように働いたのは、長女の由伎子だった。

由伎子は、ひたすら夫に従順で気が弱い佐與子とはまったく対照的な性格で、米吉はよく「母娘なのに、どうしてそんなに違うのだろうね」と二人を前にして言ったほどだった。

しかし、若くて気丈な由伎子にとっても疎開先の生活は厳しかった。平岩家が落ち着いた家は、駅前の国道から四キロほど田園地帯を入ったところにあった。由伎子は、郵便局に荷物を出しに行ったり、買い物をしたりするために、ほぼ毎日のようにその道を自転車で往復した。用事があるときは二往復することもあった。荷物が多ければ、自転車のうしろにリヤカーをつけて走った。そこに母を乗せたこともあった。

重いペダルを踏みながら寒風のなかを走ると、数分で指先や耳や頬の感覚がなくなり、目的地につく頃には身体の芯まで冷えきっていた。頭上では強風にしなる電線の音が鳴り響き、道の両側には真冬の乾燥した田園地帯がひろがっていた。その向こうの空の色は、薄く赤みがかったねずみ色をしていた。

「ここは、なんて寂しくて寒いところなのだろう……」

由伎子は、東京が恋しくてしかたがなかった。そして、早く戦争が終わってほしいと心から願うのだった。

東京で大空襲があったのは、疎開から三日後のことだ。米吉の生家の亀戸付近を含む広い地域が焼失し、約十万人が命を落とし、その何倍もの人が路頭に迷うことになった。しかし新聞は、東京東部を中心に大規模な空襲があったことを告げるだけで、詳しい被害状況について報道しなかった。

そんなこともあり大空襲のニュースを聞いて悲しむ人は、村にはほとんどいなかったという。田舎での生活は苦労の連続で、都会の人間だけが豊かさを享受している。空襲は、今までの贅沢三昧に対するツケだ。バチがあたったのだ。これで少しは、自分たちのような田舎で暮らす者の苦しみもわかるだろう。村人たちは、多かれ少なかれそう思っていたようだった。なかには「万歳」と口にする者もいたという。

実際は、都会で暮らしていても贅沢三昧の生活ができるのは、ごくわずかな者だけだ。特に被害のひどかった地域は、職人や商売人として地道に仕事をする、贅沢とは無縁の生活をおくる人々が多く住んでいるところだ。地方から出てきて苦労を重ねた者もたくさんいた。

しかし、そんな事実が村人に伝わるはずもない。こうした言葉や態度は、地方と中央の激しい格差の象徴でもある。何か憎むべきものがないとやっていけないほど、ここで暮らす人々の生活は厳しいのだろう。これから日本がどうなるのか、本当のところはよくわからない。しかし、今の日本がどうにかなってしまうのであれば、こうした人々の生活が変わるきっかけになってほしい、と米吉は思った。

しかし、心ない言葉が耳に入るとやはり胸が痛んだ。唯一の救いは父・甚助の代から続く縁故によって、個人的によくしてくれる人が多かったことだ。そのおかげで比較的食べ物が手に入りやすいのも助かった。

疎開から約二か月、ようやく春らしくなっても、戦争はいっこうに終わる気配がなかった。米軍の本土上陸は、もう時間の問題といわれ、関東地方の上陸場所は相模湾と九十九里周辺が有力視されていた。

「そうなったら、ここは関東縦断作戦の進路になってしまうかもしれない……」

地方といっても安心できないと思った米吉は、動物文学会の会員のつてを頼って山形県東村山郡に移ることにした。

東京から連れてきた犬のうち、一頭は栃木に来たときに「ぜひ飼いたい」という知人に譲ることが決まり、今度はキングだけを連れていくことになった。

東京から栃木に移動するときは、貨物輸送の許可がとれなかったので犬たちをむりやり客車に乗せてきた。人が移動するための切符を手に入れるのさえ困難な状況で、駅員にとがめられたら反論の余地もなかった。最寄り駅に着くと、由伎子が大きなリュックに犬を入れて背負い、改札口で呼び止める駅員を振り切って、迎えの車が来ている国道まで走りぬけたのだ。

しかし、そんな無茶を何度もくりかえすわけにはいかない。今度は、なんとか手を尽くして貨物輸送の許可をとった。

疎開の日が決まり、キングを木枠の檻に入れて駅から発送することになった。手続きをしたら、自分たちで檻を貨物車両に載せなければならなかった。丈夫な檻だけにそうとうな重量で、病気で弱っている米吉と由伎子、佐與子がどんなに頑張ってもどうにもならない。ホームと車両のあいだに板をかけて、檻を滑らそうとしたがビクともしなかった。

それを見かねて走りよってきたのは、ひとりの若い駅員だった。春先にもかかわらず、その駅員は額に汗を滲ませながら必死にキングの檻を貨車にひきあげ、なんとか発車までに作業を終えることができた。

「私たちのために、あんなに一生懸命やってくれる人がいるとは……」

都会の人間に対する冷たい視線を感じることが多かった土地で、米吉は、最後に受けた親切が痛いほど嬉しかった。戦争が終わったら絶対にもう一度ここに来よう。そして、あの若い駅員にあらためてお礼を言おう。米吉は、そう佐與子や由伎子と語り合った。

しかし、その希望はかなわなかった。平岩家の疎開からしばらくして、その駅員は列車を狙った機銃掃射によって命を落としていた。戦争末期、地方でも主要な線路は攻撃の対象になり、列車の屋根は銃弾で穴だらけになっていた。その頃、列車を主にした輸送に関わる仕事は、常に命の危険と隣り合わせだったのだ。

五月の山形は春と夏が一度に訪れたような気候で、初夏の日差しがあますところなく降り注いでいた。本格的な夏を迎えると、盆地らしい厳しい暑さが続いた。移り住んだ住居は、羊小舎と木壁一枚で隔てられている一、二階だった。天井は梁がむき出しで、太陽が照りつけるとトタン屋根からの熱がじかに伝わってきた。真夏は四十度近くまで温度があがり、まるで蒸し風呂のようだ。少しでも熱を遮断するために、持ってきていた古い毛布や厚手の布を天幕のようにかけた。

山形に移ってからも、米吉はしばらく臥せったままだった。そうした父の身体を気づかった由伎子は、牛乳をわけてもらうために毎日約十キロ先の牧場まで自転車を走らせた。トロリとした搾りたての牛乳は食糧不足のさなか、貴重な蛋白《たんぱく》源だ。米飯に牛乳をかけたものが、米吉の唯一の滋養食になった。場所柄なんとか米は手に入ったのだ。しかし、おかずになるものはほとんどなかった。

それでも苦労して食糧を揃え、なんとか食卓らしくなることもあった。幼い弟や妹は、いつもよりも華やいだ顔をしていたが、由伎子はため息まじりに言った。

「あんなに大変な思いをして集めたのに、食べたら、みんななくなってしまうのね。食べるのって悲しい。どうして生き物は、物を食べないと生きていけないのかしら」

娘の苦労を思うと、米吉はその言葉がいつまでも忘れられなかった。

由伎子が持ち帰る牛乳と、もともと暑さに強い体質のため、米吉は徐々に体力を取り戻していった。ようやく動けるようになると、今度は心臓が弱いキングの体調が気にかかった。猛暑は心臓の弱い犬にとって大きな負担だ。ハアハアと喘ぎながら、風の通らない羊小舎のなかで寝るキングは、見るからに辛そうだった。

少しでも楽にしてやろうと、米吉はキングを連れて近くにある神社に頻繁に出かけた。巨木にかこまれた境内を涼しい風が吹き抜けていく。キングは冷たい階段の途中にペタリと座りこみ、やがて顎の下まで地面につけて静かな寝息をたてはじめた。

自分が愛する犬が、自分に信頼のすべてを寄せてくれる。これ以上穏やかで、平和なものはないのではないか……。キングの安心しきった寝顔を見ている時だけは、米吉も戦争という過酷な現実があたかも別世界での出来事のように感じるのだった。

八月十五日、平岩家の人々が終戦の詔勅を聞いたのは、偶然にも別々の場所だった。米吉は駅近くの知人宅、佐與子は出先の黒沢尻（現・岩手県北上市）、由伎子ら四人の子どもたちは、羊小舎の隣の小部屋だった。

姉弟が囲んだラジオは音声が悪く、言葉がはっきりと聞き取れなかった。長男・布士夫の「たしかにポツダム宣言受諾と言いましたよ」という言葉で、由伎子は戦争の終結を知ったのだ。

やっと戦争が終わった。これで逃げまわる必要はない。戦争によって殺される人もいないのだ。

「よかった、バンザイ！」

今までのことを思うと、由伎子は叫ばずにいられなかった。それを母屋に住んでいた軍人が聞きつけ、軍刀を手に怒鳴り込んできた。

「おまえのような奴がいたから、日本は戦争に負けたのだ！」

あまりの迫力に由伎子は、その軍人が自害して、自分も道連れにされるのではないかと思った。

だが、姉弟たちを威嚇した軍刀のガチャガチャという音は、突然に降ってきたような平和な時代にまたたくまに吸い込まれていった。

第六章 犬は笑うのか？

犬の笑顔について、米吉がくわしく研究するきっかけになった犬リリ。人間からみると少々不気味な顔だが、新聞などで大きな話題を呼び、映画会社からスカウトの話まであり米吉を驚かせた。上はおすまし顔のリリ。

1

米吉は、終戦の声を聞くとすぐに動物文学の活動を再開させた。まず始めたのは、疎開や出征などで散り散りになった会員の消息を調べることだった。これだけでも困難な作業だったが、自由が丘の様子を留守番の者に訊くと、すでに尋ねてきている会員がいることもわかった。

とにかくできることからやろう。そう考えた米吉は、秋口には『動物文学』の会員募集の広告を新聞に掲載した。その反響は予想以上に大きかった。

「こんなに早く、動物文学と再会できるとは思ってもみませんでした」

「懐かしくて、すぐに連絡をさし上げました」

「また以前のように交流させていただけるなんて、本当に嬉しいです」

全国に散らばっていた会員から次々に連絡が入ると、米吉は、本当に平和な時代が来たことを実感した。

さらに嬉しかったのは、新しく入会したいという多くの問い合わせだった。戦争が終わったといっても物資不足が突然改善されるわけもなく、庶民の生活は困窮を極めていた。しかし、足りないのは食糧や生活用品だけではなかった。日本国民の誰もが、文化や娯楽などの楽しみに飢えていたのだ。

日本はとりかえしがつかない、大変なことをしてしまった。戦争が終わった時、米吉はそう家族に語っていた。日本という国のすべてが、物理的にも精神的にも徹底的に破壊し尽くされてしまった。それは復興の時がくることなど、とても想像もできない悲惨な状況だった。

「チョコレートが食べられるような世の中になるまで十年、いや二十年はかかるかもしれないな……」

米吉は、妻や子どもたちにそう漏らしていた。

だからこそ『動物文学』の復活は大きな意味があった。米吉はいてもたってもいられず、すぐに自由が丘に戻る準備を進めた。幸いだったのは、焦土と化した東京で白日荘はほとんど被害がなかったことだ。引っ越しさえ済ませれば、仕事を再開させられるはずだった。

ところが実際に家に戻ってみて米吉は唖然とした。見知らぬ者が住みついていて「ここは自分の家だ」と主張したのだ。アメリカで生まれ育った日系人で、この状況は終戦前から続いていたことがわかった。警察に訴えたが「天皇陛下がマッカーサーのところに行って謝るような時代だ。少しは辛抱しなさい」と言われるばかりで、まったく埒があかなかった。何度も警察に出向いていると煙たがられるようになり、しまいには脅された。

これでは、どちらが被害者なのかわからない。その日系人は、どんな条件をつきつけられても「この家から動かない」と宣言した。自分の知人や関係者を住まわせて我が物顔で屋敷内を歩きまわり、さらに初期の『動物文学』や貴重な資料を焚きつけに使うなど、傍若無人ぶりをエスカレートさせていった。

米吉は、疎開先を完全に引き払うことができなくなってしまった。ひとまず山形から東京に近い栃木に移り、そこを拠点に編集作業や研究生活をおこないながら、様子を見るために定期的に自由が丘に通う二重生活を送ることになった。『動物文学』の戦後初の号の編集作業は、精神的や物理的、経済的に困難な状況のなかで進められていった。

ようやく復活号が発行されたのは、予定よりも遅れた昭和二十年十二月のことだった。当時、戦前に休刊した雑誌の多くは終戦直後から活動を再開し、十月以降から『文学』『文芸』『文藝春秋』『新潮』『早稲田文学』など多くの雑誌が続々と復活を遂げていた。

『動物文学』の戦後第一号は全四十ページで、表紙は物資が不足した頃から採用した目次を兼ねたスタイルだった。巻頭の特集は、江戸文学研究家・尾崎久彌《おざききゅうや》の「近世民衆生活と動物」だった。江戸の小噺のなかで、動物がどのように笑いの種として登場しているかを禽類、獣類、虫類、魚類の四章に分けて、解説を交えながら十一ページにわたり紹介したものだった。

〔犬のとし〕友だちよりあひ、酒肴にて呑みかけしに、一人の男、むせうに肴をとつては喰ひ、とつては喰ひする故、「是れ貴様は、何の歳《とし》じや。」「俺か、俺は戌の歳さ。」「何《な》に犬のとしか。それで大きに落ちついた。」「ナゼ。」「もし虎ならば、おいらも喰はれよう。」

〔やり手〕大上総屋で、猫が赤貝に足をはさまれ、むせうに二階へかけ上る。やり手目を覚《さ》まし、「下駄で上るまいぞ。」

(『動物文学』昭和二十年十二月第九十七号掲載)

この特集記事は、終戦前に編集が完了していたが、休刊によって掲載がおくれていたものだった。会員からの反響は大きかった。「殺伐とした世の中、このような面白い記事が読めることを喜んでいます」などの声が集まった。そのほか鳥類研究家の太《おお》田春雄《たはるお》、北海道大学教授の内田亨《うちだとおる》なども寄稿している。翻訳家の内山賢次は、レイモンド・C・ディトマーズの随筆集「Strange Animals I Have Know」を「抗蛇毒血清」の邦題で翻訳している。

米吉は見開き二ページで十六首の短歌を発表した。

冬晴の光あまねき野に立ちて統制の世を思ひ見がたし　（昭和十九年一月）

夜に入りて遅延の列車待つ人ら、みな荷を負ひて多く語らず　（昭和二十年三月・宇都宮駅）

たたかひの終はせまる時も時、病みて書臥す荷を送る留守　（同六月・栃木県下都賀郡国分寺村）

夕暮の青葉の小径《こみち》犬と行きわが世の幸《さち》と思ふひと時《とき》　（同六月）

郭公《くわくこう》の声澄み徹《とほ》る夏山の赤松の根に犬と憩《いこ》ふも　（同六月・山形県東村山郡豊田村）

野に末《すゑ》にあがる煙は汽車ならし、戦《たたかひ》をはり秋空の濃《こ》さ（同十月・再び国分寺村）

かつて与謝野晶子に才能を認められた米吉は、随筆や研究発表などの執筆とともに、短歌もつくり続けていた。なかでも戦争末期、疎開先で病気がちだった米吉は、闘病のかたわら多くの歌を詠んだ。

統制のなかでの国家の暴走、困窮する国民の生活、疎開先でのささやかな喜び、そして迎えた敗戦――。これらは、戦火が激しくなった東京、疎開した栃木、山形、そして終戦後の二重生活のなかで詠まれたものだった。

『動物文学』の戦後第一号が配布されると、各地の会員から感想や近況を知らせる手紙が届いた。戦後になって雑誌の存在を知り、知人の紹介などで入会した新会員の数もしだいに増えていった。

しかし、その一方で旧会員の戦死、病死といった悲しいニュースも耳に入ってきた。東大獣医学部関係者の多くは、サイパンをはじめ南方方面に出征して、そのほとんどは帰らぬ人になっていた。なかでも米吉が将来を期待していたのが、獣医学部に在籍する熱心な若者たちだった。全部で四、五人いたが、ひとり残らず戦死していた。米吉は彼らの死を非常に悼んでいた。そのことについて、長女の由伎子はつぎのように語っている。

「父は晩年まで、この戦争によって、才能のある若い会員を失ったことを非常に残念がっていました。父が期待していた会員は東大の他学部を卒業してから、獣医学部に入りなおすほど熱心な方々だったのです。彼らがいたら日本の動物のために多くの仕事ができたし、動物文学の活動ももう少し違っていたかもしれないと言うほどでした」

2

混乱のなかで、ようやく雑誌の復刊を実現させたものの、白日荘の不法占拠はあいかわらず続いていた。これに追い討ちをかけたのが、昭和二十一年二月の金融緊急措置令および日本銀行券預入令だった。これにより銀行の預貯金が封鎖され、引き出せるのは「生活資金等」のごくわずかな金額だけになってしまったのだ。

第二次大戦の末期から始まったインフレは、敗戦後さらに激しくなっていた。それに歯止めをかけるために「新円切り替え」がおこなわれ、その一環として実施されたのが預貯金の封鎖だったのだ。

生活資金等として引き出しを認められた金額は、一世帯主あたり月三百円まで。食糧や燃料、生活用品などの物資の不足は戦争中とおなじか、むしろ物価が上昇したことでそれ以上の厳しい状況になっていた。その一方で闇市は大盛況で、普通に生活しようと思ったら、政府が決めた「生活資金等」でまかなうことなどできなかった。預貯金封鎖のため一時的に日本銀行券の発行は少なくなったが、結局は生活資金の引き出し額があがり、インフレはより激化した。

戦後第一号の『動物文学』発行時、年会費を十二円として、復刊の翌年の昭和二十一年は従来からの本誌二冊と、月報を毎月発行する予定だった。しかし、物価の上昇は予想以上に激しく、「いくらなんでも会費が安すぎるのではないか」と会員側から心配の声があがるほどだった。実際その金額での継続は難しく、やむなく年会費を二十四円に値上げ。さらに昭和二十二年には年四回の本誌発行で年会費は六十円になった。

経済的にも物理的にも運営は大変だったが、それでも自由な表現が可能になり、戦中とは違った内容のものも掲載できるようになった。

その代表的なものが、第五章で紹介した森永義一の「犬のこの頃」だった。この原稿への読者の反響は大きく、「四歳の秋田犬雌を提供した戦犯で自分を悲しく思う」と感想を寄せた者もいた。

昭和二十二年六月、米吉にとって記念すべき日が訪れた。『動物文学』が百号目を迎えたのだ。『動物文学』が正式にスタートしたのは昭和九年六月のことだ。それから丸十三年の歳月が経っていた。会員をはじめ、各方面から百号目の発行を祝う声が届いた。

しかし、米吉自身は、喜びもなかばという心境だった。

動物文学という新しいジャンルが世間で認知されたこと、シートンやザルテンなどの外国文学の普及は確かに大きな成果といえる。しかし、本来の目標だった日本独自の動物文学をつくるという点では、いまだ満足できるものは育っていなかった。この号で創刊当初から参加してきた堀口守は「『動物文学』の足跡」と題して、つぎのような文を寄せている。

動物文学の根底には、精確な、微細な、透徹した生態観察がなければならない。

これは自明のことである。その自明のことが前には自明でなかつたのである。非科学的な、漫然たる空想で造り上げた自称動物小説がいかに横行したことか。昔の某誌などに出た動物小説なるものは大抵それだつた。平岩さんはうまいことを言つた。「普通の小説では人間生活の深刻な観察が要求される。然るに動物文学に於て動物の生態観察が無視されてよい理由がどうしてあらう」と。まさに然り。これも然し、今日では大分理解されて来たやうである。

堀口は、こうした条件のもとで小説の分野では満足できる作品はまだ生まれていないが、エッセイや詩には優れたものも発表されていると指摘。その例として、津国登一の猫研究、まど・みちおの動物詩をあげている。さらに米吉には、飛躍した新境地を切り開くための作品の執筆を催促している。

実際、米吉は想定しているものの何分の一も著作にできていなかった。そのなかで百号を迎えたことは、米吉にとって遺憾としかいえなかったのだ。執筆に専念できる環境を早く整えなければ……。そう思うものの、実生活での問題は山積みだった。戦時中から続いていた栄養不足や過労が重なったのだろう、心身の調子もすぐれなかった。

戦中から戦後にかけて、米吉がもっとも気にかけていたのは、チムの血を継ぐ最後の犬であるキングの健康だった。『動物文学』の戦後第一号に発表した歌のなかにも、キングへの心情を描いたものがある。

松の風冷《ひ》えおぼゆれど脈《みやく》多き犬と思ひて立ちがてにゐる

これは二番目の疎開先の山形で詠んだものだ。猛暑のさなか、涼をもとめて出かけた神社の境内での一場面だった。この詩の横には「イリスの子のキング、その母に似て心臓弱き傾向あり」と注釈が載っている。

母親のイリスは、米吉に激しい愛情をぶつけるとともに神経過敏といえる要素が多く、あらゆる面で極端な犬だった。しかし、子どものキングには、そうした性質はほとんど引き継がれなかった。

キングは、犬の集団のなかでの威厳を持ちながらも、無駄な争いは避ける温厚で賢い犬だった。キングが相手の犬に優位性を示す方法は、主につぎのようなやり方だ。

順位の上のものが、下のものに対し、その優勢を表明するのは、単に咬み合いをして、やっつけてしまうだけではない。咬みふせるのはむしろ最後の手段で、その前に、唸りながら匂いをかいだり、側面から両前肢を相手の肩にかけ、やはり唸って威嚇する方法がある。これだけで相手が恐縮して、ひっくり返ってしまえば、もう争闘にもちこむ必要はなく、問題は簡単に解決してしまうのである。キングもはじめのうちは、しばしばこの方法で新来者を威嚇していた。

（『犬の行動と心理』第二章「新参者と先住者」）

キングは温厚な性格で、米吉の言うこともよく守り、家族以外の者や犬、猫、鶏などにも手出しをしなかったので、散歩のときでも引き綱は必要なかった。ある日、米吉が散歩をしていたら、それまで前を歩いていたキングが急に振り返った。

「キング、どうした」

見ると、前方に猫の姿があった。米吉は、キングが若い頃に猫を追うのをやめさせるため、きつい口調で叱ったことがあった。それ以来、キングは猫がいると、米吉の顔を見あげるようになったのだ。

「いいこだ。いつもどおりにすればいい」

米吉が声をかけると、キングは足音を立てないよう気を使っているかのように、そっと前肢をあげて歩きだした。猫の方は、とっくにキングに気づいてどこかへ逃げてしまっていた。しかし、キングは猫のいたあたりを避けるように、慎重に進んでいく。そこを完全に通り過ぎると、キングは「やれやれ」といわんばかりに、もとの歩き方にもどるのだ。

キングは、米吉や周囲の人の態度から「状況を読みとる」ことが得意な犬だった。米吉にとってもっとも印象深いのは、戦時中の疎開生活での出来事だ。

疎開地では土地の人と新来の都会人との間に、とかく感情的な瑣末な問題がおこりやすい。私たちもその例にもれなかった。私たちが倉庫を借りていた母家の子供が、自転車やリヤカーのタイヤに針で穴をあけるという悪質のいたずらを、たびたびするようになったのである。たまりかねて私がこれに抗議した翌日、ついぞ人にむかったことのないキングがそこの主婦と子供の姿を見ると、いきなり、烈しく吠えかかって行って私をびっくりさせた。前日、私が母屋で話していた時の声の調子から（それも決して大きな声で言いあらそったのではない）キングは、敏感に私たちの対立関係をさとって、いっぺんに彼らを敵視するようになったのにちがいない。犬の鋭い観察力には、ただ頭のさがる思いであった。

（『犬の行動と心理』第二章「よそ者が制圧」）

米吉にとってキングは、チムの血統という点を除いても特別な犬になっていた。明日どうなるともわからない戦時を過ごし、馴れない土地での疎開生活をともに乗り越えてきたのだ。病に倒れ、憂鬱のなかで暮らした米吉にとって、キングの純真さ、温かさ、聡明さ、そしてキングの存在そのものが、生きるための大きな心の支えになっていた。

終戦の年は、九月に入っても暑さがおさまる様子がなかった。ジットリとからみつくような暑さは、心臓の弱いキングの体力をどんどん奪っていった。米吉は、キングに少しでも涼しくすごさせたいと思ったが、エアコンも扇風機もない当時は、自然の風に頼るしか方法がなかった。夕方に少し風が出たかと思っても、夜半になるとピタリと止んでしまう。

米吉の布団の側で、キングは喘ぎながら目を閉じていた。眠っているようだが、見るからに苦しそうだった。不憫に思った米吉は、床下に続く小窓を常に開けておくようにした。こうすれば寝室の畳のうえには、いつも床下の冷えた空気が通る。この効果は大きく、キングの息はようやく少し穏やかになった。しかし、冷たい風に一晩中あたり続けていた米吉は、激しい腰痛に苦しむようになってしまった。そうしているうちにようやく涼しくなり、キングはなんとか暑さを乗り越えることができた。

米吉がキングを連れて東京の家に数日戻った時は、キングとともに焼け跡の町を歩いた。その時、米吉があらためて驚いたのは、キングの記憶力だった。

帰京しておどろいたのは犬の記憶の正確なことでした。家へ着くと同時に、私の犬（シェパード牡キング）の態度は、以前の日常生活とすこしの変りもなく、散歩の時は、私の先にたって、あるいは右に折れ、あるいは左に曲り、まるで昨日《きのう》通ったばかりの道を歩いているかのようなのです。それも、もとのままのところなら、ともかく、戦災でのこらず建物が焼けてしまい、新しい仮屋《かりや》ばかりの場所でさえ、彼は何事もなかったように少しもためらわず自由に歩きまわるのです。その上、私が立ち寄ったことのある家の前へ行くと、――そこには位置以外に記憶の手がかりとなるものは何もなく、強《し》いていえば土台石ぐらいしか同じものが残っていないのに、――立ちどまって私が立ち寄るかどうかを待ち受けたり、時には、いきなりその家へかけこんだりしました。街角から軒数を数えたり、表札《ひようさつ》をたよりにせねばならぬ私は、ただ、彼の後からついて行って、そのおそろしいほどの記憶に感嘆《かんたん》するばかりでした。

（『犬の生態』第八章「犬の知恵」）

キングは終戦の年の秋から翌年の春先まで、無理さえしなければ米吉と散歩を楽しむことができるほど元気だった。しかし、再び夏を迎える頃から、キングの心臓機能は限界に近づいていた。

米吉は、少しでもキングが楽に過ごせるようにと、この年も床下に続く小窓を開放した。すると前年と同じように、たちまち腰が痛み出した。しかし、窓を閉めるとキングはいかにも苦しそうだ。夜中に冷風にあたり続けた米吉の腰痛は悪化するばかりだった。

昭和二十一年の夏、とうとうキングはその生涯を閉じた。チムの血統は、ここで完全に途絶えてしまった。キングの死は米吉にとって、今まで過ごしたすべての犬との別れでもあったのだ。

米吉の精神的ショックは大きかった。キングの埋葬がおわると、いまだ一部が不法占拠されたままの東京の家で、米吉はしばらく布団に臥せったままの生活を送った。病の床で米吉は、何度も涙を流し、ため息をついた。

「生まれたときから家には犬がいて、私はそれがあたりまえだと思っていたんだ……」

放心したような表情で天井を見据えながら、佐與子や由伎子に語りかける米吉の声は、完全に力を失っていた。四十八歳にして初めて経験した犬のいない生活は、米吉にとって想像を絶するほど淋しく、味気なく、張り合いのないものだった。

3

キングがこの世を去って、米吉は不眠にも苦しめられた。書斎にいても、庭に出ても、近所を散歩しても、そこにキングの姿はない。道端を猫が横切っている。それを見るだけで、ちょっと緊張した上目遣いのキングの独特な表情を思い出す。本当に穏やかで、賢い犬だった。そう思うだけで、たちまち目頭が熱くなった。それは現代でいうペットロスの状態だった。

その状況を救ったのは、チッケだった。

ある日、米吉のもとに、「子犬が生まれた」という連絡が入った。それを耳にした米吉は我慢できなくなり、さっそく由伎子に見てくるように言いつけた。

チッケは渋谷区笹塚の繁殖家のもとで生まれたシェパードだった。戦時中、悲惨な運命をたどった多くの犬のなかで、唯一シェパードは軍用犬として活躍する犬種という理由で優遇された。大正から昭和初期に人気があったポメラニアンやダックスフントなどは、この戦争ですっかり姿を消してしまったが、シェパードだけは血統を守って繁殖が続けられていたのだ。

由伎子は三頭の兄弟のうちから、ウルフと呼ばれる黒と茶の毛色の子犬に注目した。由伎子が近づくと、その子犬はみずから由伎子のソックスをくわえてひっぱったという。好奇心旺盛で物怖《ものお》じしない性格。動きが活発で、骨格のバランスも整っている。容姿、健康状態ともに申し分のない犬だった。

「一頭、すごくいい雌がいるわ」

娘の報告を聞いて、米吉の目にみるみる力が戻ってきた。由伎子は、生まれたときから犬にかこまれて育ち、何十頭という犬の誕生から最期までを見続けてきた。その目利きについて絶大の信頼をおいていた娘が「すごくいい犬」と判断したのだ。米吉が期待するのは当然のことだった。

繁殖家に電話をすると、「それでは、すぐに子犬を連れてうかがいます」と返事があった。

犬が来る！　そう思うだけで米吉の心臓は高鳴った。もう布団に臥せっているわけにはいかない。

落ち着かない気持ちで待っていると繁殖家は、自転車の荷台に木箱をくりつけてやってきた。さっそく箱を開けると、なかにはシェパードの子犬が三頭入れられていた。どれも健康そうで、それぞれ個性があって愛らしい。

「平岩さんからのご連絡だったので、今回生まれたなかで特にいいのを選んできました。どれもいい犬ですよ」

そう説明する繁殖家に、米吉は即座に答えた。

「このほかに、もう一頭ウルフの雌がいるでしょう。私はその犬が見たいんだ」

「ええ!?　あのオ、それは……」

思いもかけない言葉に、繁殖家はしどろもどろになった。米吉にとって、目当ての犬は一頭だけだった。それを察した繁殖家は、ようやく観念したように口を開いた。

「あの犬は、手元に残して台雌（繁殖用）にするつもりだったんです。でも、わかりました。平岩さんがそうおっしゃるのなら、お譲りしましょう……」

こうして、米吉のもとにやってきたチッケは（正式名はドイツ語のツェッケだったが呼びづらいためチケまたはチッケと呼ばれた）、健康で聡明な犬に育っていった。

賢くて独立心旺盛なチッケは、若い頃から自分の利益になることについては、とことん情熱を注ぐタイプの犬だった。周囲の注目をひきつける方法や相手の心理をついた巧妙ないたずらには、家族の者が手を焼くことも少なくなかった。

佐與子が外出の支度を始めると、チッケはかならずやって来て、帯締めや足袋などをくわえて持っていってしまう。叱っても、なだめても、チッケはそれを離そうとはしない。目的は、簞笥の上にある缶のなかに入っているビスケットだった。着替えがしたければこれをビスケットと交換せよ、ということなのだ。佐與子は、たいていビスケットを与えていた。そうしないと、いつまでたっても出かけられないからだ。

しかし、いつも同じことをくり返すのは、さすがの佐與子も腹が立つ。チッケが帯締めを持っていってしまっても、声をかけずに無視することにした。

「チッケ、おあいにくさま。その帯締めでなくてもいいのよ」

佐與子は、簞笥を開けて別の帯締めを選び始めた。するとチッケは、くわえたものをよりいっそう見せびらかすようにして目の前を歩きまわる。まるで「このまま持っていかれて悔しくないの？　あきらめたら後悔するよ」と言わんばかりの態度なのだ。ここまでされると、さすがに無視できない。結局、この日も佐與子はチッケにビスケットを与えることになった。

米吉は、そんなチッケに有り余るほどの愛情を注いだ。毎日の食事には細心の注意をはらって吟味したものを選んだ。庭も家のなかも自由に行動させ、同じベッドで寝起きを共にしていた。

そうした生活のなかで、米吉を特に感心させたのは、チッケが持つ細かい観察力、判断力、記憶力だった。

書斎机の上には、米吉が常用しているビタミン剤の瓶がいくつか並んでいた。栄養のバランスをとるために、チッケにもそのなかの一部を与えていたのだが、しばらくするとチッケは薬の瓶を見分けるようになっていた。

執筆のあいまに、瓶を手に取る。米吉だけが飲む錠剤の入ったものには、チッケは目もくれずにソファで寛いだままだ。しかし、チッケが飲む錠剤が入った瓶に米吉が手を伸ばすと、すぐに近寄ってきた。どれも同じような大きさ、色、デザインの瓶で、ラベルの文字を確認しないと間違えてしまいそうだが、チッケは一瞬でそれらを見分けることができたのだ。

もうひとつ、米吉を驚かせたのは「言葉の理解」だった。

米吉は、戦前から飼っていた多くの犬たちの反応や行動から、犬が理解する言葉の種類についておおまかな分類をしていた。犬が理解するのは、基本的に犬の生活や動作に関係がある名詞、動詞、自分や身近な者、動物をあらわす固有名詞である。

しかし、犬によっては、かなり複雑な言葉遣いでも理解できるようになる。

かつてイリスは、「お食事の支度ができました」という言葉を憶えたという。米吉は「お食事」などある単語をポイントに記憶しているのだと考えていた。しかし、「お食事」「支度」「できました」の三つの部分に区切って、そのどれを口にしても、同じように立ち上がって書斎から茶の間へと向かった。さらに「お時間です」などまったく違う言葉を使っても、わずか二〜三日で理解してしまった。

一方、チッケは、電話や来客と話をする米吉の言葉を聞き取ったという。

私の書斎にいた犬チケは「失礼しました」「さようなら」などというのが、電話の終わりや、来客の帰るときの挨拶であるのを自然にさとって、書斎から離れている私が、その言葉を口にするのを聞くや否や、すぐに吠えたてて（それまでは静かに待っている）、私に早く書斎にもどってくるように促した。

（『犬の行動と心理』第三章「犬と人の言葉」）

言葉の理解度という点でチッケは、今まで飼った犬のなかで一番優秀だった。多くの犬は、「行け」「座れ」「来い」などの言葉はたいてい覚えてしまうが、「行くな」「座るな」「来るな」という反対語を理解することはかなり難しい。

しかし、チッケは成長とともに、これらのような否定形を含んだ複雑な言葉も理解した。そばにやってきたチッケに、米吉が「立っていてもいいの？」と言うと、急いで座るようになったのだ。

こうした観察を通して米吉が感じたのは、言葉の理解度というのは、犬によって個体差が大きいものだということだった。その違いは、飼い主の接し方によって生じるものだという。いい加減に飼われている犬と、主人や家族の側で深く愛された犬では、あきらかに後者の方がたくさんの言葉や複雑な表現を理解できるようになる、と米吉は後の著書で指摘している。

このほかにもチッケは、日常のあらゆる場面で聡明さを発揮させた。

チケはしばしば、いろいろな品物を収集するのに熱中したが、あるときは、食器をいくつも手に入れようとし、自分の食器は別のところに置いて、仲間の食器をとりあげてくわえて歩いていた。ところが、それでは逆に自分の食器がいつ相手にねらわれるかしれないという不安がおこったらしく、しまいには、用心してそれらをちゃんと重ねていっしょにくわえて歩き、決して手放さないようにすることを考え出した。

（『犬の行動と心理』第一章「犬はどう思っているか」）

この高度な工夫には、米吉も思わず笑ってしまった。同時に、チッケの判断力の高さに唸らずにいられなかった。すでに何十頭もの犬や狼、動物たちを飼育した経験のある米吉だったが、チッケとの生活のなかには、これまでになかった新たな発見があった。

チッケは米吉のもとに来た時から屋内で飼われていた。本来だったら庭に専用の犬舎を準備するのだが、物不足のために壊れた金網を修理することができなかったのだ。家のなかで育てられたチッケは、夜になっても電灯の下で過ごしていたので、右も左もわからない暗闇というものを経験したことがほとんどなかった。

あるとき米吉がチッケとともに二階の座敷にいたら突然停電になった。様子を見に行こうと、米吉は廊下から階段の手すりを伝って下りていった。ようやく階下についたとき、チッケがついてきていないことに気がついた。

「どうした、チッケ。こっちへおいで」

暗闇のなかで声をかけてみたが、床板にふれるかすかな爪音が近づいてくる様子はなかった。どうやら階段の上で足踏みをしているようだ。犬の目は、明暗を区別する桿状体を人間よりもはるかにたくさん持っているので、暗闇を歩くのに不自由することはない。それなのに、チッケはまるで暗闇のなかで足もとがよくわからない階段を怖がっているようだ。

まさか……？　米吉はもう一度チッケのそばに戻り、今度は首輪を持って手探りで階段を下りた。するとようやくチッケもソロソロと一段ずつ下りはじめた。しかし、最後の二、三段というところで足を踏み外してしまった。ドドドッという音が響くと、ロウソクを手にした佐與子があわてて廊下に出てきた。

「どうしました。大丈夫ですか」

「私じゃなくて、チッケだ」

ロウソクのうっすらとした灯のなかで、チッケは自分の身に起こったことに、ちょっと驚いたような顔をしていた。しかし、すぐに立ち上がってブルブルと身体を振ると、米吉と佐與子を嬉しそうな顔で交互に見上げていた。やはり気のせいではないようだ。

「チッケは暗闇で目が見えないようだ」

「まあ……。栄養は足りているのでしょう?」

「うん、これは夜盲症ではないよ。子どもの頃から電灯の下で育って、ほとんど暗闇を経験していないので、きっと網膜の桿状体の感度が鈍くなってしまったのだろう」

その考えは、その後にチッケの様子を観察することでよりはっきりした。

真っ暗な部屋のなかでは、普段の寝場所の状態がよくわかっていないようで、やみくもにもぐりこもうとした。その数年後、チッケが生んだ子どものロングにも同じようなことが起こったという。

かつて狼を犬と一緒に飼育すると、そのうち遠吠えをやめて犬と似た鳴き声を出すようになることを発見した米吉だが、これにはかなり驚いた。闇夜で目が見えるという犬科動物の代表的な特徴のひとつといわれていることでも、環境によって意外なほど簡単に変化してしまうのだ。

4

犬は笑うのか？

昔から多くの愛犬家が抱くこの疑問についても、米吉は、日々の観察から答えを見出していた。昭和二十四年、チッケは数頭の子犬を産んだ。そのなかの一頭のリリは、生まれた時からとてもフレンドリーな気質で、今まで飼った犬には見られなかった独特な行動をとった。米吉が犬舎の前で「ヒーン」と犬のように鼻を鳴らす真似をすると、すかさずリリは「ヒーン」と鼻を鳴らしながら鼻に皺をよせて、上唇をつりあげる表情を見せた。こうした犬の表情は、米吉に過去のいくつかの文献を思い出させた。

犬に笑う表情のあることを最初にしるしたのは、十八世紀のイギリスの詩人サマーヴィル Somerville（一六七五〜一七四一年）である。彼はその著「狩猟」（The Chase）の第一巻に、

「甘える犬は媚びるように歯をあらわし
主人の前に身をかがめる。
その鼻は上にむけて引きゆがめられ、

その大きな黒い目は、優しい媚びと、つつましい喜びに溶ける。」

と歌ったのである。（中略）

ロシアの作家アンドレエフ L.N.Andréev（一八七一～一九一九年）には「たった一人の友だち」という犬を描いた短篇があるが、それには、

「犬は誰よりも嬉しそうだった。機嫌のよい、たった一人の友だちが帰ってくると、元気よく吠えたてた。犬は笑うことをひとりでにおぼえた。上唇をあげて真白な歯をあらわし、鼻におかしな小じわをよせるのである。」

とある。（中略）

イギリスの外科医で、カナダのラブラドルに渡って教化事業に生涯をささげたウイルフレッド・グレンフェル Wilfred Grenfell（一八六五～一九四〇年）の紀行「そり犬ブリン」（一九二三年）には、ニューファンドランドでブリンという若いそり犬がたびたび笑うような表情を見せる場面がある。（中略）

それから、やはり犬ではないが、同じく犬科動物の一員である狐も笑うことが、アメリカの画家であり、作家であり、そして博物学者であったシートン E.T.Seton によって、「私の知る野生動物」（一八九八年）のなかの一編「スプリングフィールドの狐」に描かれている。（中略）

犬の笑う表情について、今日までに学者、作家、画家、狩猟家などの多くの人々によってなされた観察は、だいたい以上のようなものである。

（『犬の行動と心理』第八章「犬は笑うか」）

リリの「笑顔」は、一見すると怒っているようだった。資料として残っている写真を見ても、親しみを感じる顔とはいいがたい。むしろ笑っていない時の方がずっと愛らしい。その表情を見せるのは朝、初めて顔をあわせた時や外出から帰ったときなどだ。また母親のチッケや兄弟のロングにも同じような表情を見せた。なにげなく通り過ぎる家人の背後で、ひとりで歯を見せながら甘えた声を出すこともあった。こうした状況や行動から判断して、やはりリリは笑っているとしか考えられなかった。

米吉は、さらに詳しく観察して犬の怒りと笑い、さらに共通項を感じる発情期の雌の表情について識別するポイントをまとめていった。それによると、三種類の感情とも表情は同じだが、眼や耳、口、声、そして全身の様子を見るとまったく違っていた。笑う表情の時は、眼はやや細くやさしいまなざしで、耳を後方にひきつけ、口は軽く開いている。声はほとんど「ヒーン」という鼻声を鳴らす。身体を柔和にくねらせて、全身の毛は逆立つことなくなめらかだ。一方、怒っている時は、大きく見開いた鋭い眼をして、耳は斜め後方へ折り、口は開かない。「ウー」という唸り声をあげながら、四肢を踏みこんで身体を硬直させている。背中の毛は逆立っている。

この結果をもとに「犬の笑いの表情」に関してまとめた文を『動物文学』第百十号に発表した。それがきっかけで、昭和二十五年三月二十三日の毎日新聞に「犬クン大いに笑う」という見出しで写真とともに紹介された。

その記事が掲載されると、全国から愛犬を観察した様子を書いた多数の手紙が送られてきた。なかには、おかしな表情から狂犬病になったのではないかと心配していたが、記事を見て初めて笑顔だと気づいた読者もいたという。

リリは温和な性格だったが、犬舎の金網を破いたり、思いがけないところを飛び越えて脱走したりするなど、いたずら好きな活発な犬だった。

ある日、米吉が出かけようと玄関の扉をあけると、犬舎に入っているはずのリリが自由に歩きまわっていた。

「ああ！　またやったな」

犬舎を見ると案の定、金網に穴があいていた。米吉が金網を指して「ノー」と叱責すると、リリはあわてて地面に伏せて米吉の顔を見上げた。リリは、米吉がどのくらい怒っているのかを観察しているのだ。それほど不機嫌でもなさそうだと判断したときは、少しずつ起き上がってきて、尾をふりながら足元にすりよって甘えてくる。

しかし、今日の米吉は違った。ここのところリリの脱走事件は頻発していた。今回ばかりは、厳しく言い聞かせる必要がありそうだ。

米吉は怖い顔をしたまま、リリの横に立っていた。やがてリリはお腹を上に向けて転がり、絶対服従のポーズをとった。さすがのリリも、すっかり反省しているようだ。いつもは、ここまでやれば「よし！」といって解放するのだが、米吉は、押し黙ったままその場を離れようとした。するとリリは、あわてて立ち上がって追いかけてきた。米吉の前にまわると、背を低くしてこちらを見上げながら、白い歯を見せて笑いかけたのだ。

それを見た米吉は、思わずふきだしそうになってしまった。それは明らかにご機嫌とりの笑いだった。リリは懸命に歯茎を出して口を横に開いて、鼻を鳴らし続けている。

これをきっかけに米吉は、ある実験をおこなった。リリは、米吉に叱責され見放されてしまうという恐怖に対して笑っているように見えた。もしそれが本当なら、リリは、不可解と感じるものの前でも同じような表情を見せるかもしれない。

ふと私の頭に浮かんだのは、犬にとっては、おそらく気味の悪い動く玩具《おもちゃ》の類であった。私は、子供たちの幼い頃のおもちゃの中から、ピイピイ鳴きながら歩く鳥を探し出し、リリの眼の前で動かして見せたのである。すると、リリは、すぐに尻込みをし、不安な様子で遠くから匂いをかいだり、首をかしげたりして、なかなか近寄れない。用心しながら、および腰でそろそろ、やってきても、私が、鳥を手に持って鼻先にさし出すと、びっくりして、すぐ飛びのいてしまう。こういうことを二、三回くり返したのち、私はその鳥を廊下におき、リリがきて自由に検査するのにまかせた。と、その時、私の見たのは、片方の上唇を引きゆがめ、白い歯を出した、まぎれもない例の笑顔だったのである。

（『犬の行動と心理』第八章「犬は笑うか」）

この実験によって、リリは嬉しいときだけでなく、恐縮や困惑、恐怖を感じた時にも笑うことが証明された。犬は不安を感じたとき、自ら気持ちを落ち着けるためにあくびをしたり全身をブルブルと震わせたりする。これはカーミングシグナルと呼ばれるものだが、どうやらリリにとっては笑顔もそのひとつらしい。その後、リリは、佐與子が洗髪後にタオルを頭に巻いているところを見たときも、狼狽しながら小さくなって笑顔を見せていたという。

リリには、もうひとつほかの犬とは違う個性があった。

それは、リリが左利きだということだ。

いたずら好きなリリは、金網破りの名人だったが、そのやり方はとても高度だった。まず、金網にそって歩きながら金網を軽くたたく。その時の音によって、金網を留めた釘がゆるくなっていたり、金網そのものが錆びて弱くなっていたりするところを判断するのだ。それを発見するとリリは突然立ち止まり、頭を突っ込んで大穴をあけてしまうのだ。この巧妙さには「目撃しなかったら、たぶん信じていないだろう」と米吉も舌をまいた。

それと同時に米吉は、リリがこの〝金網テスト〟の時にかならず左前肢を使っていることに気がついた。犬は前肢でドアをひっかいたり、扉を開けたり、物を引き寄せることがあるが、今まで飼った犬はすべて右肢を使っていた。

米吉は、複数の愛犬家や狩猟家にこの点について訊いてみたが、ほとんどの者はまったく気にしていなかった。

「皆、意外なほど注意して見ていないのだな……」

米吉はそう思ったが、かなりの愛犬家でも自分の犬が右利きか左利きか、という発想にはなかなか至らないだろう。

犬のすべてを知りたい——。

その思いを抱いて自由が丘に移って二十余年。五十歳を超えても、米吉の探究心と好奇心はまったく衰えることはなかった。

5

昭和二十年代の後半は、戦争から完全に立ち直るに至ってはいなかったものの、市民生活はしだいに落ち着きをとりもどしていた。経済的な発展が進み少しずつ余裕が生まれてくると、多くの日本人がより文化的でありたいと思うようになった。犬を飼ったり、動物の生態に興味を寄せたりすることが一般的になることで、昭和初期から続けてきた米吉の犬科動物研究も、幅広く世間で認められる時期をむかえようとしていた。

また長らく続いていた、白日荘の不法占拠もようやく解決することができた。日本の警察に再三訴えても埒があかなかった問題は、アメリカ領事館に持ち込むことでようやく収拾にむかったのだ。

不法占拠のあいだは、資料や書籍がずいぶん被害にあった。『動物文学』の初期の頃のバックナンバーは焚きつけなどに使われていた。白日荘で始めた研究生活と、新しい挑戦をリアルタイムで形にしてきた雑誌が無残に灰になってしまうことは、米吉にとって耐え難いことだった。そのほか多くの資料や書籍が焼かれ、売り飛ばされた。米吉にとっては大切な資料でも、傍若無人にふるまう輩には、ただの紙の束でしかなかったのだ。

他人に自分の生活や大切にしているものを踏みにじられる日々には、戦時中とはまた違った苦しみがあった。空襲が激しくなった東京や疎開先では、常に物資の不足、空腹をかかえて暮らした。しかし、不法占拠という異常事態のなかでは、戦争中よりも野蛮な行為に対峙しなければならなかった。米吉をはじめ家族は疲労困憊して、食欲が失せてしまうことも少なくなかった。

そんな惨状をうったえるために、アメリカ領事館に出向いた佐與子と由伎子に対応したのは、領事であり後に立教大学の学長を務めたオーベルトンだった。

戦争の混乱に紛れてアメリカ出身の日系人に自宅を占拠され、資料や家財に多数の被害が出ていることを佐與子が説明すると、オーベルトンはきっぱりと返答した。

「我々が統治している場所で、そのような違法行為は絶対に許されません。それにしても、日本の警察は何をしているのですか？」

まもなく、その日系人はアメリカに強制送還された。自宅が完全に米吉のもとに戻ってきたのは約四年ぶりのことで、東京と栃木の二重生活をようやく終えることができたのだ。世間の混乱がおさまるとともに、米吉もようやく仕事に集中できる環境が整ってきた。

その活動のひとつが「日本哺乳動物学会」の結成だった。これは、昭和二十四年に動物関係の研究者らと始めた「哺乳動物談話会」を前身にしたものだ。

メンバーは、戦前から米吉と日本犬保存会の活動をしてきた人々で、昭和五年から狼研究を続けてきた斎藤弘（弘吉）、それから少し遅れた昭和八年から狼研究を始めていた直良信夫や阿部余四男《あべよしお》（『動物学通論』・昭和十年・三省堂）、ニホンザルの調査研究に従事していた岸田久吉（『代表的林棲哺乳動物ホンザル調査報告』・昭和二十八年・鳥獣調査報告第十四号・林野庁）、高島春雄《たかしまはるお》（『動物園での研究』・昭和十六年・研究社）、太田春雄などだった。学歴や経歴、専門のジャンルに縛られないメンバーが集まり、毎回活発に情報交換や意見交換がおこなわれた。

ちなみにこの「日本哺乳動物学会」は、昭和六十二年に「日本哺乳類研究会」と合併して、現在は「日本哺乳類学会」になっている。

日本哺乳動物学会は、外部から調査や鑑別を依頼されることも多かった。米吉と斎藤弘吉らは犬科動物を担当して、なかでも世間の注目を集めたのはニホンオオカミに関するものだった。新聞や雑誌などからの執筆依頼も増えていた。

上野動物園で開催されていた「動物愛好会月例会」で狼の習性について講演をするほか、ラジオ番組にも出演した。

昭和三十年代に入ると、書斎に再び「執筆中」の札がかかることが多くなった。仕事の中心は実際の動物の飼育から、資料の収集や整理、分析、執筆へと移行していった。戦中から戦後にかけては、体調のすぐれない日々が続いたが、それも経済的な安定とともにようやく落ち着きを取り戻し、精力的な研究生活の時代に突入していった。

そのとき米吉がもっとも情熱を注いだのは、本格的な愛犬家のための本を出すことだった。

戦前に出版した『私の犬』『犬と狼』の二冊は、犬や野生動物たちとの生活のなかから見える、本当の動物たちの姿を描いた随筆的要素の強い内容だ。次回作として考えているのは、それらとはかなりイメージの違うものだった。

犬とは何なのか？　どんな習性を持ち、どんな生活を望んでいるのか？　犬を飼う者はどんなことを知らなければならないのか——。そんな基本的な知識から、実際に犬を飼うときに知っていると便利な事柄を体系的にまとめようとしていた。

これまで犬の本は、犬種の写真とともに外見的な特徴、飼育目的や役割（使役犬か愛玩犬かなど）、基本的な性質について解説するという犬種図鑑的な内容のものが主流だった。対して米吉は、犬種別についての記述は最小限にして、犬のことをもっと実質的に理解できる内容をめざした。その根底には「できるだけ多くの人に犬が理解され、人も犬も幸せになるようにと願う」という米吉の思いがあった。

犬科研究をスタートさせた頃は、生身の動物たちとともに毎日を夢中で過ごしてきた。その日々を経てあらためて考えたのは「人と犬が幸せに生活するために、必要な知識や情報を少しでも多く提供したい」というものだった。

そのためには、この本をなるべく多くの人に読んでもらわなければならない。そう考えた米吉は、まえがきで「第四章などには、少し専門的な、おもしろくないところもあります」とあえて述べ、「興味を求めるには第七章（犬の習性）、第八章（犬の知恵）などをさきに読んでください。第九章（犬の飼育）は実用になると思います」と読者へアドバイスしている。

第七章と第八章には、実際に米吉が見てきた犬たちの行動についてくわしく書かれていた。言葉の理解について、電話に反応する様子、物を集める習性、地形や道順の記憶、瓶の違いを見分ける注意力など、興味深い数々のエピソードがつづられていた。

米吉には、かねてから「学問は一部の限られた者だけのものではない」という持論があった。どんな立場でも、どんな生活をしていても、本人が望みさえすれば平等に知識を得ることができる。学問や研究は、多くの人と共有できる仕組みがあってこそ価値を持つものなのだ。

本というものには、一ページ目から開いて順序どおりに読まなくてはいけないというルールなどない。読みやすいところ、興味のあるところから開けばいいのだ。そう考える米吉が、執筆の際に重視したのは、難しい表現や専門用語を可能なかぎり排除して、わかりやすい言葉を使うことだった。戦前に出した『私の犬』『犬と狼』は、平易な表現を心がけながらも、ところどころで硬い印象を与えるところも少なくなかった。だが今回は、徹底して柔らかな文体とやさしい表現を意識した。

その内容は、膨大な資料とともに、二十五年以上にわたる動物飼育体験による観察記録がベースになっていた。これまでに飼った犬は、白日荘のシェパードだけで五十頭、そのほかの犬種、亀戸や目黒で暮らしていた時代の犬を加えると、延べ七十頭を超えていた。犬との対比として大きな役割をはたした狼は、延べ十一頭だった。

この本は、多くの犬や野生動物たちとの生活、彼らの命の代償として生まれたものだ。生き物に対する科学的な視点と愛情豊かな表現は、米吉が戦前からめざしていた動物文学の集大成のひとつでもあった。

こうして執筆された『犬の生態』は、昭和三十一年に同和春秋社から出版された。読者からの反響は大きく、その後、犬に関する多くの本が出版されるなか、刊行以来二十版を重ねた。

6

戦後の混乱期に白日荘にやってきたチッケは、それから十数年のあいだ、いつも米吉のそばにいた。

遺伝的な疾患もなく、食事はバランスを考えたものを与えている。生まれてからずっと室内で飼っていいので、フィラリアの寄生もなかった。

そのチッケが、しだいに元気をなくしていったのは昭和三十五年、十五歳を迎えた頃だった。

異変に気づいたのは、ある朝のこと。目覚めてから、なにげなく布団をはいだ米吉は「あ！」と声をあげた。シーツに血の跡がついていた。同じベッドで寝ていたチッケのもので、子宮からの出血のようだった。

獣医師のもとで詳しく調べると、子宮繊維線腫だとわかった。出血を止めるには手術で子宮を全摘出するしか方法がなかった。

米吉が、知り合いの獣医師・長倉義夫《ながくらよしお》に相談したところ、後輩で日本獣医畜産大学の教授・黒川和雄《くろかわかずお》を紹介された。黒川は大学卒業からしばらくしてフィラリア研究に従事し、昭和二十九年に開胸式心臓手術によってフィラリアの成虫を取り除く外科的療法を考案していた。当時、黒川は獣医学の外科分野で右に出るものはないといわれていたのだ。

米吉との出会いについて、黒川はこう語っている。

「平岩先生といえば当時の動物関係のなかで、特に怖い方として有名でした。長倉先生としては、そんな平岩先生が大切にしている愛犬の治療をするのが少し重荷だったのかもしれません。病状の説明とともに〝とにかくよろしく〟といわれました」

黒川が手術を承諾すると、米吉はすぐに大学の家畜病院にやってきて、挨拶もそこそこに手術室と入院室を見てまわった。当時の家畜病院の建物は古く、設備もじゅうぶんではなかった。黒川ら病院スタッフはできる範囲で最大限のことをしていたが、米吉にとっては衛生状態など見逃せない点があまりに多かった。

「これはちょっとひどい。とてもまかせられない」

米吉のストレートな物言いに黒川は言葉を失った。さらに続いた米吉の言葉に仰天した。

「私の家にすべての手術器具を持ちこんで、そこで手術をしてください」

「すべてといっても、大型の機械類や麻酔・輸血に関するものもありますが……」

ようやく口を開いた黒川に、米吉は平然と続けた。

「自宅の居間なら大丈夫でしょう。そのときは、普段使っている手術着は使わないでください」

患畜《かんちく》の飼い主の家での出張手術など前代未聞だ。これは大変なことになった、と黒川は思った。

チッケの出血はあいかわらず続いていた。食欲はあるものの貧血がひどく、米吉は手術の日までの数日をジリジリとした気持ちで過ごした。

ようやく手術の当日になり、黒川と助手、機械専門と麻酔・輸血専門の担当者が白日荘に集まった。車には手術に必要な機材がすべて積まれていて、メスなどの手術器具は、煮沸消毒のためにすぐに台所に運びこまれた。

この日の朝、チッケはとうとう大出血をおこしていた。由伎子がチッケのそばについて見ていたが出血がおさまる気配はなく、一刻の猶予もない状態だった。

大型の機械や手術台、スタンドなどが座敷に設置された。しかし、誰にとっても初めての個人宅での手術は、準備に予想していた以上に時間がかかった。

チッケの出血は、ますますひどくなっていた。どんなにしっかりと脱脂綿で押さえても、脈打つたびにドクッドクッと体内から血が溢れ出していた。

「まだですか、早くしてください！」

由伎子が思わず叫んだ。

煮沸消毒が終わった器具が運ばれてきた。ようやく手術が開始される。米吉や由伎子がそう思った瞬間、部屋中に派手な金属音が鳴り響いた。緊迫した状況にあわてた手伝いの者が、手術道具を箱ごと落としてしまったのだ。もう一度、消毒のやり直しだ。

この日の様子について、黒川はつぎのように語っている。

「玄関でわたしたちを迎えたのは、消毒薬の入った洗面器でした。そこで手を消毒してから、奥様に案内されて奥の部屋に向かいました。通されたのは、わずか数センチ開いているだけの襖の前でした。奥様は、くれぐれもチッケを怒らせないようにお気をつけください。診察は、ここから手を入れてお願いします、とおっしゃいました」

佐與子の言葉を聞いた黒川は、前代未聞もここまでくると、もうあれこれ質問することは無意味だと感じたという。

「これは、よほどの理由があるのに違いないと思いました。そうとわかればこの家のルールに従って、こちらも最善を尽くすしかありません」

黒川は腹を決めて、メンバーにそう声をかけたという。

米吉がチッケの身体をおさえて、チッケの前肢だけが襖の間からあらわれた。麻酔担当の医師が、そこに麻酔薬を注射した。

黒川ら医療チームがチッケの全身を見たのは、完全に麻酔が効いた後だった。

そうして、日本初の犬の出張手術が始まった。開腹してみると、子宮の内部にできた血腫は完全に破裂していた。しかし、ほかの臓器には特に問題は見られず、子宮を全摘出すればチッケが元気になる可能性は高かった。心音はおおむね正常で、輸血をすると血圧もしだいに回復してきた。それでも気は抜けなかった。米吉や佐與子、由伎子が見守るなか、ほとんど無言のままで進められた手術は、開始から一時間半ほどで終了した。

手術は成功した。チッケは、米吉や家族による完全看護態勢のなかで、順調に回復に向かっていった。米吉はくりかえし感謝の言葉を述べた。大切なチッケのために、最善の努力をしてくれた黒川ら医療チームに、何度礼をしても足りないと思った。

その後、チッケは最期をむかえるまで、米吉の多大な愛情のなかで過ごした。晩年のチッケは、認知症により昼夜がわからない状態になった。夜中になるといつも悲しげな声で吠え続け、それは家中に響いた。

「チッケ、どうした?」

米吉はチッケのそばにいって、声をかけながら背中をなでてやった。

「いいこだ。なにも心配することはないよ。安心しておやすみ」

そういうとチッケも安心するのか、落ち着いて、やがてスヤスヤと眠ってしまうのだった。

だがしばらくすると後肢の自由も利かなくなった。身体が大きいので、散歩はおろかトイレに連れていくのも大変だった。米吉も家族も、チッケの介護のために心身ともに疲れ果てていた。それでも米吉は、チッケが少しでも快適に過ごせるようにこまめに世話をした。

こうした状態が数か月続いた後、チッケはとうとう十七年の生涯を閉じたのだ。

この時の様子について、由伎子はこのように語っている。

「チッケの介護は両親にとって、あらためて自分たちの体力の限界を感じさせる出来事だったようです。母はチッケを見送ってから、しばらく寝込んでしまいました。父もまた大変なショックを受けていましたが、一方で安堵感もあったようです。子犬から今まで、充実したときを過ごすことができましたし、晩年もできるかぎりのことはやったという思いもあったのだと思います」

この時、米吉は六十代なかばを過ぎたところだった。この歳から犬を飼っても、生涯世話をすることは難しい。そう判断したのだろう。チッケは、米吉にとって最後の犬になった。

晩年のチッケと米吉、平岩家の人々を見ていた黒川は、その深すぎる愛情にすっかり圧倒されていた。

自宅の居間で手術をしてほしいと言われた時は、さすがに唖然とした。しかし、術後の老犬に対する看病や介護の様子に、目頭が熱くなったのは一度や二度ではなかった。ここまで犬を愛せる飼い主が、ほかにいるだろうか。そう思うと前代未聞と思った申し出も、むしろ納得できた。

私財を投じて戦前から続けてきたフィラリア撲滅運動は、こうした思いに支えられてきたのだ。本当に心から犬の幸せを願う、このような人にこそ一日でも早く研究の成果を報告したい。

米吉との出会いによって黒川は、フィラリア予防のための研究開発にさらに力を注ごうとあらたな決意した。

第七章 狼との対話

戦前、自宅で飼った十数頭の狼はどれも米吉に愛情を示し、犬のように甘えた。米吉は狼たちの体を撫で、手から食べ物を与えることもできたという。特に慣れた狼はハイヤーに乗せ、銀座のデパートなどに連れていった。

1

日本の犬の多くの命を奪ったフィラリアを撲滅したい――。

愛犬チムの死をきっかけに、米吉が「フィラリア研究会」を設立したのは昭和九年のことだった。私財と動物文学の会員などから募った資金をもとに、東京大学農学部獣医学科の教授・板垣四郎に研究を委託したのだ。

フィラリア症は、熱帯から温帯地域の沿岸部を中心に分布している病気で、アジアやアフリカ、中南米、オーストラリアなどの海に近いエリアで発生している。人体に寄生するフィラリアは、慢性のリンパ管の閉塞などを起こして、皮膚、皮下組織が厚くなることから、象皮病と呼ばれることもある。犬に寄生するものとは異なる種類で、それを区別するために犬フィラリア症と呼ばれている。犬フィラリア症についての世界で初めての専門家による報告は、一六二六年のイタリアで、その後十九世紀のなかばから後半にかけてフランス、アメリカ、ドイツなどでも次々に、犬の心臓内部に多数の細長い虫が寄生している事実が報告されている。しかし、これらの国でのフィラリア発生エリアはごく限られていたことから、本格的な研究が進められることはなかった。

日本での犬フィラリア研究は、一八八〇（明治十三）年、東京大学の前身の駒場農学校の青山敬一《あおやまけいいち》の発見から始まっている。殺処分された犬の解剖時に心臓内に絡み合う多数のフィラリア成虫が見つかり、それについてのレポートを同年八月の医事新聞で発表したのだ。

しかし当時はフィラリアの治療法はおろか、基礎研究が進められることもなく、「フィラリアは、犬が食べた蚊から感染したのだろう」という青山の推測にとどまり、それは昭和初期まで続いていたのだ。

それを一変させたのが、「フィラリア研究会」の設立だった。

米吉からの研究委託をうけた板垣は、本格的なフィラリア研究に着手した。この時、板垣の指導によって実質的な研究にあたったのは、同学部を卒業してまもない久米清治だった。

最初に板垣と久米が取り組んだテーマは、フィラリアの犬の体内での発育環境だった。蚊によって犬の体内に入ったフィラリアが、どのように成長し、どのようにほかの犬へと感染するのか？　フィラリア撲滅のためには、まずは寄生と感染のメカニズムを解明する必要があった。

その研究は比較的順調に進められていたが、やがて戦争が激しくなり中断せざるを得なくなってしまった。しかし、板垣と久米は終戦を迎えるとすぐに研究を再開させた。そして昭和二十二年、とうとう犬フィラリアの犬体内での生活環（ライフサイクル）を解明したのだ。

この発表は、研究者のあいだで大きな注目を集めた。フィラリア症の研究は、日本の獣医学分野にとって重要なテーマになったのだ。

その頃、黒川和雄は、東京大学農学部獣医学科の家畜外科教室の研究室に在籍する二十六歳の若き研究者だった。同学部を昭和十九年九月に卒業した後も主任教授・松葉重雄のもとで研究を続けていた黒川は、戦前から犬フィラリア症の実態に悲痛な思いを抱いていた。だが当時、その後の人生のほとんどをフィラリア研究に費やすことになるとは、想像もしていなかった。

そんな黒川が、松葉の紹介により日本獣医畜産大学の前身の日本獣医畜産専門学校に外科の専門医として赴任したのは、昭和二十二年のことだった。勤務先の研究環境は、黒川の想像を超えた厳しいものだった。校舎は戦前から使われていたボロボロの建物で、研究室の設備はどれも古く、故障や破損したまま修理もされず放置されているものも多かった。研究費もごくわずかしかなかった。

校長は新しく赴任した黒川にこう声をかけた。

「まあ、ここはこういうわけなので、君の好きな研究を思う存分やってくれたまえ。頑張ってくださいよ！」

どうやら自由だけは保障されているようだ……。そう思った黒川は、さっそく付属の家畜病院で多発している病気についての調査を開始した。当時の犬の三大難病は、狂犬病とジステンパー、そしてフィラリアだった。

狂犬病はウイルスを原因としたもので、発病した動物は一〇〇パーセント死亡する恐ろしい病気だ。感染初期の犬は暗い物陰にかくれたがるが、やがて攻撃的になる。やたらと物に咬みつき、最後は全身が麻痺して絶命する。水を飲もうとしても喉が激しく痙攣するために水が飲めないことから、別名「恐水症」といわれた。

ジステンパーもウイルスが原因の病気で、特に体力のない子犬や若い犬が発症することが多かった。症状は発熱、皮膚の発疹、膿性鼻汁漏出、目やに、血便などで、こうした状態が続いて体力が奪われ、最後は死に至るのだ。

もっともこれら二つの病気については、世界的にもかなり研究が進み、予防法がほぼ確立されている状態だった。

だがフィラリアは、欧米で研究対象になることはなかった。日本の板垣・久米チームがようやく生活環について解明したところで、治療法や予防法についてはまったくこれからという状況だった。黒川は、家畜病院で実際にフィラリア症の犬の治療をしながら、独自の治療法開発に向けて研究を進めていく決意をしたのだ。

フィラリア症という病気は、蚊の媒介によって犬から犬へ感染することは広く知られているが、ここで感染の過程や発病、各症状について簡単に説明したい。

まず病犬の心臓や血管内の血中に寄生したフィラリア成虫の雄と雌の交尾によりミクロフィラリアが産出される。これが蚊（トウゴウヤブカ、シナハマダラカ、アカイエカなど）が吸血することで蚊の体内に入る。

ミクロフィラリアはそのまま蚊の消化器官の中で、二週間ほどかけて一ミリほどの成熟子虫に成長して、蚊の嘴《くちばし》（口吻《こうふん》）まで出てくる。この蚊が犬を刺すことによって感染が成立するのだ。

新しい犬の体内に入った成熟子虫は、皮膚内から皮下組織、筋膜などの組織のなかを成長しながら移動していく。それが二、三か月たつと一センチから三センチの糸状の幼虫になって静脈内に入りこみ、血管から血流によって心臓に達する。

さらに右心房・右心室から肺動脈へ運ばれ、そこでさらに成長を続ける。成虫は雌が二十五〜三十センチ、雄は十五〜二十センチにもなる。その成虫が交尾をするとミクロフィラリアが生まれ、蚊の吸血によってほかの犬へと感染するのだ。

ちなみにフィラリアは人間にも寄生するが、虫の種類は犬とはまったく違うものだ。犬に寄生するのはディロフィラリア・インミティス、人に寄生するのはバンクロフト・フィラリアといわれ象皮病の原因になっている。寄生する場所も違い、心臓に達するのは犬だけだ。ほかのフィラリアと区別するため「犬フィラリア症」と呼ばれることもある。

フィラリアは、感染によって心臓や血管に直接的な異常をおこすものではない。一番の問題は、心臓に多数寄生することで重度の血液循環障害をおこす点だ。病死した犬を解剖すると、右心室・右心房、肺動脈が拡張していて、そのなかに多くのフィラリアがギッシリと束状に絡み合っているのが見つかる。その様子は、まるで刺身のツマの大根にそっくりだという。これらが血行障害をひきおこし、極度の貧血や呼吸困難、食欲減退、肝腫大、胸水・腹水の原因となるのだ。

2

フィラリア研究が飛躍的に前進した第一のピークは、昭和二十年代なかばから三十年初頭にかけてだった。

その先陣をきったのは戦前から研究を続けていた板垣と久米で、昭和二十六年には砒素《ひそ》系の静脈注射によって、心臓内の成虫を死滅させる方法を確立していた。さらに昭和二十九年には、ジエチルカルバマジン剤（ＤＥＣ）がミクロフィラリアの駆除に効果があると報告された。

これらの治療薬は実用化されたが、大きな二つの問題を残していた。ひとつは強い副作用で、心臓にフィラリアが寄生して肝機能が弱っている犬に砒素系の薬を使うと、急死する恐れがあった。その後、開発されたジエチルカルバマジン剤でも、心臓寄生があるとショック死の確率は四、五パーセントあり、投薬によって愛犬を亡くした飼い主が製薬メーカーに賠償請求するケースも発生していた。

もうひとつは煩雑性だ。この薬は、蚊が発生する時期に毎日与え続けなければ効果を発揮しない。蚊の発生する期間は、本州なら四月から十月頃まで及ぶ。七か月近く毎日、愛犬に薬を忘れずに与え続けるのは飼い主にとって大きな負担だった。こうした理由から、治療薬は一般の飼い主のあいだにはほとんど普及しなかった。

昭和三十年には、もうひとつのフィラリア治療法が発表された。それは開胸式心臓手術によって、早期に成虫をとり除く外科的療法だ。

この方法を確立したのが、後にチッケの手術をした黒川だった。日本獣医畜産大学第一外科の助教授の黒川が考えたのは、手術で心臓の内部（右心房・右心室）に入りこんでしまった犬フィラリアを摘出して、血液循環障害を解消する方法だった。寄生フィラリアをとり除き、血行循環障害を解消した犬の多くは、術後の経過も良好で延命につながった。これは昭和三十三年に「右心室法」として実用化された。

黒川の考案した手術法は、国内の学会はもちろん、新聞やラジオ、映画の文化ニュースなど多方面で報道された。日本獣医畜産大学では手術見学や研修希望者を広く受け入れ、多くの研究者や犬を扱う仕事を専門とする者が黒川の研究室を訪れた。

そのなかには米吉の姿もあった。当時、米吉と黒川は互いに面識がなかったため、公開手術の場で直接言葉を交わすことはなかったが、フィラリア撲滅のために邁進する新進気鋭の獣医学研究者の姿は、米吉の目に頼もしく映ったようだ。実際に手術を見た感想として、自著のなかでつぎのように書いている。

胸を切り開いて動いている心臓に穴をあけるのですから大手術にはちがいありませんが、私も見学して、それほど危険なものでないことを知りました

（『犬の生態』第九章「フィラリア」）

黒川の考案した治療法は、アメリカでも歓迎された。

アメリカ人が犬フィラリア症に注目するようになったのは、第二次大戦後に米軍が日本に駐屯するようになってからのことだ。アメリカ空軍は立川基地に歩哨犬として約五百頭のジャーマンシェパードを飼育していたが、その多くをフィラリアで失っていた。被害に頭を痛めていた米軍から、日本のフィラリア研究の権威である久米と黒川に相談が寄せられたことがあった。

その時の様子について、黒川はつぎのように書いている。

一九五四年七月、たまたま日本で犬フィラリア症の研究をしていた東京農工大学の久米清治教授と著者（日本獣医畜産大学助教授）の二人に対し、立川空軍基地FEAMCOMのバルチ獣医大佐から声がかかり、七月二十九日（木）午前九時までに基地に来るようにとのことであった。集合場所は昭島の憲兵隊のゲートである。

バルチ大佐の出迎えを受け、ジープで歩哨犬センター Sentry Dog Center に向かう。途中は大型兵器や倉庫が建ちならび兵隊の殆どが黒人の憲兵であった。

午前中は約五百頭の軍用犬が収容されている犬舎を見学したが、犬舎内で一頭一頭が咆哮し、われわれに向かい喰いつこうとする凄まじさに、二人はまったく驚き唖然としてしまった。バルチ大佐いわく、ここのシェパードは総て人を見れば咆え喰いつくように訓練してあるとのこと。そして、常に健康で壮観でなければならないのだそうである。餌は一日に二回、ドッグフードの肉缶（五百グラム）を一度に六缶、それにふかしを加えているが、費用の点からみても、歩哨の憲兵五人よりも一人に歩哨犬一頭をつけた方が安くあがり警備能力もずっと高いそうである。このように価値の高い犬がフィラリア症に罹患し心肺肝腎が侵され能力がダウンしたのではたまらないことが良くわかったのである。

（『犬フィラリア症の歴史──難病の克服まで』米極東空軍の歩哨犬のフィラリア対策）

この訪問の後、黒川は米軍の関係者に外科手術も公開している。さらに基地に呼ばれて歩哨犬の開胸手術をおこなったこともあった。

外科手術の方法は年々改良され、やがてフィラリア研究の世界では、「内科の久米」に対して「外科の黒川」といわれるようになった。黒川はこの手術を二千例以上こなし、米吉が抱いた印象と同じように、大手術ではあるが危険度はきわめて低い方法であることを証明したのだ。しかし、手術費用は程度によって三万円から十万円と高額で、一般的な治療法として広く浸透することはなかった。

その後、フィラリア研究の中心は治療法から予防法へとシフトしていった。

外科手術による治療方法を開発した黒川も、現役時代後半の十年間ほどは予防法開発に焦点をあてた研究をすすめた。その理由について「治療に金をかけるより、予防に徹するほうが畜犬の福祉につながると判断した」と述べている。

その頃、アメリカの獣医学界でも、ようやく犬フィラリア症の予防薬研究が本格的にすすめられるようになった。成果が見え始めたのは、黒川の開胸手術が考案されて二十年以上を経た昭和五十五年頃だった。アメリカではメルクシャープ&ドームリサーチラボラトリの「イベルメクチン」、日本では三共株式会社の「ミルベマイシンD」が登場したのだ。

黒川は「ミルベマイシンD」に関する研究にたずさわっていた。これらの基礎・臨床実験がくりかえされた結果、蚊が活動する時期に月一回経口投与すればフィラリアの感染を完全に防げることが立証されたのだ。

昭和三十五年にチッケの手術を担当して以来、黒川は平岩家のほかの動物の診察をするかたわら、犬フィラリア症に関連する資料や文献を米吉に送り続けていた。黒川が郵便物の準備をしながらいつも抱いたのは、早く直接会って報告できる結果を出したいということだった。黒川がそう考えるのは、米吉が戦前からフィラリア撲滅のために私財を投じてきたことともちろん関係していたが、それだけではなかった。

米吉は、チッケが健康で長生きできることに細心の注意を払い、食事から運動まで可能なかぎり最高の環境を与えていた。晩年は認知症によって時間に関係なく鳴き続け、米吉が一晩中つきっきりで過ごすことも珍しくなかったと聞いていた。やがて後ろ肢が利かなくなると大型のシェパードだけに、散歩やトイレの世話が大仕事になった。それでも米吉は、どうすればチッケが快適に安心して過ごせるかについて心を砕いていた。その様子を獣医として見てきた黒川は、これまで一緒に暮らした愛犬の多くが、わずか五〜七年で逝ってしまったことが、米吉にとってどんなに辛いことかを痛いほど感じていたのだ。

それだけにミルベマイシンDの研究成果の報告は、黒川にとって長年の思いがようやくかなったといっても大袈裟ではなかった。

昭和五十九年、黒川は、緊張しながらも晴れやかな気持ちで白日荘を訪れた。

「まもなく予防薬が認可されます。これからはこの経口薬を一か月に一度、犬に与えれば成熟子虫の心臓への移行は完全に予防できます」

米吉に資料を見せながら熱心に研究結果について説明する黒川に、米吉は「そうですか、そうですか」と微笑みながら頷いた。だが嬉しそうな様子はなく、その顔は、むしろ少し悲しそうにも見えた。米吉がもっと喜ぶことを期待していただけに、黒川の落胆は大きかった。

なにかまだ、足りないものがあるのだろうか……。

そう考えて不安になってしまったくらいだった。

この報告は、米吉にとっても朗報だった。日本の犬を完全にフィラリアから守るというのは、昭和九年に『フィラリア研究会』発足からの悲願だ。それが今、ようやく現実のものになろうとしていた。それでも米吉は、手放しで喜ぶ気持ちにはなれなかったようだ。

このときの心情について米吉自身は多くを語っていないが、長女の由伎子はつぎのように推測している。

「予防薬の完成の報告を聞いたとき、父の胸は喜びよりも、虚しさでいっぱいだったのだと思います。私は、父が多くの犬たちをフィラリアによって苦しい、悲しい思いをして失ってきたなかで、どれほど犬たちを救いたいと思っていたかを知っています。それが実現してみるとあまりにたやすいことでした。この時の父の気持ち、私にはわかるような気がします」

チムが逝ったのはわずか四歳の時で、そのほかの犬たちも六、七歳でこの世を去っている。戦後になって飼ったチッケは屋内飼いでフィラリアの寄生を免れたが、リリをはじめとするその子どもたちのほとんどは、フィラリアで逝っていた。

米吉は、解剖で目にした心臓内部に寄生して糸のようにからみ合ったフィラリアの様子、それによる呼吸困難、貧血、心臓発作などで逝った複数の犬たちの姿を何度も目にしてきた。

そんな恐ろしい病気も、まもなく無くなろうとしていた。多くの犬を苦しめ、多くの愛犬家を悲しませ、多くの研究者を悩ませた犬フィラリア症——。ゴールにあったのは、小指の先ほどの小さな経口薬だった。

3

昭和三十年代は、戦後になって米吉が再び仕事に没頭するスタートの時期だった。この頃、米吉にとってひとつの変化があった。由伎子が、本格的に米吉の仕事を手伝うようになったのだ。特に調査や取材、講演会などで外出するとき、隣にはいつも由伎子の姿があった。

せっかちな米吉は、「さあ、でかけるよ」と言うと同時に外に出てしまう。その声を聞いた由伎子は、五分以内に身支度を整え、カメラや計測器など調査に必要なものをそろえて後を追った。

目的地に着くと晩年の米吉のトレードマークになっていたインバネス、帽子、ステッキを持つのも由伎子の役目だった。このステッキはわきに目盛がついていて、動物の体高など各所の長さ、発掘現場では土の深さなどをすぐに計測できる米吉専用の道具だった。

ある日、いつものように米吉の呼びかけによって外出の準備をしていた由伎子は、買ったばかりのカメラのストロボ操作について疑問点があることに気がついた。

「パパ、ちょっと確認したいことがあるから、先に行っていて」

米吉を見送ると、由伎子は近所の写真店へ走った。店で操作方法を聞いて、フィルムをいくつか補充すると、すぐに父の後を追いかけて自宅から徒歩十分ほどの九品仏へ向かった。

由伎子が息をきらしながらかけつけると、米吉の姿が見当たらない。どこに行ったのだろうと、周囲を見まわすと事務室の中で電話をかけていた。

「パパ、どこに電話しているの？」

そう声をかけた由伎子に、米吉は受話器を持ったまま振り返って怒鳴りつけた。

「家だ！　遅いじゃないか！」

その声に由伎子も思わず、

「機材をそろえるのに三分、写真屋まで走って七分、説明をうけて急いで追いついたのよ。全部で十五分もかかってないわよ！」

と時計をつきつけて怒った。あまりの勢いに、米吉もさすがに認めざるを得ず、

「うーん、そうだったか……」

苦笑いをしたまま、撮影場所の開山堂に向かった。

昭和二十年代後半、由伎子は結核で闘病生活を送っていた。発病がわかったのは、終戦から四年以上続いていた自宅占拠の問題も解決して、米吉がほっとした矢先のこ

とだった。

ただでさえ子煩悩で、そのなかでも特にかわいがっている由伎子が倒れたのだ。米吉はいてもたってもいられなかったが、当時の治療法はひたすら安静にして栄養のあるものを摂ることくらいしかなかった。

由伎子の病状は進行するばかりで、やがて身体を起こすこともできなくなってしまった。ひどい時は、肺に水がたまり寝返りも打てないほどだった。

疎開中、由伎子は、家族のために食糧を集めたり、荷物の発送や受け取りなどの出版にかかわる事務的な手続きなどを一手にひきうけたりして働いた。悪路のなか、片道十キロ近くもある牧場まで自転車で往復して、「栄養があるから」と米吉に牛乳を飲ませた。自転車の車輪が轍《わだち》にはまり、自転車ごと田んぼに転落しても、手にした牛乳は一滴もこぼさずに持ち帰った。

戦後になると、由伎子は休む間もなく栃木方面の土地に関する税務関連の手続きをするために多忙になった。栃木と東京の二重生活のなか、終戦の年、すぐに米吉が『動物文学』のために動くことができたのは、由伎子のおかげといってもよかった。

こうした生活のなかで蓄積された過労が、発病と深く関係していることは疑う余地もなかった。

米吉は、生活のすべてを由伎子の看病にあてた。贅沢ができる余裕はまだなかったが、新鮮な刺身など栄養のある食材が手に入るチャンスがあれば、由伎子の分だけでもと考え、少々値段が高くても買い求めた。

ある日、駅前を歩いているとバラック建ての店先に、見るからに新鮮でおいしそうなりんごが並んでいた。品質の良いものはすべて高かったが、遠方から運ばれてくる果物は格別贅沢品だった。甘くて瑞々《みずみず》しいりんごを食べさせたいと思った米吉は、それを買って家に帰ると、すぐにりんごを剝いて由伎子の口元に運んだ。由伎子が父の手で食べさせてもらったのは、幼い子どもの時以来のことだった。

由伎子の闘病生活は数年間続いた。昭和二十年代中頃になり、ようやく結核の特効薬といわれるストレプトマイシンがわずかながら日本でも手に入るようになった。この薬の登場によって、由伎子をはじめ死線をさまよった多くの日本人の命が救われたのだ。

一度は死を覚悟した状態から生還した由伎子は、健康をとりもどすとともに、ひとつの決意をしていた。それは父と同じように、研究生活に入っていくことだった。米吉は何も言わなかった。娘の生き方を認めるというよりも、むしろそれは米吉にとって予想どおりの結果だったのかもしれない。

由伎子が小学校にあがる時、「学校には、行かなくていい」と言ったのは米吉だった。感受性が強く神経質な反面、自分から興味の対象を見つけて調べたり、工夫して何かを作ったりすることが得意な由伎子は、既成の学校教育の枠にはまるタイプの子どもではなかった。

小学校は入学式のみ出席して、十四歳で専門学校に進学するまでは、家庭教師を雇い必要な課程を修了させていた。ちなみに弟妹たちは、ごく普通に学校教育を受けている。

子どもの個性にあわせて、親としてできる限りの環境を与えるというのは、米吉にとって特別なことではなかった。六歳の時に日本画の川端玉章に入門させ、その後も類まれな記憶力と集中力で文学をはじめ様々な分野で才能を見せる米吉を認め、最終的には「家業を継がず、好きなことをしていい」と言ってくれた実父の甚助だった。その父がいたからこそ、今の自分がいる。そう実感している米吉にとって、子どもの個性を優先するのは、むしろあたりまえのことだったのだろう。

4

今まで続けてきた犬科動物の研究について、その集大成になる本の出版準備を始めたのは、一九六〇年頃で米吉が六十代を迎えたときだった。

昭和四年から十年以上にわたり飼育した狼をはじめ、ジャッカルやコヨーテ、ハイエナ、狐、狸などの野生動物、そして多くの犬たちの飼育記録、そのほか十数年にわたって集めた文献・資料は膨大な量になっていた。米吉は、それらをもとに犬と狼を中心にした、犬科動物の全容を解説する本を執筆しようとしていたのだ。しかし、作業は難航を極めた。資料の多さに加えて、従来の生真面目さ、凝り性によって、わずか数行の文章を書くために何日も費やすこともめずらしくなかったのだ。

この頃、米吉のもとには新聞や雑誌、書籍などの原稿依頼が増えていた。しかし、自著の執筆に追われて対応する時間はほとんどとれなかった。とはいえ依頼のすべてを断ることはできない。いくつかの仕事を引き受けようと思いつつ、気づいたら手つかずのまま時間だけがすぎて、多くの編集者を困らせることもあった。

そのひとりが当時、築地書館の経営者兼編集者だった土井《どい》庄一郎《しょういちろう》だった。昭和二十年代後半から三十年代にかけては、大卒の就職難の一方で、新しい出版社がつぎつぎと生まれる出版ブーム時代を迎えていた。そのさなかに大学を卒業した土井は、在学時からのジャーナリズムへの興味と実家が印刷業を営んでいたことから、自ら出版社をたちあげた。

土井は当時をこう振り返った。

「会社といっても従業員は、私と新婚の妻のふたりだけです。経営から編集、販売、宣伝まで、なんでも自分たちでやりました」

ようやく一冊目の翻訳本の出版を果たし、つぎの本の企画を考えていたのは、土井が二十代なかばの時だった。有名な作家に依頼したくても、彼らは戦前から続く出版社がおさえてしまっていた。自分のところのような小さな会社が、大手と同じことをしても意味がない。どこかに有名作家に対抗できるようなユニークで個性的で、ちょっと変わった人はいないだろうか。そう考えていた土井が大学時代の恩師に相談したところ、耳にしたのが米吉の名前だった。

「詳しく知るわけではないが、戦前には何十頭もの犬や狼、野生動物と暮らしていたそうだよ」

恩師の説明を聞いた瞬間、土井は面白いと思った。戦前に出版された著書もあり、さらに少し調べると「犬科動物研究では知る人ぞ知る存在」「犬好きの奇人研究者」

という噂も耳に入ってきて、俄然興味をそそられた。

この人に何か書いてもらえたら、これまでにない本がつくれるかもしれない——。そう考えた土井が初めて白日荘を訪ねたのは、昭和二十八、九年のことだった。突然の訪問にもかかわらず米吉はさして驚きもせず、あたたかく迎えてくれた。ただし「喉が弱いので、煙草はご遠慮ください」とはっきりと言われた。

二階の客間に通された土井は、さっそく米吉にエッセイの執筆を依頼した。米吉は「やる」とも「やらない」とも言わなかった。そのかわり犬や狼のことなどの専門的な話題から、戦前の自由が丘の様子などの雑談的なものまで、小一時間ほど話をした。

奇人研究者などという評判を聞いていた土井は、少し緊張していた。しかし、実際に会ってみると「いろいろなことを気さくに教えてくれる町の学者先生」という印象だった。

帰りぎわ、米吉はあらためて声をかけた。

「私は世間で奇人といわれている。その私とつきあいたいなんて、あんたも奇人だね」

また来よう。米吉の笑顔を見て、土井は思った。

土井の訪問は、その後も何度か続いた。訪ねていくと、米吉はいつも嬉しそうな顔をした。土井を特に夢中にさせたのは狼をはじめとする野生動物の話で、気がつくと仕事を忘れて話に聞き入ってしまうというのがいつものパターンだった。

ある日、土井が米吉に訊いた。

「先生、今度、初めて犬を飼おうと思うのですが、どんな種類がいいでしょうか」

「初めての方なら雑種がいいでしょう。あれは身体が比較的丈夫ですから」

そう答え、さらに紙に絵を描き始めた。手渡されたのは、理想的な犬小屋の設計図だった。中のスペースと出入り口は大きめで、屋根がスッポリはずせる仕組みになっていた。

「これだと外気の影響も受けにくいから犬は快適だし、飼い主にとっても掃除が楽ですよ」

そう言って、作り方まで丁寧に説明してくれた。

小一時間して帰る時になって、土井はまたしても自分が原稿のことを一言も口にしていないことに気づくのだ。米吉と土井の交流は十数年続いた。しかし、原稿が進む様子はなかった。

「初めてこちらにうかがった時に生まれた息子が、来年はもう中学生になります。それなのに原稿のほうは少しも姿を見せてくれません」

さすがに我慢できずに土井がボヤいても、米吉はまったく悪びれなかった。

「いや、どうも、どうも。そのうちに」

悪戯っぽい目をして微笑む米吉の顔を見ると、土井もつられて笑ってしまう。そうするともう何も言えなくなってしまうのだ。

この頃の米吉は、研究への情熱や探究心、好奇心、集中力などは戦前と変わらなかったが、若い頃にあった神経質でピリピリとしたところはしだいに影をひそめていた。四十代の半ばまでの米吉は、もともと持っている激しい性格に加えて、異母兄とのいさかいや実母との確執など、子ども時代からの辛い体験をひきずっている辛辣な雰囲気を漂わせているところがあった。また他人の間違いを見逃すことができず、場合によっては本人を目の前にして徹底的に非難してしまうこともあり、いつも佐與子を心配させていた。

しかし、そうしたことも最近はほとんどなくなっていた。

「平岩さんは穏やかになった。まるで仏様みたいになった」

若い頃から米吉を知る人は、口々にそう言った。それを聞いた米吉は、

「良くない傾向だな」

と苦笑した。

穏やかな性格に変わっていった理由は、年齢的なものだけではなかった。実母との葛藤が、その死によって区切りをつけたのだ。

米吉が生まれたときから育児のいっさいを放棄して、その時の気分や都合だけで米吉を振りまわし、それに従うことを拒否すると烈火のごとく怒った実母・志けは、連珠の道を究めていたときも息子の成長や自立を認めようとしなかった。米吉が、自由が丘に転居して犬科動物の研究を始めてからも、ことあるごとにトラブルの種を持ち込み、米吉の勉強や生活を妨害し続けていたのだ。

志けは、老いてもなお並外れた欲望を持ち続け、それを満たすために執念を燃やした。甚助が亡くなった時に相続した米吉名義の遺産は、米吉の成人後も事実上はほとんど志けの手のうちにあり、それは晩年まで変わらなかった。

癌のために入院を余儀なくされてからも、気に入らない相手を容赦なく責め続けた。家族や看護婦、周囲の者がなだめても怒りは静まらない。米吉は、そんな志けを鬼と呼んだ。周囲の者をけっして幸せにすることのない、負のパワーに溢れた女だった。

佐與子は、米吉と義母の仲をなんとか取り持とうとした。

「お母様は三十年以上も目黒の家で、淋しい思いをされてきたのよ。お願いだから、どうかもう許してあげて」

「今まで、あれだけひどいことをされたのに、なんて甘っちょろいことを言うのだ！」

だが米吉も、最後は佐與子の言葉に頷かざるを得なくなった。

「たしかにお母様はひどい人だった。けれどお母様には、あなたをこの世に生み出したという功績があります。それだけで、十分じゃないですか」

「……うまいことを言うね」

佐與子とのやりとりのなかで、米吉はようやく母の功績に気づくことができたのだ。そして功績はもうひとつあった。

それは、佐與子を米吉の妻として見つけてきたことだ。当初の思惑はともかく、志けの行動がなければ、こうして佐與子と出会い、結婚し、人生をともにすることはなかった。

女学校時代に英語が得意だった佐與子は、漠然と「外交官の妻になって、外国で暮らしたい」という夢を持っていた。ところが、ある縁から平岩家の嫁・米吉の妻になり、その後は多くの野生動物にかこまれながら家事・育児をこなし、眠る間も惜しんで研究生活、編集・出版作業を手伝う多忙な生活をおくるようになった。

普通の勤め人の妻であれば、もっと楽にすごせただろう。米吉がこれまで続けてきた類まれなる研究生活は、佐與子の存在なしにあり得なかった。
昭和三十九（一九六四）年八月十一日、米吉の母・志けは八十九歳の生涯を閉じた。

5

犬と狼のことについての原稿をまとめよう。そう思った米吉が机に向かい始めて十五年以上の歳月が流れていたが、本が完成する様子はいっこうになかった。資料やデータを確認しながら書くので、わずか数行に二、三日かかることもめずらしくない。それは米吉にとって神経を使う大変な作業だったが、同時に精神的に充実した日々でもあった。

米吉の悩みは、本に入れようと思う内容が、書けば書くほど増えていくことだった。

狼に関しては、いまだに知られていないことがあまりに多かった。それは一般の人々だけでなく、動物研究の専門家にとってもほぼ同様といってもよかった。戦前からこれまで、狼は何人かの研究者がテーマにしていて、なかには公的研究機関や大学、その付属機関などに所属して研究を続けている者もいた。こうした研究者は、たいていひとつの分野からテーマを掘り下げる。専門分野の研究なので当然ではあるが、理解できるのは狼のある一面だけでしかない。

だが科学と文学のふたつの視点からの研究であれば、狼の生物学的な分類や生態、地域ごとの伝承、人々のあいだで狼がどう思われていたのか、絶滅した理由までカバーすることができる。そのうえで米吉には、十頭以上の狼を飼育した貴重な経験があった。生きた狼や複数の犬科動物と生活をともにした、国内の狼研究者で唯一の存在だった。

その経験をもとに米吉は、狼にくらべてジャッカルはそれほど犬に近い動物ではないことを一九三七年（昭和十二年）に発表していた。ところが、一九四九年（昭和二十四年）にコンラート・ローレンツが「家犬の祖形はジャッカルである」と唱えたため、米吉はすぐにそれを『動物文学』をはじめとする雑誌等で否定した。ローレンツもそれからばらくして自説の誤りを認めていた。

動物専門の研究者のあいだには、米吉の活動や発言を評価しない者もいた。米吉はどこの研究機関にも属さない、師匠も弟子もいない、独学で勉強を続けてきた在野の研究者で、公的機関や専門機関で研究をしている立場の者からするといわゆる素人だ。

しかし、実際に犬や狼に関する知識、理解度、あらゆる文献・資料の分析をもとにした情報量については突出した存在だった。

狼と犬の見分け方についての発見は、膨大な資料のなかから生まれたものだ。それは昭和二十七年頃のことで、まったく偶然といってもよかった。

当時、米吉は二階の和室のひとつを骨専用の資料室として使っていた。そこに大きなテーブルを置き、その上にあらゆる動物の頭骨をゴチャゴチャと並べ、狼の鑑別点について研究していた。

ある日、米吉は佐與子を部屋へ呼んだ。

「ママ、これを見てごらん」

米吉は、佐與子をわきに座らせると、いくつかの頭骨を水平な板の上に置いた。その板を軽くゆすると、いくつかの頭骨がガタガタと音を出した。

「狼はこれと、これだ」

そういいながら、米吉は音の出る頭骨を指さした。

「狼の骨は揺れるのですか」

米吉が発見したのは、狼の頭骨の重心の位置だった。狼のものは中央にあるので、水平な板の上に載せると前後に揺れる。一方、犬の頭骨は重心が後ろにあるため後頭の下部が板についているため揺れないのだ。

米吉は複数の頭骨で同じ実験をした。チョウセンオオカミ二頭、マンシュウオオカミ二頭、モウコオオカミ一頭、ニホンオオカミ三頭、狼との類似点が多いといわれる犬科動物のコヨーテ一頭で、計九頭のものはすべて重心が中央にあるので前後に揺れた。一方、シェパード、グレートデン、秋田犬、北海道犬などの大型犬十一頭分の頭骨で実験すると、結果はすべて後部に重心があるということで一致した。

これは頭骨に欠損がなく、生後八か月を超えるなどの条件があるものの、狼か犬かを鑑別する大きな目安になった。米吉がこれについて国立科学博物館の動物研究部長・今泉吉典《いまいずみよしのり》に話すと、今泉も同意したという。しかし、今泉の適中率は米吉より若干低く、これは調査対象に未成獣が含まれていたためだと推測されている。その後、由伎子も同じ実験をしたところ、成獣については一〇〇パーセントこの条件に当てはまったが、未成獣のものは犬と同じように後頭が着地するものが多かったという。

6

これは狼のものなのか、それ以外の動物のものなのか鑑定してほしい。

やがて米吉のもとに、犬科動物のものと思われる骨や毛皮、体毛、歯、糞、足跡など、多くの資料が持ち込まれるようになった。そのなかには専門機関から「再鑑定」としてまわってくるものも多かった。それは、多くの専門家や研究者にとっては屈辱的だったのかもしれない。だが日本国内で、米吉以上の鑑定者はいなかった。

かつて日本には北海道にはエゾオオカミ、本州から四国、九州にかけてはニホンオオカミが生息していたことが知られている。エゾオオカミは、大陸に生息するものと同じ大型の種類の狼だ。アイヌ民族のあいだでは「ウォセ・カムイ＝吠える神」と呼ばれ、偉大なものとして敬われていた。しかし、明治に入って開拓がはじまると入植者によって鹿が乱獲されるようになり、エゾオオカミの食料が足りなくなった。やがて狼が馬などの家畜を襲うようになると害獣とみなされ、明治十年から大規模な全滅作戦が展開された。

主な方法は馬肉に毒薬を仕込むというもので、硝酸ストリキニーネが東京や横浜から大量に買い集められた。その量は膨大で、国内にあるものだけでは足りず、アメリカのサンフランシスコに注文するほどだったという。

それと同時に懸賞金制度もつくられた。同年、札幌、函館、根室地方では、一頭の捕獲に金二円が支払われた。さらに翌十一年は七円、明治十五年には十円になった。

当時の十円は大金で、懸賞金を目的に狼狩りに精を出す者も少なくなかった。そうした徹底的な害獣撲滅制度により、エゾオオカミは明治二十二年頃に絶滅したのだ。

一方、ニホンオオカミは、日本以外の地域には存在しない独自の種類の狼といわれている。かつては田畑を荒らす鹿や猪などを捕食するため、農耕の守護者として崇められてきた。その状況は享保十七年（一七三二年）以降、海外からの狂犬病の侵入により大きく変わった。人間の財産を守るニホンオオカミは、死に至る病を運ぶ凶暴で危険な猛獣に変貌したのだ。急速に発達した鉄砲の標的になり、減少の一途をたどることになった。

狂犬病が急速に広がった理由として、狼が家族を中心にした集団生活をする習性があったためだと米吉は指摘している。

最後のニホンオオカミ目撃は、明治三十八年一月二十三日と記録されている。主な目撃者はアメリカ人のマルコム・アンダーソンと、その通訳兼助手として同行していた金井《かない》清《きよし》だ。

アンダーソンは、少年時代からさまざまな探検旅行に参加したのち、スタンフォード大学で動物学を専攻。在学中に発表した鳥に関する論文は、学内だけでなくイギリスの専門家にも認められた。

卒業と同時に、英国貴族ベッドフォード公の出資で設立されたロンドン動物学会と大英博物館の共同企画による東亜動物学探検隊の隊員に選ばれ、明治三十七年七月に来日。それ以降、約二年八か月かけて樺太、朝鮮、フィリピン、中国北部などをまわり、哺乳類や鳥類、魚類、昆虫類の収集にあたった。

通訳の金井は、当時、第一高等学校の三年生だった。この調査に参加したのは、アンダーソンがジャパンタイムズに出した通訳募集の記事を見つけ、それに応募したことがきっかけだった。

当時の日本は、各県で狩猟許可が必要だった。二人は明治三十八年一月十一日に奈良県庁で許可を取得し、十三日からは県内を流れる高見川と鷲家川《わしかがわ》の合流点にある村の鷲家口《ぐち》の芳月楼という宿屋に宿泊していた。

めずらしい動物を買う外国人がいるらしい。そんな話を聞きつけた三人の猟師が、アンダーソンのもとを訪れたのは二十三日の朝だった。

「こいつを十五円でひきとって欲しい」

猟師がかついでいたのは、一頭の狼の死骸だった。アンダーソンにとって、それは初めて見る哺乳動物だった。しかし、十五円というのはいくらなんでも高すぎる。アンダーソンは倹約家で旅行中も無駄な出費をしないように常に気をつけていた。調査対象とはいえ法外な値段をそのまま受け入れることはないと知っていた金井は、すかさず猟師たちに言い返した。

「それは高い。せいぜい八円五十銭といったところだろう」

「それなら大負けに負けて、十四円五十銭だ」

猟師たちはそう答えながら、アンダーソンの顔をチラリと見た。

このめずらしい動物をぜひ持ち帰りたい。アンダーソンの顔には、はっきりとそう書いてあった。これは粘る価値がありそうだ。そう思った猟師たちは、金井がいくらいってもほとんど値段をさげようとしなかった。宿屋の縁側での交渉は昼近くになってもまとまらず、とうとう猟師たちはその狼をかついで帰っていった。

アンダーソンはこの一件を、とても後悔した。二度と手に入らないかもしれないのだから、やはり買えばよかった。縁側に座りながら、何度もそうつぶやいていたという。

ところがしばらくすると、さっきの猟師たちが再びあらわれ「八円五十銭でいい」と言ってきた。猟師たちは、てっきりアンダーソンと金井が後を追ってくるものだと思っていたようだ。狼は数日前に捕えられたもので、腐敗が進みつつあった。これから別の買い手を当たっても、価値が下がってしまう可能性が高い。それなら八円五十銭を受け取り身軽になったほうがいい。話がまとまった三人は、再び芳月楼に引き返してきたのだ。

こうしてアンダーソンはニホンオオカミを手に入れることができた。その頭骨と毛皮は、現在も大英博物館に保管されている。まさかこれが日本で最後に目撃されたニホンオオカミになるとは、アンダーソンと金井は想像もしていなかっただろう。

この出来事について金井は、『満州生物学会会報』で「日本で捕れた最後の狼」というタイトルで昭和十四年に発表している。また昭和二十九年には、東京の科学博物館で開催された哺乳動物学会の例会に招待され、樺太から屋久島まで至るアンダーソンとの採集旅行について講演している。米吉は都合があって出られなかったが、かわりに佐與子が出席している。

ニホンオオカミが絶滅したといわれた明治三十八年以降も、各地で狼の足跡や糞を見た、声を聞いたという報告があった。最後に目撃された年がそのまま絶滅の年になっているので、このなかにはニホンオオカミが含まれていても不自然ではない。とはいえ目撃から数年以内には、日本に生息する最後の狼が息絶えた可能性は高い。

だが残存を信じる者は、以降も後を絶たなかった。なかでも民俗学者の柳田國男が昭和八年に発表した『狼のゆくへ——吉野人への書信』の影響力は大きかった。柳田はこの論文のなかで、日本に狼がいなくなったと信じる専門家がいるが、それを立証することは難しい。そもそも外国の動物学をもとに決めることに無理があると指摘。さらに、ニホンオオカミは奥吉野を中心とした山岳地域に残存している可能性を信じていると書いている。

これに影響を受けたのが、もともと柳田の民俗学に傾倒していた岸田日出男《きしだひでお》だった。岸田は昭和十年から十二年にかけてニホンオオカミの生息地とされる吉野方面の調査をして、その内容を書籍『日本狼物語』というタイトルで出版する準備を進めていた。序文の執筆者には柳田國男と、狼についての基本知識を岸田に解説した広島文理大の教授・阿部余四男、そして米吉が顔を揃えていた。だが出版には至らなかったため、米吉は昭和十三年の『動物文学』にこの序文を掲載した。

後年、米吉は岸田の努力を認めながらも、実話と伝承の線引きをしないまま、幻の動物を追跡するかのような姿勢を問題視していたという。

戦後になっても、ニホンオオカミの残存説は度々浮上した。

ニホンオオカミに関する東京での話題の中心は、東両国（現在の両国）の店「ももんじ屋」だった。ここは江戸時代からの有名な獣肉店で、馬や猪、鹿、狐、狸、狼などの肉を売っていた。店先にある看板がわりの大提灯には「牡丹（猪）と紅葉（鹿）」

の文字が書かれていたという。この店で明治四十一年に扱われた狼が、最後のニホンオオカミではないかといわれていた。

昭和三十二年、この店が買った狼の写真が大阪の古書研究家によって発見され、その鑑定が米吉と斎藤弘吉に依頼されたことがあった。それが本当ならニホンオオカミは、さらに三年間生存していたことになる。だが斎藤は、複数の特徴からチョウセンオオカミと判断した。米吉もこの意見に同意し、後にチベット狼の可能性もあると自分の本に書いた。

亀戸で生まれ育った米吉は「ももんじ屋」を子どもの頃から知っていた。毛皮がついたままの獣類の肉を軒先につるして売っていたことはよく覚えていたし、動物研究をするようになってからは、店から猿や熊の頭骨を譲り受けたこともあった。

戦後から現在にかけて、くりかえし残存説が浮上した狼もいる。

明治四十三年に福井県で捕らえられた狼で、最初に話題になったのは昭和三十六年だった。福井市歴史館（現、福井市立郷土歴史博物館）に寄贈されていた捕獲時に撮影された写真が福井新聞に載り、それについて上野動物園の古賀忠道園長あてに問い合わせがあった。

国立科学博物館の今泉吉典は、「犬や狸ではなく、狼である」と認めている。これは日本哺乳動物学会の例会でも話題になり、米吉と斎藤弘吉が主張したチョウセンオオカミ説で論議がまとまっている。

だが三年後の昭和四十年、早稲田大学の直良信夫が再考の必要があると主張した。

直良は、狼の骨格標本をもとに頭骨全長と鼻から先の長さ（眼窩《がんか》から上顎骨端《じょうがくこったん》まで）の比率をもとに、ニホンオオカミとチョウセンオオカミの違いを判断する方法を考案していた。しかしこのやり方は、目安となる指数が少なければ吻部が長くなり、指数が多ければ吻部は短くなるという、非常に間違いがおこりやすいものだった。考案者の直良自身も混乱してしまい、ニホンオオカミ説が再浮上したのだ。

間違いに気づいた米吉が、直良の考案した方法で調べなおすと、福井の狼の数値はニホンオオカミよりも、チョウセンオオカミの数値とはるかに近い結果になった。米吉はこれをきっかけに指数と身体の大小と吻部の長さが比例する方法を考案。昭和五十四年四月『動物文学』に掲載した。

狼と犬をテーマに書くつもりだったが、気づくと狼についての記述だけで原稿用紙六百枚を超えていた。やむなく米吉は、狼の生態と歴史をテーマにしぼった内容にしたのだ。こうして昭和五十六年、米吉は日本における狼について体系的に理解できる本『狼―その生態と歴史』を完成させたのだ。

内容は主にふたつの側面から狼の姿を描いている。

ひとつは戦前から飼った狼たちの生態についてだ。犬科動物は大きく分けて五つの属に分類され、米吉が飼育した狼やジャッカル、コヨーテ、狸などはすべてカニス属に入る。そのほかキオン属、イクティキオン属、オトキオン属、リカオン属がある。これらの生息地や体格、毛色、基本的な生活様式の紹介を導入部として、犬と狼の比較をするかたちで「動物学としての狼の本当の姿」を紹介した。米吉が発見した犬と狼の頭骨の見分け方をはじめ、腸の長さ、体毛の表面の状態、繁殖回数、吠え声の発達、前肢の位置と足跡の関係など、科学的な視点から分析している。

もうひとつのアプローチは「日本の歴史のなかで狼がどのように見られてきたか」という民俗学的な視点によるものだ。日本における狼の絶滅の経緯をはじめ、かつて全国で見られた狼に関する風習についてまとめている。

狼が多い地方では、そのよい面があらわれると、狼を祀る神社ができ、また悪い面が目立つと、狼という名のつく地名となって残る。だいたい、関東から中部地方では神社ができ、東北（奥羽）地方では狼という地名がたくさん残った。

（『狼―その生態と歴史』第四章「狼狩の記録」）

狼はかつて、農耕中心の関東や中部地方では、田畑を荒らす猪や鹿を退治する作物の守護者と見られたが、狂犬病の流行とともに恐怖の対象に変わっていった。

一方、現在の岩手県周辺など馬産地で有名だった地域では、狼に馬が襲われることが多く、早くから恐れられる存在になっていた。また幼い子どもが狼に連れ去られ、両親が探したが遺体も発見できなかったという記録もあった。

そうした理由から狼への迫害は急速にすすみ、江戸時代に入る頃には見世物にするほど珍しい存在になったのだ。

明治時代に入り北海道のエゾオオカミが全滅させられ、その数年後にニホンオオカミが絶滅した経緯は前述したとおりだ。

この本を書くにあたり米吉が目標にしたのは、ニホンオオカミに関する記録のすべてを収集し、それらを網羅した資料性の高い本を作ることだった。それは子どもの頃からの夢のひとつを実現させた、貴重な記録の集大成といってもよかった。

狼に興味を持つようになったのは、乳母の廣瀬が語る『椿説弓張月』がきっかけだった。主人公の源為朝が山のなかで出会った子どもの狼が、成長とともに犬のように馴れ、さらに命をかけて主人を守ろうとする。凶暴といわれる野生動物が、犬にも勝る賢さと忠誠心を発揮する物語に幼い米吉は夢中になり、いつか自分も実際に狼を飼ってみたいと思ったのだ。

そうして実際に狼と暮らしてみて、米吉をもっとも驚かせたのは、狼たちが実に愛情深く、よく馴れたことだった。由伎子によると、狼は米吉とふれあった瞬間に無限の信頼と服従と愛情を示したという。

馴れ方には狼にも個性があるので、いちがいには言えないが、朝鮮産の六頭はみなよく馴れた。たいがい、三か月から五か月ぐらいの幼いものを入手したが、成長してからきた一頭もじつによく馴れた。(中略)

彼らは、また私の外出に気がつくと、駆けまわって大騒ぎを始めた。そこで、私は声を立てぬように、足音をしのばせて門を出るのだが、それでも、何かで気がつくと、彼らは庭の金網に両手をかけ(金網の上には忍び返しをつけて跳び越えられぬようにしてある)、伸び上がって私を見送っている。そして、私が道角を曲がり、姿が見えなくなると、必ず長い遠吠えをして私を呼んだのには感動させられた。

(『狼—その生態と歴史』終章「狼を飼った人々」)

これほど狼から愛情を表現された理由は何だったのだろう。それについて由伎子は「父は自分自身が狼だった。狼にとって父は神だったのだろうと思う」と語っている。この本の最後には、米吉が狼に選ばれた人間だったと言ってもいいのかもしれない、というエピソードが記載されている。

昭和三十一年二月、東京の後楽園に「世界動物博覧会」というのがきた。小さな檻で、設備が悪く、ブチハイーナなどは、自分で鉄格子へ頭を打ちつけ、額を血だらけにしていた。しかし、ゴリラの子が、宙返りをしては見物に蜜柑をもらっていたのは可愛かった。ジャッカルと狸は私の手から喜んでビスケットを食べた。狸は眼が赤く、本当の白子であった。

ヨーロッパ産という狼（雄）は肩高が七五センチもあった。私が呼ぶと、少し尾を振り、牛肉をやると、あせって鉄格子をかじったり、寝藁をひっかいたりした。いつまでも欲しがっていて、見る間に百匁（三八〇グラム）ほど食べてしまった。

ところが、それから丁度、三年後の昭和三十四年二月、また同じ巡回動物園が後楽園にきた。私が見に行くと、狼はよく覚えていて、遠くから私を認め、しきりに尾を振っていた。前よりも温和で、毛ぶきも立派になっていた。こんども肉をやると、すぐなくなってしまったが、狼はいつまでも甘えて鉄格子に体をすりつけていた。——しばらくして、私は檻の前を離れたが、うしろ髪を引かれる思いであった。

この狼は肉だけで私を覚えていたのではないと思う。

(『狼—その生態と歴史』終章「狼を飼った人々」)

第八章 奇人先生の愛した犬たち

晩年になっても、米吉の仕事への情熱はまったく衰えることはなかった。孤高の動物学研究者として、犬や狼に関する本を精力的に出版した。それは米吉が四十数年間で暮らした、六十余頭の犬たちの生命の証でもあった。

1

東京オリンピックが開催された年の春、『動物文学』編集部はいつにも増して忙しかった。昭和九年にスタートした『動物文学』が、三十周年を迎えたのだ。米吉や佐與子、数人の編集スタッフは、その記念号の編集におわれているところだった。

編集部では巻頭特集のために、創刊時を知る会員を中心に「三十周年を迎えるにあたり、思い出などについて、書いていただきたい」という依頼をしていた。しかし、すべて予定どおりに進まないのが編集作業の常だ。米吉が確認すると、今年の初めからテレビの仕事が増えたと言っている会員と、昨年手術をしたという会員の原稿は届いていなかった。

スタッフが、催促のために慌ただしく廊下の電話へと向かった。忙しいながらも、編集部は華やいだ空気に包まれていた。

米吉が動物文学という造語をつくり、同名の雑誌を創刊させたのは、大正の自由な空気が残る最後の時代だった。それから日本は泥沼の戦争時代に突入し、すべてを失って終戦を迎えた。どん底の混乱期を経て、今やこの国は世界を代表してオリンピックを開催するまでに復興した。この急激な時代の変化のなかで、同じ雑誌をつくり続けることは並大抵ではない。

多くの会員から大きな節目を喜ぶ言葉が届けられたが、米吉は内心では手放しで喜ぶ気分にはなれなかった。

三十年の歳月でもっとも大きな文学的な成果は、創刊まもない時期に刊行したシートンの『動物記』やザルテンの『小鹿物語』などの翻訳文学の紹介にとどまっていた。それについては「翻訳作品の反響があまりに大きかったため、そういう印象になってしまうのだ」という会員も少なくない。

シートンなどの作品は戦後、児童向けとしてあらためて翻訳され、より幅広い年齢層に読まれるようになった。『ファーブル昆虫記』と並び『シートン動物記』は児童文学界では不動の人気を誇るロングセラーになっていた。

だが米吉が雑誌を続けてきた本来の目的は、日本独自の文学をつくりあげることだ。米吉がつくった「動物文学」という言葉からスタートした新しい文学分野は、事実に即した科学的な視点と愛情や情緒を表現する文学的な視点という、二つの要素を組み合わせたものだ。その思いを抱き続けて三十年やってきたが、条件をじゅうぶんに満たす作品は、いまだに生まれていないというのが米吉の率直な想いだった。

この頃、日本の文学界は米吉の思いとは別の方向に進んでいた。翻訳文学のヒットによって「動物文学」という言葉は児童文学の分野を中心に幅広く浸透していた。小説や随筆のなかで動物を描くことも、ひとつのジャンルとして確立していた。

そうしたことから、会員のなかには「動物文学は、いまや世間にすっかり定着しましたね」と言う者も少なくなかった。しかし、米吉は、これらの傾向をあまり歓迎していなかった。その理由について、記念号で次のように書いている。

近年、動物を扱った作品が、一般の文芸誌にも、だんだん見られるようになったが、何気なく筆をとった小品の類にかえって佳作があり、特に動物小説の形態をとったものの方はむしろ低俗である。なかには、シートンなどの手法を真似、とんでもない生態を興味本位に書きまくったものもある。あらためていうまでもないことだが、動物文学は必ずしも小説であることを必要としないのである。また、シートンのやり方を踏襲する必要もないのである。シートンはシートンとしての動物文学を作りあげたので、シートンの切り開いた手法や境地でよいのなら、何も苦労することはないのである。

(『動物文学』「創刊三十年を顧みて」)

米吉はここで、さらにもうひとつ提言をしている。それは、動物文学を青少年向けのものと決めつけるのは、おかしいということだ。動物が出てくる文章は子どもを対象にしたものである、というのは従来の海外での考え方であり、それをそのまま日本にとりいれる必要はまったくないと書いている。米吉は、日本の文学界で固まりつつあるイメージをなんとか払拭して、今後は、大人でも興味深く読めるものを生み出そうとしてきた。

その活動の中心は、いうまでもなく『動物文学』の編集・発行だ。しかし、この三十年間で雑誌の定期刊行が、いかに個人の手に余るものかということも実感していた。編集や校正、発送作業などは大変ではあるが、それはまだ想定の範囲内のことだ。だが雑誌の発行によって予想外の仕事が増える一方なのは、さすがの米吉もまいっていた。

ある日、編集部に一通のハガキが届いた。差出人はある読者からで、内容は蜘蛛の生態や習性についての質問だった。米吉に答えられる分野ではないので、有名な蜘蛛研究家として知られる会員宛てに質問を要約したものを送る。数日して、その会員から質問の答えがくる。その内容をさらに補足するように全体をまとめ、ようやく米吉は読者に返答するのだ。

質問の内容によっては、一冊の本になってしまいそうなものもある。それをハガキ一枚で気軽に訊いてくる者もめずらしくなく、米吉を困惑させた。やれやれと思っていると、今度は電話がかかってきた。受話器を取ると、面識はないが数回名前を聞いたことがある会員からだった。

「先生、ご相談があるんですが」

「どういった御用ですか」

「うちで飼っている犬が、先月の初めに八頭も子どもを生んだんです。二頭は引き取り先が決まっているのですが……。先生、なんとかお力添えいただけないでしょうか」

要するに子犬の飼い主探しの仲介依頼で、『動物文学』の実質的な活動とは関係ない相談だ。完全に無視することはできないが、こういうことを一件ひき受けてしまうと、他からの相談にも対応しなければならなくなる。

「ご協力したいのは山々ですが、見たこともない犬を人にすすめることはできません。母犬と離れるまではまだ一か月ほど時間があります。それまでに、なんとか引き取り先を見つけてください」

そう説明して、ようやく電話をきった。

仲介は犬ばかりではなかった。米吉の名が世間で知られてくると、原稿発表に関する斡旋や相談も増えていった。なかには連絡もなしに、原稿用紙を持って玄関先にあらわれる者もいた。

「先生、これ私の作品です。ぜひ読んでください！」

玄関の上がりかまちに置かれた風呂敷包みは、ズッシリと重そうだった。

「枚数はどのくらいありますか？」

米吉が訊くと、男はおもむろに胸を張った。

「ざっと千枚はあります！」

絶句する米吉の前で、男は上機嫌で風呂敷をほどこうとした。

「ああ、いいです。ここで出さなくてもいいですから」

「そうおっしゃらないで。最初の部分の感想だけでも、ゴホン、ゴホン」

その時、米吉の顔色が変わった。

「あなた、風邪をひいていますね」

米吉は身を引くと、次の瞬間には奥の部屋に消えていった。

「先生、どうされたのですか？」

呆然とする男に、その横でやりとりを聞いていた佐輿子が声をかけた。

「主人はとても多忙なので、風邪をひいている暇もないのです。ごめんなさいね」

それを聞いて、ようやく男は帰っていった。しかし、風呂敷包みは玄関に置き去りにされていた。それから一週間もたたないうちに「ご覧くださいましたか」と催促の電話があり、米吉を啞然とさせた。

これでは、自分の原稿を書く時間などとても確保できない。あっても執筆時間は細切れのように寸断されてしまい、さすがの米吉でも集中力を持続させることは難しい。心なしか喉も痛くなってきた。あの男の風邪がうつったのかもしれないと思うと、米吉のイライラはさらに激しくなった。

「もう雑誌はやめる！　こんな大変なこと、もう続けられない」

爆発する米吉を前に、佐與子と由伎子の考えることは同じだった。

パパが辞めると言うの、これで何度目かしら……。

米吉が雑誌編集・発行を続ける大変さに音《ね》をあげそうになったのは、一度や二度ではなかった。

戦前には、そんな米吉の様子を見て、編集責任者として仕事を引き継ごうと申し出た者が何人かあった。そのひとりには、誠文堂新光社の初代社長の小川菊松《おがわきくまつ》の名もあった。

誠文堂新光社は、小川が明治四十五年に書籍取次業の誠文堂として創立した会社で数年後から出版業にのりだし、昭和十年に新光社を吸収合併して現在の社名になった。戦前から『子供の科学』『農耕と園藝』など趣味・実用に関する多くの雑誌を発行していた。昭和二十年に発行した『日米会話手帳』は三百六十万部以上を売り上げ、出版界の記録を作った。その小川に委ねるというのは、『動物文学』の発展が約束されているといってもよかった。だが肝心のタイトルを変えるという条件から、米吉は編集委託を断った。

その後も、雑誌発行にかかわる雑用は増える一方だった。米吉は、雑誌の創刊から今まで、締め切りが迫るたびに家族に向かって「大変だ、大変だ」と愚痴をこぼし続けた。それでも、『動物文学』を三十年続けてきた。

結局のところ米吉は、雑誌の発行が好きで好きで、しかたがなかったのだ。

2

孤高の動物学研究者——。

名前が世間で知られるようになると、米吉は、いつのまにかそう呼ばれるようになった。

きっかけは昭和三十一年、『週刊読売』で連載されていた風刺漫画家の近藤日出造《こんどうひでぞう》による対談企画「やアこんにちは」への登場だった。

近藤は昭和三年、二十歳の時に漫画家を志して上京し、人気漫画家の岡本一平《おかもといっぺい》の弟子を経て、昭和八年に読売新聞社に入社した。その後、政治を大衆に近づける狙いで描いた作品を発表し続け、風刺漫画家としての地位を築いた。

近藤との対談が載った『週刊読売』五月六日号の発売とほぼ同時期、米吉は同誌の臨時増刊号『現代奇人怪物読本』にも「ケダモノ屋敷の住人――動物学者平岩米吉」というタイトルの人物ルポが掲載された。ちなみに『週刊読売』五月十五日号には、米吉と同様に私財を投じて研究生活をおくる植物学の牧野富太郎も登場した。

こうした評判に、由伎子はいつも不満をもらしていた。

「奇人と呼ぶには、パパは常識的すぎて物足りないわ。もっと変わっていてもいいのに」

米吉は、記事を眺めながらただ笑うだけだった。

近藤との対談、臨時増刊号の記事はともに好評で、米吉は「日本を代表する犬奇人」として認知されるようになった。しかし、世間の人々の予想どおりに進まないのが奇人の道だ。

平岩米吉＝犬狼の専門家、と理解され始めた昭和四十年をすぎたあたりから、米吉は猫について書いたものを続々と発表するようになった。

この時のアプローチも犬や狼と同じく「科学と文学」の両方からで、猫の身体的特徴や飼育方法、寿命や多産の記録といった科学的なものから、浮世絵に登場する猫の話、エジプトの猫崇拝、猫股伝説まで——内容の幅広さは、犬や狼をテーマにした著書とくらべても遜色のない内容だった。

平岩米吉といえば犬や狼の研究者として世間で知られていただけに、「いつのまに猫のことまでやっていたのだ」と驚かれた。

だが執筆に使用した資料を手にしたのは、実は犬科動物のものより早かった。そのなかには父を失って独学の世界に没頭しはじめた、十代なかば頃に買い集めた文献や古文書、浮世絵などが多数ふくまれていた。

「あなたは中学時代から、こうしたものが後で役に立つと思って集めていたの？」

驚いて聞く佐與子に、

「そんなこと、考えもしなかったよ」

と米吉は笑った。

米吉は『動物文学』などの雑誌に発表した猫についての原稿を後に『猫の歴史と奇話』（昭和六十年・池田書店）にまとめている。これは猫に関するめずらしいエピソードや歴史的な記録、民話や伝承など、四百余りの話を紹介、解説したものだ。

猫股伝説については、浮世絵や古文書をはじめ、海外に紹介された日本の猫股に関する本について調べ、その内容の変遷から猫股と呼ばれる理由について解説した。

野生猫に関しては、関連する記録が多く残っている日本海側各地のほか、三宅島や小笠原諸島、奄美大島などの離島について調査し、生態や行方を追っている。形態や生態についての珍記録データも充実していて、米吉らしい視点と探究心を感じさせる内容だ。

重量コンテストで優勝した猫、三十六歳で日本最高齢といわれた飼い猫をはじめ、餌として与えられた子鼠を育てた猫、曜日のわかる猫などについても紹介された。これらは国内外の関連資料、文献、写真・絵画・図版のほか、各地から集まった情報、そして飼い主による報告までを調べてまとめたもので、米吉が本来持っている精密さ、凝り性、完璧主義などの性質が強く反映していた。

米吉が、犬や狼とは正反対の存在のように思われている猫を研究対象にしたのは、はっきりとした理由があった。研究は、ひとつのものだけ見ていたのでは成り立たない。研究の対象物を理解するためには比較対象物が必要で、その違いを認識して初めてメインテーマについて理解できるものと確信していた。

これは米吉の基本理念といってもよかった。戦前、犬や狼以外にも、ジャッカル、コヨーテ、ハイエナ、狐、熊、ジャコウ猫など多くの野生動物を飼育したのも、すべてそうした理由からだ。

だが猫とのかかわりのなかでは、米吉の予想を超えた展開もあった。

その発端は、昭和三十一年に結成された「日本シャム猫倶楽部」だった。これは三笠宮殿下とタイ国大使のリュアン・フィニット・アリソン氏の支援によるもので、第一回目のキャットショーが同年の五月に日本橋三越の屋上で開催された。

翌年三月に創刊されたキャットショーの情報を掲載する機関誌『CAT』で、米吉は「猫の長寿」について寄稿。さらに昭和三十四年からはショーの審査員にも加わり、昭和四十一年以降は審査員長として、国内外の延べ二千匹の猫を審査した。

忙しくて風邪をひく暇もないと言う一方で、一度興味を持つととことんまで熱中してしまう。その好奇心と集中力、探究心たっぷりの気質は、晩年になってもいっこうに衰えることはなかった。

猫について、米吉は危惧していることがあった。それは外国種との混血によって日本独自の猫の数が激減していることで、昭和四十六年以降は日本猫の審査のみをひきうけるようになった。

翌年、米吉は、日本猫の標準試案を作成した。それがジャパン・キャッテリー・クラブ（ＪＣＣ）から発行された会誌に掲載され、反響は米吉が予想した以上に大きかった。発表以降、十数年にわたって専門の雑誌や書籍などに転載され、試案として発表した基準は、事実上のスタンダードとして認められるようになった。

だが純血の日本猫は、ますます希少になっていった。見た目が美しい猫をつくるという目的から、シャム猫など外国種との混血が増える一方だったのだ。

昭和五十年代なかば、米吉は「日本猫保存会」を設立した。それは米吉にとって、戦前に斎藤弘吉らとともに「日本犬保存会」を設立したときとまったく同じ状況といってもよかった。

自分が今やらなければ、容姿も性格も独特の魅力を持つ日本特有の動物の姿は、この世から永遠に消え去ってしまう。人々が気づいたときには、ニホンオオカミのようにとりかえしがつかないことになっているかもしれない。すでに絶滅してしまった動物は、いくら耳をすまし、目をこらし、想像をふくらませて探しまわっても、けっして姿をあらわしてはくれないのだ。

しかし、「日本猫保存会」の活動は「日本犬保存会」にくらべて、比較にならないほど困難な道のりだった。同会は米吉の亡き後、長女・由伎子に引き継がれ、日本全国の調査をもとに日本猫のスタンダードがつくられ、純血種の日本猫の交配・飼育、各方面へ保存をうったえる地道な活動が続いていた。しかし由伎子亡き後、この活動が引き継がれることはなかった。

3

米吉が最後の犬チッケを見送ってから、もうすぐ十年になろうとしていた。自分の生活のなかに犬がいなくなると、米吉は今までにも増して、世間の飼い主と犬がどのように暮らしているかが気になった。

世の中はすっかり豊かになり、愛犬家の数は急速に増えていた。しかし、それは〝本当の意味で犬の理解者が増えている〟とは言い難い状況だった。米吉から見れば、愛犬家を自称する者のなかで、犬のことを本当にわかっている飼い主はほんの一握りだった。

一般の飼い主が、米吉と同じように犬と関わることができないことは、もちろん米吉自身にもわかっていた。世の愛犬家に対して心から望むのは、ごく基本的なことだった。

犬を飼う人は、自分も愉しく、犬も幸せに、他人に迷惑をかけぬこと。

これが実現できれば、人間も犬も、たいていは大きなトラブルもなく一緒に生活することができる。しかし、実際には、犬が不幸になったり、他人への迷惑が発生したりしていた。

その原因の多くは、飼い主にある。だが米吉は、その責任を飼い主だけに負わせることもできないと感じていた。

犬を飼う人の数が増えるにつれて、出版界では犬の飼育に関する本が数多く生まれていた。そのほとんどは、犬種ごとに沿革や標準について解説されたものだった。ドッグショーなどに出場させるショードッグの育成を目指すのなら、これらの情報は重要だ。しかし、ごく一般の愛犬家には犬種ごとの標準よりも、はるかに重要で役に立つ情報があるはずだ。

米吉は、初めて犬を飼う人に向けた犬の本を書くことを決意した。

机に向かいながら、米吉が日々意識したのは「研究というのは、一部の人だけのものであってはいけない」ということだった。

難しい内容であればあるほど、わかりやすい表現をこころがけなければならない。安易な外来語の多用などはもってのほかだ。専門的な知識がない人でも、楽しく、興味深く読みすすむうちに専門の知識を得ることができる。

米吉は、そういうものこそが最高の研究書だと考えた。

この方針は昭和三十一年に出版した『犬の生態』にも出ていたが、米吉は晩年になるにつれて、よりそのことを強く意識するようになった。そうして誕生したのが、昭和四十七年、米吉が七十四歳の時に出版した『犬を飼う知恵』だった。

この本も『犬の生態』と同様に、「犬とは何か?」という疑問に本質的に答える内容に重点をおいていた。生理学や心理学をベースに、自分の体験から積み上げられた結果の集大成で、なにより実用に徹した内容だった。

犬の飼育というのは、日々同じことのくりかえしだ。そのため飼育法については、一般家庭でも簡単に実行できること、続けやすいことをメインに紹介した。

当時は市販のドッグフードの種類が限られ、栄養価も十分とはいえなかったため、ドッグフードで犬を育てることは主流ではなかった。そのため既存の犬の飼育書には、毎日与える食事内容について、栄養バランスやカロリーについて細かく解説しているものもあった。

しかし、これを万人が続けることはかなり難しい。それなら、まずは大まかな事柄をおさえて、あとは家庭ごとにできそうな事柄を加えていった方が犬の健康が保たれる確率は高くなる。

食事について米吉は、「家人と同じもので差し支えなく、特別なものをつくってやる必要はない」としたうえで、米飯やパン、魚、肉、それに薄味の汁物や野菜の煮汁を混ぜたものを与えると紹介。それをベースにポイント的な説明を加え、子犬にはビタミンAが摂れるレバーとカルシウム摂取のための小魚の粉末を加えれば満点と解説した。

追記で肉や野菜、果物の与え方のほか、刺激物やイカ・タコ類、甘いもの、熱いもの、味の濃いもの、内臓を傷つける可能性のある骨など、与えてはいけないものについて説明。ドッグフードの使用も、忙しい時や旅行中など、状況に応じて使うことをすすめている。

病気やその治療法など、飼い主が把握しておくべき獣医学的な知識についてもポイントをしぼった内容にした。犬の病気について解説した本は以前からあったが、膨大な数の病気について専門用語を多用したものばかりで、一般の愛犬家が興味をもって読み通せる内容ではなかった。

この点について米吉は「命にかかわるような重大な犬の病気は、実はほんの数種類しかない」と指摘。それらの病気について、症状や原因、予防法、治療法など概要を知っているだけで、たいていは飼い犬の健康を守ることができるという。

なかでも特に多くのページを使ったのは、米吉が「日本の犬にとって最大の難病」と解説したフィラリアだった。

この頃、フィラリアの予防薬は開発されていたものの、感染している場合に起こる副作用による急死のリスク、毎日与えなければ効果を発揮しない煩雑性など、多くの問題が残されていた。また一般の愛犬家のあいだには、予防薬の使用がまだ浸透していなかったため屋外飼育でフィラリアの感染を防ぐことは難しかった。フィラリアになる犬が非常に多かったことから、家庭でできる対症療法についても詳しく記載した。

(その後、復刻されたこの本の同項には、日本獣医畜産大学の黒川和雄が開発して、昭和六十一年に正式に承認されたフィラリア予防薬についての記述が加えられた。)

米吉は「しつけ」についての項目にも力を入れた。

当時の既存の本では、しつけに関する正しい情報は限られていた。そのため一般の飼い主や繁殖家のなかには、喜んでとびついてきた犬をおとなしくさせるには、犬の肢を踏むのが一番いい方法だと信じている者も少なくなかった。

現在の日本では、犬を飼うためにはしつけは絶対に必要だという考えが浸透している。そのやり方は体罰を用いた服従訓練ではなく、動物心理学をベースに犬と飼い主が信頼関係をつくるものが主流になっている。

その方法の多くは、平成の時代から現在にかけて「最新のドッグトレーニング」としてアメリカやイギリスから導入されたものだ。しかし米吉は、その二十年以上も前に、すでにこの本のなかで「犬の心理をふまえた躾の方法」を紹介していた。

現在のトレーニング方法と、米吉が提案するしつけの方法には多くの共通点がある。

子犬に物を教えるには、飼主もいっしょに楽しく遊びながらやることが必要である。長い時間、無意味にくり返したり、飽きさせたりしてはいけない。子犬が興味を失い、いやがる様子が見えたら、強制せず、すぐに休むか止めるかすべきである。訓練の土台はあくまでそのことに興味を持たせることである。

（『犬を飼う知恵』第5章「子犬のしつけ」）

かつて日本で行われていたドッグトレーニングは、強い口調やショックを与える首輪などを使用する、犬に威圧感を与えるものが主流だった。しかし現在スタンダードとされている方法は、このように遊びのなかで必要なことを教えていくことが基本方針になっている。

もうひとつ注目したいのは、「飼い主のちょっとした心がけで、犬を叱る場面は確実に減らすことができる」と指摘しているところだ。

飛びつかれて衣服を汚されるのを避けるには、何よりも、そのような（つまり飛びつくことのできるような）場所に出しておかなければよい。これは、ちょっとした注意ですむ簡単なことである。

次は、もし飛びついたなら、その瞬間に、両前肢をもって、こちらが、しゃがんでしまうのである。そして、一方の手を放し、「よしよし」と頭を撫でてやれば、衣服を汚されることもなく、犬は正当にその喜びを受け入れられたことで満足するだろう。

（『犬を飼う知恵』第5章「子犬のしつけ」）

米吉は、多くの具体例をあげながら犬との生活に必要な情報を紹介した。

＊犬を飼うとき、実際に世話をすることが多くなる主婦が犬好きであることが一番家庭内がうまくいく。

＊命令語は基本的には統一するのが望ましい。

＊飼い主と離れる精神的な苦痛や不安を考慮して、病状が許すかぎり入院は避けるべき。

＊犬は近視で百メートル離れると飼い主を見分けるのが難しくなる。

飼い主としてどうしたらいいのか？　どう理解すればいいのか？

犬を飼っていたら出てくる様々な疑問について、米吉はできるかぎりわかりやすく解説し、一度読んだだけでも印象に残るような工夫を加えた。重要なところは見落とさないように、ゴシック体や傍点なども用いていた。

この『犬を飼う知恵』は前作と同様、池田書店から出版された。主に初めて犬を飼う人を対象にした本だが、すでに犬を飼っている人にも好評で、米吉の没後も売れ続け二十一版まで版を重ねた。

この本の版元の池田書店の初代社長・池田敏子は戦後、ビジネスの世界で成功した女性の代表のひとりといわれた。

昭和二十四年に設立された池田書店は、昭和三十五年に戦後空前のヒットといわれた『性生活の知恵』を出版している。著者は日赤本部産院産婦人科医局長の謝国権で、家庭内の性生活に科学的な知識を導入するという目的で書かれたものだった。

核家族化が急速に進む社会のなかでは、かつてあたりまえのように上から下の世代に教えられていた「人が生きるうえで必要なあらゆること」が、すでに伝わらなくなっていた。性に関する知識もそのひとつだったのだ。

『性生活の知恵』は、わいせつ表現で出版さし止めにならないように、木製の人形を使って性体位を図解・説明するなど随所に工夫を凝らした本で、その後に同社から出される実用書の原型にもなった。

池田が目指したのは、学校で教えないことをやさしく解説する本のジャンルを確立することだった。これは米吉の「学問は一部の専門家のためのものではなく、ごく普通の生活をおくるすべての人のためにある」という考えと共通していて、その発想は会社を成功させる大きな要因になった。

池田は貧しい生活のなかで、苦労しながら童話を学ぶ文学少女だった。米吉との交流は古く、『動物文学』の前身にあたる『科学と芸術』『母性』などが刊行された昭和八年頃からのことだ。池田が初めて白日荘を訪れたのは、『母性』に掲載された自分の原稿の稿料を受け取るためだった。

門の前に立って驚きました。膝がガクガクふるえて止まらないのです。何しろ、すごいシェパードが数頭、垣根越しとはいいながら、いっせいに立ち上がり、私に向って吠え続けるのです。やっとのことでベルを押し、そこから少しばかり離れたのですが、女中さんが出てきてくれるまでが、とても長く感じられ、動悸もはげしく、すっかり上がってしまいました。(中略)お茶が出ました。とても美しい焼物のようでした。大分時間がたったらしく、またお茶とお菓子の接待でした。その時、はじめて女中さんの着物が目にとまりました。とにかく、私の着ているものとは段違いな高級品のように思えました。それに物腰も上品だったため、自分のみすぼらしさに気づき、体が小さくなったような気持ちでした。

(『動物文学』三十周年記念号「平岩さんと私」池田敏子)

お手伝いの人があれほどのものを着ているのだから、ご主人はよほど立派なものを身につけているのだろう……。そんなことをぼんやりと考えていた池田のまえにあらわれた米吉は、予想外の恰好をしていた。

米吉の着物は、犬や狼によって両袖がボロボロになっていたのだ。

「どういった御用でしょうか」

「あの、原稿料をいただきにあがりました」

そういった池田に、米吉は意外そうな顔をした。そして『母性』へ参加しているのは篤志家ばかりで、その会員の好意によって原稿料は今まで払ったことがないと説明した。米吉は、池田の原稿を以前から時々寄稿していた女性が別のペンネームで送ってきたものだと思っていた。

池田が投稿した動機は、効率的に稼げる内職のかわりになればと思ってのことだった。だが一晩かけて書きあげた原稿は、一銭の価値にもならなかった。しかも原稿料の催促と称して、こんなところまで出かけてきてしまった。貧乏暇なしの毎日なのに、時間と労力の無駄だった。そうとわかればあとは帰るだけだ。それでも池田は、これだけは伝えなければ気がすまなかった。

「私が投稿したのは、原稿料がいただけると思ったからです」

池田のもとに書留が届いたのは、数日後のことだった。中身は原稿料で、池田が白日荘で受け取るつもりの十倍近い額だった。

その縁をきっかけに、池田はペンネームで『動物文学』にも寄稿するようになった。それを耳にしていた池田の知人のなかには、「平岩さんといえば、人間嫌いで犬としかつきあわないと聞いている。君は犬みたいだから、好かれているのだな」という者もいた。

池田自身は特別に好かれているという意識はなかったが、米吉は若い池田の文才に一目置いていた。「原稿料をいただきたい」と訪問してきたときは少し驚いたが、そんな行動力や勇敢さが清々しい印象を与えた。

人に頼まれると嫌といえない性格と面倒見のよさのせいだろう、童話の同人誌存続のために借金を申し込んできたこともあった。仲間から頼りにされ、無理をいわれることもあるのだろう。それに抗《あらが》えない人柄も好ましかった。

この人なら、子犬を託しても大丈夫かもしれない。そう思った米吉は、池田に「犬を差し上げたい」と言ったことがあった。だが当時の池田は家族を食べさせるので精一杯で、とても大型犬を飼える余裕などなく即座に断ってしまった。

それでも米吉が犬たちに愛情を注いでいる様子を見るうちに、池田はいつか自分も犬を飼ってみたいと思うようになった。

ようやくその夢が実現したのは、戦後のことだった。米吉から犬を譲り受けた直後、池田にとって忘れられないエピソードがあった。

ある朝、池田が会社に行く支度をしていると電話が鳴った。

「お宅にあげた犬、なにか変わったことはありませんか？」

声の主は米吉だった。ずいぶんと唐突な質問だと思いながら、池田は答えた。

「いつもどおり元気にしていますよ」

「そうですか。昨夜、お宅にあげた犬の夢を見ました。私が犬の夢を見ると、たいていその犬に何かおこるのです」

米吉のあまりに真剣な様子に、池田はふきだしそうになった。それをこらえながら、もう一度犬の無事を伝えて電話を切った。

夢を見て連絡してくるなんて、なんだか不思議な話……。平岩さんってずいぶんと神経質なのね。そう思いながら出社した。

ところが、夜になって帰宅した池田は驚いた。家人が「犬がいない」と大騒ぎしていたのだ。

庭はもちろん、物置から近所の縁側の下まで、手をつくして探したがどこにもいなかった。警察にも連絡したが迷い犬などの情報はなく、そのまま深夜になってしまった。池田はわずかな望みを託して、訓練のために預けていた成犬の雌を連れ帰ってきた。

「お願いだから、あのチビを探し出してちょうだい」

池田の声を聞く間もなく、その犬は庭の裏手にある薪置き場にむかって走り、その前で吠えはじめた。子犬は積み重なっている薪の間に入りこんで、そのまま出られなくなっていた。

子犬は幸い怪我もなく無事だった。池田はほっとすると同時に、米吉と犬のあいだにある「何か」を感じないではいられなかった。

4

七十代になっても、米吉の執筆に対する情熱は衰えることはなかった。だが同時に、自分の今後の人生が「老いとの競争」であることを意識しないではいられなかった。

ある朝、米吉は洗面所で顔を洗いながら、佐與子にふと漏らした。

「これまで勉強を続けてきて、今こんなに充実している。それでも仕事ができるのは、あと十年くらいか。もったいないことだなあ」

『犬を飼う知恵』の完成からまもなく、米吉は次回作の執筆をスタートさせていた。いよいよ戦前から始めた研究生活のすべてをまとめる時がきたのだ。

犬という動物が何を感じ、何を考え、どのような時にどのような行動をとるのか。子どもの頃から抱き続けてきた米吉の数々の疑問に、答えを提供してくれたのは生命の誕生から終焉までを米吉の前にさらけだしてくれた数十頭の犬たちだった。米吉は、こうした経験と観察記録に、国内外の資料をあわせることによって、犬の内面を徹底的に紹介する本を書こうとしていた。

これは、およそ四十三年の間に、私の身辺にいた六十余頭の犬たちの残していった生命の記録である。私はただ彼らと生活をともにしながら、その行動を忠実に観察しつづけただけで、主役はあくまで、彼ら犬たちなのである。

(『犬の行動と心理』まえがき)

「主役は犬」と断言する米吉の胸にあったものは何だったのか。おそらくは、今まで生活をともにしてきた犬たちの生命のすべてに応えたい、応えなければならないという使命感だったのではないだろうか。

原稿では章のテーマに応じて、愛犬たちが遺した興味深いエピソードをふんだんに盛り込んだ。書斎机の横に置いた椅子で、食事をする座敷で、風呂場やトイレのドアの前で、西日のあたる庭で、近所の散歩道で、そして銀座へ向かうハイヤーのシートで――。米吉が思いをめぐらせるだけで、彼らと過ごした日々がリアルによみがえった。

最初にあらわれたのはチムだった。

銀座に出かけようとハイヤーに乗りこもうとしている。シートを嗅いだチムが急に唸りだした。きっとほかの犬の臭いを感じたのだろうと、米吉が運転手に訊くと「十日ほど前に犬を乗せた」と言って驚かれた。

このエピソードは「犬の嗅覚の威力」の章に挿入した。

「犬の社会・夫婦」の章では、プッペも登場した。

チムが出かけてしまうと、プッペは門によりかかったままの姿勢で何時間も待ち続けた。チムは自分が駆けだそうとする時は、かならずプッペの方をふり返る。するとプッペも飛び起きて、チムと歩調を揃えて歩きだす。西日に照らされた相思相愛の二頭の姿を思い出すと、米吉は微笑まずにはいられなかった。

その二頭から生まれた犬たちも、各々に興味深いエピソードを遺してくれた。
米吉の愛情を独占したいがために、雌のエイコは大胆にも、実父のチムに反撃した。

初めのうち、チムはこの向こう見ずの突然の猛撃者に驚いて立ちどまり、たしなめるような激しい一咬みでしりぞけていたが、エイコの妨害は執拗をきわめていて、逃げてはまた向かい、叱られてはまた逃げるというふうで、容易に彼（チム）を私のところに近づけない。しまいには、チムの方で、とうとうエイコを敬遠するようになってしまった。

（『犬の行動と心理』第二章「犬の社会・家長と順位」）

父娘の争いはしばらく続いた。米吉をもっとも驚かせたのは、二頭の間にギンコが割って入ったことだった。ギンコはエイコとともに生まれた雌で、兄弟姉妹のなかでもっとも発育がよく、子犬の頃に喧嘩があれば、かならず片方はギンコといわれるほど勝気な犬だった。
そんな姐御気質のギンコは、実父に反逆するエイコをいつまでも見過ごしておくことができなかった。

彼女は最初、父にむかって唸り声を立てているエイコを、驚いたように瞳を輝かせて見つめていたが、急に何かの衝動でもあったように猛烈な勢いで、エイコに躍りかかっていった。喧嘩となればエイコはひとたまりもない。たちまち、尾を巻きこんで仰臥し、無抵抗の状態となってしまった。しかし、ギンコは簡単にはエイコを許さず、咬むことはやめても、なお用心深く唸りながら周りを回っていて、少しでも立ち止まりそうにすればすぐまた飛びかかる気勢である。

(『犬の行動と心理』第二章「犬の社会・家長と順位」)

ギンコの働きによって、再び犬の一家に平和がもどった。これはギンコとエイコが雌どうしで、もともとギンコの順位が上だったから成り立ったことだった。二頭の雌にはほかに六頭の兄弟姉妹がいたが、米吉の観察によると彼女たちより順位が下の雌や雄犬たちは、これらの争いについては常に蚊帳の外だった。

そんな勇ましいギンコも、実父のチムの亡骸の前ではただ立ちすくむばかりだった。チムはわずか四歳四か月でフィラリアにより急死した。米吉は、愛犬のあまりに短い生涯を嘆いた。

それからしばらくしてギンコが、七頭の子犬を産んだ。

そのなかの一頭の雌がゲラートだった。ゲラートは子犬の頃からほかの兄弟と遊ぶことよりも、米吉に激しい愛情をぶつけることに熱中する犬だった。庭に面したガラス戸を激しく引っ掻き、家中をガタガタいわせる音に重なるゲラートのヒンヒンという甘えた声は、今も米吉の耳に残っている。

チムの血をより濃いものにして遺したい。米吉がそう願うようになったのは、過剰ともいえる愛情表現をくりかえすゲラートの存在なくしてあり得なかった。近親交配、ホルモン剤の使用、突然始まった出産――。異例ずくめの状況のなかで生まれたイリスは、米吉がこれまでに飼ったどの犬よりも、美しく、賢く、忠実で、激しく、危険で、心身ともに繊細だった。

イリスは「犬社会の順位の常識」をいとも簡単にくつがえし、生後四か月で白日荘のすべての犬たちを制圧して、米吉を驚愕させた。家族には危険な存在だったが、米吉だけには絶対的な忠誠心を見せた。大変なことも多かったが、心も体もガラスのように鋭く繊細で、実に可愛い犬だった。

その子どものキングは、苦しい戦中戦後を一緒に乗り越えた犬だ。栃木や山形での疎開生活も一緒だった。体調不良でふさぎがちな日々、多くの歌を詠む気力がわいたのはキングのおかげだった。

チッケは、キングの死後、由伎子が笹塚の繁殖家のところで見つけてきた犬だ。集中力と好奇心の旺盛さでは、今まで飼った犬のなかで群を抜いていた。かつて犬たちに映画やテレビを見せて、その様子を観察したことがあったが、ほとんどが最初だけ興味を示すか無関心だった。しかし、チッケだけは例外で、野生動物が出てくる番組のほかに、スポーツ番組にも興味を示した。米吉は第六章「犬は肖像がわかるか」のなかで、昭和三十五年六月にテレビで日本対ルーマニアのハンドボールの試合が放映されたとき、米吉の横で熱心に見入っていたチッケのことを紹介した。

この本は『犬の行動と心理』というタイトルで昭和五十一年に刊行された。米吉は本書の冒頭でつぎのように書いている。

私は彼らに日常の作法以上のことを、特に仕付けることをしなかった。できるだけ自然の習性を保ち、本能のまま喜怒を表現するに任せた。そして、子犬も同様に、その成長を見守りながら、私たちとの共同生活に順応することを、みずから悟るにまかせた。

彼らは夫婦、親子、兄弟姉妹それぞれの位置において、ほしいままに愛し、また争い、自然の様相を私の眼前に惜しみなく、くりひろげたのである。

私と犬たちの間には、特に実験と名づけるような試みは何もなく、すべてが、自然な平生のいとなみのなかから生まれ出たのである。

『犬の行動と心理』は、ともに暮らした犬たちが遺した記録をふんだんに盛り込んだ内容で、米吉の四十三年に及ぶ研究生活の集大成といえるものだった。

ちなみに、この本には原型にあたるものがあった。書かれたのは、米吉が自由が丘に転居してからまもなくの昭和七年のことで、「子供のための犬の話」というタイトルだった。これをある雑誌で連載したところ、徳富蘇峰の目にとまり「これは、子どものためどころか《人類のための犬の話》である」と評されたのだ。

徳富蘇峰は明治・大正・昭和を代表する言論人だ。明治二十年に創刊した『国民之友』は政治・経済・外交のほか文学方面にも力を入れ、森鷗外による訳詩集『於母影』や幸田露伴の『一口剣』などの作品を掲載。その後に立ち上げた『国民新聞』では、弟の徳冨蘆花の『不如帰』をヒットさせた。

明治二十九年からは、一年二か月かけて欧米の新聞事業を視察している。イギリスでは『タイムズ』『デイリー・ニューズ』の編集部を訪ね、ロシアではトルストイと面会した。帰国後はさらにジャーナリズム分野で活躍した。大正七年の五十五歳から

『近世日本国民史』を書き始め、戦後、昭和二十七年までにシリーズの百巻を完成させた。また昭和十七年には「日本文学報国会」「大日本言論報国会」の会長に就任している。

当時、文学や言論の分野で大きな影響力を持つ徳富蘇峰からの激賞は、生涯を犬科動物研究にかけようと決意してまもなくの米吉にとって大きな励みになったはずだ。それだけに中途半端なものは書けないという思いもあったのだろう。結局、完成まではずいぶんと長い年月がかかった。だがそのおかげで、米吉にしか知り得ない事実をふんだんに盛り込んだものが完成した。『犬の行動と心理』は、犬と生活するうえで、どのように犬を理解したらいいのかがわかる本として愛犬家の必読書になった。平成元年までに二十三版を重ね、平成三年には新装版として復刻された。

5

米吉の体調に変化が出始めたのは、『犬の行動と心理』が出版された翌年頃のことだった。調子の良いときは、机にむかっていてもほとんど疲れを感じることはなく、一日のスケジュールも若い頃とほとんど変わらなかった。朝食が済むと書斎に入り昼すぎまで執筆、近所を散歩して昼食、軽く昼寝をしてから夕方までまた机に向かう。五時すぎ頃になると、もう一度散歩に出かける。夕食後も資料を調べるなど、精力的に研究を続けていた。

しかし、ふとした拍子に脈拍が乱れ、激しい動悸に襲われることがあった。最初はドクッとつきあげるような衝撃があり、心臓が走り出したかと思うような鼓動が全身に響き渡たり、息が切れ、胸全体が圧迫された。最初は心臓疾患を疑い何度か精密検査を受けたが、機能的な異常はまったく見当たらなかった。

不調の原因が心臓神経症だとわかったのは、それからしばらくのことだった。この病気は神経質なタイプの人間に多く、過労やストレスが主な原因といわれている。もっとも効果的な治療法は、ストレスの原因から距離を置きリラックスすることだ。しかし、もともと神経過敏な米吉にはそれが一番難しい。とはいえ現実は受け入れなければならない。

『動物文学』は戦後から今まで季刊発行を続けてきたが、無理を感じるようになったのは創刊四十周年を迎え、第二百号を発行した昭和四十九年頃からだ。『犬の行動と心理』の執筆のかたわらでなんとか続けてきたが、心臓神経症を患ってからはかなり厳しくなっていた。

そもそも発病の原因といわれる精神的な疲労は、三か月ごとに締め切りがくる雑誌の編集・発行の仕事と直結していた。最新号を出してようやく著書の執筆にとりかかっても、一か月程度でつぎの発行準備を始めなければならない。こうして執筆の仕事が中断され、そして編集作業は自分で原稿を書くより手間がかかる作業だ。読者からの問い合わせに答えるため、調べ物にもかなりの時間がかかる。

ああ、どうしてこんな大変なことをしているのだろう……！　そんな愚痴をいいながらも、米吉は雑誌発行の魅力に長年とりつかれてきた。だが決断の時は近づいていた。

昭和五十三年、『動物文学』の歴史は創刊から四十五年を経て終刊となり、その後は不定期に会報の発行をすることになった。物理的な負担は減らしたが、米吉は大きな敗北感を味わった。

「やはり、シートンを超えるものを生み出すことはできなかった」

その頃、米吉は由伎子によくこう語っていたという。

既存のジャンルにとらわれない、新しいものを世に送り出そう。そう思い続けてきた米吉は、この時すでに八十歳を迎えていた。残された時間は、あとどのくらいあるのか。その思いは、七十代の頃よりも、さらに胸に重くのしかかった。

自分が追い続けてきた「動物文学」とは何だったのか。科学と文学の融合を果たし、さらに心に響く読み物とは何なのか。日本でしか生まれない動物を扱った文学を生み出すことは、それほど難しいことだったのか。そもそも、シートンを超えることを目標にしたことが、間違っていたのだろうか……。

このとき米吉にできることは、ひとつしかなかった。それは米吉にしか書けない「動物文学」を遺すことだ。もはやシートンを超える、超えないといった、既存の価値観にこだわっている場合ではなかった。

米吉にとって、もっとも自分らしいもの。やはり、それは犬だ。米吉は犬をテーマにしていながら、書籍にまとめていないものがあることに気がついた。

若い頃から短歌をつくり続けていた米吉が、犬のことを初めて詠んだのは、大正十二年の関東大震災発生のときだった。

樹のかげの井戸の真水を手にすくひ、犬にのましめぬ、余震のなかに

大惨事のさなかに犬のことを歌に詠むなど、やはり少し異常なのかもしれない。さ

すがの米吉も自分のことをそう思った。しかし、白日荘に転居して多くの犬と生活するようになると、さらに犬に夢中になり、米吉はなかば意識的に犬の歌をつくり続けた。それらの膨大な数の作品に目を通してみて、米吉はあらためて気がついた。

今まで詠んだ多くの歌は、犬たちの生涯の記録なのだ。そこには愛情という情緒的なものと、体験や観察の記録という科学的なものが融合して、短歌という様式で表現されていた。

これこそ、米吉が追求し続けていた「動物文学」のひとつのかたちだった。

昭和五十七年、米吉の初めての歌集が出版された。表題は『犬の歌』にした。

歌集をまとめるときに米吉の胸に迫ったのは、多くの犬と生きることは、多くの犬の死と対面しなければならないという過酷な体験だった。

その心情をまえがきでこのように書いている。

犬の一生は短い。四〜五年で、早くも二、三代を経過し、十年あまりで一生を終わる。したがって、私は犬とともに暮らした約四十年の間に、自ら産ませ、育てた七十余頭の犬の最期を自ら看取らなければならぬという過酷な宿命を背負わされてしまったのである。

口の色褪せしわが犬、わが頬の涙をなめて尾を振りしはや（第三章・キング逝く）

この痛ましさに堪えなければならないのである。

こうして、ここに収めた犬の歌は、彼らの生涯の生活の記録であるとともに、しぜん、その鎮魂の賦となったのもやむを得ない。（中略）

犬に対する私の心情をもっとも率直に歌い、事実上、本集の中心をなすものは、第四章の老犬の章であることを、ここにおことわりしておく。

この本のもうひとつの特徴は、多くの写真が掲載されている点だった。写真につける文章は、歌に登場する犬を紹介するだけでなく、成長過程や飼育状況、行動心理などにもふれていた。短歌とともに生態描写をする、米吉の視点を活かした構成だ。作品は年代別に収録され、そこからは米吉と歴代の犬たちとの生活が自然と浮かびあがってきた。

序歌五首では、転居してまもない白日荘での若い犬たちの様子と米吉の心情が描かれた。

夜深く、ほがらかに起こる犬の声ひとり湯にゐて聞けばたのしも
まぼしげに出で来し子犬、土くさし、声たてて大きあくびするかも

しかし、犬の一生は短い。昭和十五年頃には、犬たちの死を悼む歌が詠まれた。

今は亡き犬の爪あとおびただし、この床板は張り替へがたし
犬どちの頤のせて寝る縁、擦り剝けたるも憎からなくに

これはチムを看取って数年たったときのものだ。屋内で過ごすことの多かったチムは、書斎や廊下などに多くの思い出を遺していた。

チムの血をより濃いものにしたい。その願いによって生まれたイリスのことを詠んだ歌も多い。米吉はイリスの健康状態が心配でしかたがなかった。

心臓の弱きわが犬遊ばすと心ひきしめ芝生に放つ
わが抱く不安は知らずひた走る犬の姿に涙さそはる
今朝つひに心臓発作おこしたるわが犬を抱き声をのみたり

そのイリスが逝ったのは昭和十七年の夏のことだ。米吉は季節がめぐってもイリスへの想いをたびたび綴った。

イリスなき庭に今咲く桃、桜、真昼開けつつ凪のあかるさ
イリスなき壱年《ひととせ》は経ぬ、今年また紫陽花は咲くこれの山路に
馳せすぐとイリスの触れし木犀は今はにほへどいや年さかる

戦後になり、キングが逝くと米吉は一時抜け殻のようになった。喪失感があまりに大きく、自分でもどうすればいいのかわからなくなるほど気持ちが塞いでしまった。その生活を一変させたのはチッケだった。再び白日荘に若い命がやってきた。犬は生後三か月くらいから基本的な躾を始めるが、戦前から遠ざかっていたこうしたことも米吉にとっては嬉しい体験だった。

犬ごとにわれの教えし、坐れ、臥せ、この若い犬にまた教へゐる

チッケはこの数年後、数頭の子犬を産み、米吉の身辺はさらににぎやかになった。

マリ投げて遊べとさそふ若犬の眼の輝きはさやけかりけり

若い犬と接することで、米吉の好奇心や探究心はさらに刺激された。見慣れた犬の歯を見ているだけで、新たな仮説が浮上してくる。独特な行動を見せる犬もあらわれた。

上顎に大きな門歯の残れるは齧歯類《げっしるい》とも縁《えにし》をもつか
犬にして奇《く》しくも笑ふ若犬の姿うつすと人日毎《ひごと》来る

米吉が「犬の笑顔」について詳しく調べることができたのは、リリのおかげだった。リリは新聞に紹介され、愛犬家やマスコミなどから多くの注目をあびた。しかし、毎日のように来訪者が続くと、いくら社交的なリリでも常に上機嫌というわけにはいかなかった。

めづらしき犬の笑ひと訪ふ人に毛並み逆立て怒るわが犬

それでも人気は衰えず、一時は芸能界入りの話も浮上した。いつまでも続く騒ぎには、リリもうんざりしていたようだ。

映画会社来たりて専属になれといふ、リリは昼寝の後姿《うしろで》のまま

こうして米吉の毎日に活気と笑い、多くの発見のチャンスを与えてくれた犬たちも六、七年でこの世を去っていった。米吉は一刻も早いフィラリアの完全撲滅を願うのだが、しかし戦前から始まった研究の道のりは、想像していたものよりはるかに長く険しかった。この当時は、無知無責任な飼い主のせいで町なかをさまよう犬も多かった。そうした犬たちの未来にあるのは、病気や虐待、そして死だった。不幸な犬が少しでも減るように社会に働きかけたい。そう思い続けてきた米吉だったが、現状を見るとあらためて自分の存在の小ささに気づくのだ。

うつし世の犬の苦難を身に負ひて開かむとするわが道遠し
数多き犬に慕はれ頼られてなしやりしことの何ぞ少なき

米吉にとっての最後の犬はチッケだった。完璧な健康管理と室内飼いによって、チッケはフィラリアの感染もなく元気に過ごしていた。しかし、十四歳を過ぎる頃から、しだいに衰えが見えてきた。米吉は愛する老犬の姿に、自分自身にしのびよる老いを重ねあわせた。これが、米吉がまえがきで「本書の中心」という第四章だ。

老犬にフィラリア寄生せずといふこの幸いを祝《ほ》がざらめやも
やがて死ぬる生命をもちて犬とわれ相寄りおくる日々のかなしさ

前代未聞の自宅での手術がおこなわれたのは、チッケが十五歳の時だった。手術前後の危ない時期を経て一度は回復に向かうが、やがて足腰が弱り、認知症の症状があらわれてきた。

手術台にのぼすわが犬の眼の光、ふたたびわれを見ることありや
われと犬、あい寄り生くる安けさと素直にあらむ日だまりにゐて
をさなくてわが手に抱きしおもかげのなほ消えずあり老いの寝顔に
階段をきらふわが犬老い深し、抱きておろす庭の日向に

眼に見えぬ同族の霊《たま》を呼ぶごとし老いて夜毎《よごと》に遠吠えゆる犬
床に落ちてみづから立ちえぬ遠吠えはSOSにひとしき如し

いよいよチッケの最期の時が近づいていた。米吉はチッケに残されたわずかな時を思うと、多くの歌を詠まずにはいられなかった。

この部屋に犬とくらして年を経ぬ残る縁《えにし》のいくばくなるや
うしろむき背中まるめてひとり寝る老の姿に涙わきくる
臨終《いまは》なる犬をみとりて悲しみのわきいたらざる驚きに遇ふ
老病みに痩せし遺骸《むくろ》よ寒からむと沓下《くつした》はかせ行かしめにけり

『犬の歌』は、犬たちとの生活のなかから生まれた四百余首の歌がおさめられ、多くの愛犬家のあいだで話題になった。
さらにその後、このうちの一首が、朝日新聞の連載コラム『折々のうた』(大岡信著)に収録された。

犬は犬、我は我にて果つべきを命触りつつ睦ぶかなしさ

ここには、犬と生きた米吉の人生への想いのすべてが込められていた。

6

書斎の窓を開けると、濃厚な植物の匂いとともに蒸し暑い空気が室内に流れ込んできた。庭にそびえるコブシから降ってくるセミの声は、すでに何十唱なのかわからないほどだ。

昭和六十年、この年の夏は例年よりも暑い日が続いた。梅雨明けとともに強い日差しが毎日のように容赦なく照りつけ、夕立もほとんどなく、八月のなかばからもう十日以上も雨が降っていなかった。誰もがうんざりした顔で、挨拶がわりに「暑い、暑い」と口にした。

そんな猛暑のなかでも、元気なのが由伎子だった。子どもの頃から暑さには強かったが、歳を経るごとにその傾向は強くなっていた。炎天下でも日傘をささずに、陽炎

が立ち昇っているような道を平気で歩いた。

その体質は父・米吉から受け継いでいた。

米吉は、寒さに弱く、少し気温が下がったとたんに気管支の調子がおかしくなる体質で、真夏でも胸あてや足袋が手放せなかった。だが暑さには強かった。戦時中に疎開した山形で少しずつ体力を取り戻すことができたのは、猛烈な暑さのおかげだった。白日荘に住み始めた頃から日課にしている昼の散歩も、どんなに暑くても続けていて「炎天下を散歩するなんてどうかしている」と、近所の人に呆れられていた。

しかし、その年の夏は、いつもと様子が違っていた。米吉は、疲れた顔で仕事机によりかかり、足を投げ出していることが何度もあった。夕食後、テレビの前で眠ってしまうようなこともあった。戦後、体力が回復してからは疲れ知らずで、仕事に没頭し続けていた時には絶対にないことだった。

由伎子は、父の体力の衰えをはっきりと感じていた。何年も前から健康診断を勧めていたが、米吉は拒み続けていた。かつて病院の検査をきっかけに体調を崩し、回復に一か月近くもかかったことがあったからだ。

その年の正月頃から、米吉には佐與子にむかって繰り返し口にする言葉があった。

「今年の十二月四日、私は米寿になる。その翌日は、おまえとの結婚六十周年だ」

それは、米吉自身のひとつの目標のようにも聞こえた。せめてこの日までは、何事もなく過ごしたい……。その思いは、佐與子も由伎子も同じだった。

このとき米吉は、新しい企画の準備をすすめていた。

『動物文学』の発行を始めた当時から米吉は、少年時代のことを書いた随筆をいくつか発表していた。竹問屋を営み、鯉や将棋をこよなく愛した父親。狼に興味を持つきっかけとなった『椿説弓張月』を語り聞かせ、連珠を教えた乳母の廣瀬。栃木の山から切り出され、二〜三日かけて川を下って運ばれてくる竹の思い出。大正の初期に熱海から乗った軽便鉄道の様子や、赤城の山で牛の大群にとりかこまれたこと——。

それは自分の生涯を自叙伝としてまとめた本の企画だった。

米吉はそれぞれのエピソードを思い出しながら、写真選びも始めていた。

こうした作業に追われるうち十二月になり、米吉は四日に米寿を、翌五日に結婚六十周年を迎えた。祝い膳は家族で囲んだ。佐與子は昔から米吉が好きだった赤飯と白味噌の汁物を作った。由伎子は鯛を焼いた。ささやかだが、米吉にはなにより嬉しい時間だった。

米寿の祝いが過ぎると、米吉はいつものように研究と執筆を続けた。朝食が終わると昼すぎまで書斎で机に向かい、少し疲れると近所に散歩に出る。帰宅して昼食をとり、少しだけ昼寝をする。午後はまた書斎で執筆や調べ物などに没頭する。

十二月なかば、この日も米吉はいつものように夕方まで仕事をしてから散歩に出かけた。一年で一番日が短いこの時期、外はすっかり暗くなっていた。東京は夕刻から急激に冷え込んだ。

「北風が、しみるように寒かったよ」

散歩から戻ってそう漏らした米吉は、その夜から発熱した。

病状は少し回復してはまた高熱が出る、のくりかえしだった。「病院は嫌いだ」という米吉の意思を尊重して、翌年二月まで自宅療養を続けていたが、回復の兆しはいっこうに見えてなかった。「入院したほうがいい」と主治医にいわれたが、本人も家族も決心がつかなかった。

米吉は心身ともに神経質で、あらゆることに過剰に反応してしまう体質と気質の持ち主だった。市販の薬は通常の六分の一程度が適量の目安で、なかにはそれ以下の分量でも効きすぎて体調がおかしくなることもあった。病院で治療する場合に、そんな極端で過敏な体質を理解してくれる医者がいるのだろうかと考えるだけで不安になった。

米吉は日に日に衰えていったが、それでも「嫌だ」の一点張りのままだった。

決断をしたのは佐與子だった。

米吉の寝ている部屋から戻ってきた佐與子は、由伎子に言った。

「明日、病院にいくわ。パパが何と言おうと連れていくわ」

物静かで、控えめな佐與子は、常に米吉の後について生きてきた。誰かに意見することはなく、怖がりで、何かがおこるたびに狼狽えて、泣き出してしまうことも少なくなかった。米吉はいつも呆れて「弱虫で、泣き虫のわからんちん」とからかった。

そんな佐與子が今、大きな決断をしたのだ。

このタイミングを逃したら、取り返しがつかないことになるかもしれない。夫を助けるためには、迷っている暇はないのだ。それは佐與子にとって、平岩家に嫁ぐと決心した時以来の大きな決断だった。

この選択が正しいのかどうかは、まったくわからなかった。自分が決めたことによって、米吉はどうなるのか。もしかしたら、今よりもっと恐ろしいことがおこるかもしれない……。

その夜、佐與子は一晩中、泣きあかした。

エピローグ

入院生活は米吉にとって、そして佐與子と由伎子にとっても辛いものだった。それは米吉の独特な体質や気質をなかなか理解してもらえないこと、治療に関する疑問や不安、看護関係者とのコミュニケーションの難しさなど、複数の問題が次々と押し寄せてくる日々だった。

米吉の病状は安定しなかった。父の様子に由伎子は、毎日叫びだしたい気持ちですごしていたが、唯一の救いは親子で話す時間を持てたことだった。入院生活のなかで米吉は、超朝型のサイクルが定着して午前二時には目を覚ました。それから夜明けまで、由伎子を相手にこれまでにあったいろいろな出来事を話して聞かせた。

由伎子が以前から詳しく知りたいと思っていたのは、父の亀戸での子ども時代のことだった。米吉の記憶は驚くほど鮮明で、少年時代に見たことや経験したこと、感じたこと、考えていたことをさしたる苦労もなく語った。

病室によみがえったのは、特殊な家庭環境で大人にならざるを得なかった半面、従来からの強い好奇心と探究心によって好きなものを見つけ出すエネルギーにあふれた少年の姿だった。由伎子は、その話をそっと録音した。
由伎子は、このときのことを『狼と生きて　父・平岩米吉の思い出』でつぎのように書いている。

私は生まれてからずっと父のそばにいて、父親っ子の娘でした。しかし、それでもふだんはお互いに意地をはったり、つっぱったりして、わかっていてもみとめない部分がありました。それが父の看病に付いていた日々を通して、私は父と生きものの命が触れ合うことのできる極限まで、心と心の触れ合いをもつことができたと思っています。それはたぶん、私たちが生きている間はもつことができないと思っていた虚心なありのままをみとめあった、あたたかい生命の触れ合いでした。

同書にはさらに父・米吉が最期を迎えるまでの日々が、由伎子自身の心情を交えながら描かれている。入院当初はどうなるかわからなかった病状も、春が近づくにしたがって回復にむかっていった。米吉はやがてベッドから起き上がれるようになり、さらにリハビリを経て、階段を昇り降りできるほど回復した。退院が決まると、米吉は嬉しくてたまらない様子だったという。

米吉には若い頃、山歩きの途中で眼鏡が木の枝に飛ばされたと思いこみ、まわりが見えなくなる経験をしている。それは主に自己暗示によるもので、その力があまりに大きいため精神的に辛いことも多かったが、入院生活のなかではプラスに働くこともあった。痛みや苦痛に対して「逃れたい」「治りたい」と心の底から思うと、本当に苦しみから解放されてしまうのだ。不安定な症状に家族が心配するなかで、突然「あ、治った」と言うことさえあった。

五月の末、米吉はようやく自宅に戻ることができた。それは自己暗示ではなく、九十歳近い年齢からは考えられない体力による奇跡的な回復だった。だが退院前にリハビリ室で流行っていた風邪にかかり、それが看病で疲れていた佐與子にもうつってしまった。米吉の主治医は、万が一違う種類の風邪だと危険だという理由で、寝込んでいる佐與子との接触を禁じた。そのことを知った米吉は、自室の布団のなかで高熱と激しい咳に悩まされながら、佐與子の病状を心配した。

そのときのことについて、由伎子はつぎのように語っている。

「父は、自分の看病で疲れた母のことをとても気にしていました。身体の調子が少し落ち着いてくると、風邪をうつしたことをママに謝りたい、と言うほどでした。明治生まれで昔気質の父の口からそうした言葉を聞いたら、きっと母は泣きだしてしまったでしょう。私がそう言うと父は、それなら雪見障子のガラス越しにならいいだろう、と母を見舞いに行ったのです。眠っている母を見つめる父の少し弱々しい横顔は、無心な赤ん坊のように見えました」

完全に体力が回復していない状態でも、米吉は今後の計画について語った。自叙伝のほかには、狸についての本もまとめたい。犬に関しては、まだ使っていない資料がたくさんある。それをもとにした『随想――犬の周辺』の執筆にも早くとりかかりたい。

「でもそうなると、佐與子と由伎子にはあいかわらず大変な思いをさせてしまうな……」

そんなことを布団の上で話すことも少なくなかった。

だが米吉が再び、書斎の机に向かうことはなかった。退院から二十二日目の夜、米吉は肝炎で再入院した。感染原因は、はじめの入院時におこなった輸血だった。

米吉が再び入院してから七日目。由伎子にとって、この日の父との会話は生涯忘れることができないものになった。

その日の正午前、前夜から付き添っていた母と交代した私は小康状態を保っているとはいえ、すでに血圧が不安定な父の傍らで、叫びだしたいほどの心細さにじっと耐えていました。そして十二時半を少し回ったころ、それまでトロトロと眠っていた父がふっと目を覚まして、「ちょっとぉ」と少し甘えた声で私を呼んだのです。(中略)「私はどうして一生、狼の研究をするようになったのかな」といいます。私が「廣瀬でしょ」というと「ああ、そうだった」と満足して、それから本当に目を覚まし遠い昔のことを少しずつ思い出すように幼い日のこと、母親にかわって父を大切に守り育ててくれた乳母、廣瀬のことなどを話し出しました。

(『狼と生きて　父・平岩米吉の思い出』)

このとき米吉は、あらためて自分の原点を振り返っていたのかもしれない。父親が囲碁や将棋のような勝負ごとの才能に恵まれていたこと、母親が動物好きで、さらに独特の激しい気性を受け継いだことなどをベッドの傍らに座る由伎子に楽しげに語った。

「そのとき父は、両親からの影響について考えながらも、自分の生涯を決定づけたのは廣瀬みさだ、と語っていました。さらに、世の中にはやりたいと思ってもなかなかできない人が多いなか、自分は一生好きな勉強ができて本当に幸せだったとも言っていました」

由伎子が回想するこれらの言葉は、米吉の生涯で最後のものになった。

話を終えてしばらくすると、米吉は深い眠りに引き込まれるように目を閉じた。病院の隣のビジネスホテルで休んでいたところを呼び出され、病室に駆けつけた佐與子は、米吉の意識を追うように耳もとで叫んだ。

「パパ、長いあいだ幸せにすごさせてくれて、ありがとう！」

ベッドのわきにあるモニターの波形が平坦になったのは、この翌日の六月二十七日、朝五時十六分だった。米吉は満八十八歳と六か月の生涯を終えた。

葬儀にあたるものはいっさいやらない、というのが米吉の希望だった。佐與子と由伎子、弟の阿佐夫《あさお》だけで米吉を送った。若い頃から身なりにあまり気を使わず、虚礼を嫌う米吉にふさわしい最期だった。

米吉がこの世を去った後、由伎子のもとにひとつの紙入れが遺された。葬儀のとき、米吉の側に入れるために、ペンや眼鏡など生前愛用しているものが選ばれた。その時、佐與子はこの紙入れもそのひとつにしようとしたが、由伎子の希望で遺されることになった。それは、かつて米吉が電車のなかでスリに盗られたもののかわりに、由伎子が選んだ紙入れだった。

犬とはどんな動物なのか。そのすべてを知りたい。そうした抑えきれない好奇心から、米吉が連珠の実戦から離れたのは三十一歳の時だった。それから家族を巻き込んで研究と執筆、出版活動にエネルギーを費やし続けて五十余年。

多くの犬たちを心から愛し、多くの犬たちに深く愛された孤高の研究者が、長年愛用した紙入れは、この時も分厚く膨れていた。

中身は数枚の紙幣。

それと、丁寧に半紙に包まれた大量の犬の毛だった。

あとがき

平岩米吉という人物について知ったのは、六〜七年ほど前のことだったと思う。

個人的に犬が好きで、仕事のうえでもチャンスがあると書籍や雑誌で犬をテーマにした文章を書いていたことから、常に参考になりそうな本はないかと探していた。そんな時、立ち寄った書店で目にとまったのが『犬の行動と心理』だった。

書店のペット関連書籍のコーナーに行ったことがある方や、そういった本を手にとったことがある方ならおわかりだと思うが、今どきの愛犬を扱った本というのは、とても華やかだ。愛犬雑誌をはじめ、飼育法やしつけ法を解説した本のほとんどはオールカラーで、文章中心の書籍でも表紙にはインパクトのある写真や愛らしいイラストが使われる。

そういったなかで、落ち着いた黄色の地にシェパードのモノクロ写真という装丁の『犬の行動と心理』は〝いかにも古典〟というムードを漂わせていた。しかし、読み進むうちに当初のイメージはあっというまに吹き飛んでしまった。そこには、飼い主として絶対に知っておいたほうが良い習性から、愛犬の行動を見て普段からなんとなく疑問に思っていることまで、犬についてのすべてが書かれていたのだ。それまで犬に関する本は何冊も読んでいたが、どれも消化不良にも似た読後感に陥ることが多かった。どんなに評判の良い本でも「本当に知りたいのは、もっとほかのことなのに」という思いが残るのだ。

しかし、平岩米吉の著書には、これまで私が読んだどんな本もカバーしていない事柄が数多く書かれていた。優秀な嗅覚があるがゆえの不便さ、注射器の区別までする鋭い観察力、犬の時間感覚、犬の社会の順位成立について、所有物の隠し場所、犬にわかる人の言葉、犬は音楽がわかるのか、犬に肖像はわかるのか、犬は嘘をつくのか、誤られやすい犬の心理について――。読む人によっては「こんなことまで真面目に論じるのか?」と疑問に思う内容なのかもしれないが、「こんなこと」まで知りたいのが本当の犬好きだ。長年の疑問が解けて深くうなづいたり、自分が想像していた通りだった! と喜んだりしながら、最後まで夢中でページをめくった。

その後すぐに、ほかの著作も取り寄せて読んだ。それから平岩米吉が私にとって犬関連の研究者のなかでもっとも尊敬する人物になるまで、さほど時間はかからなかった。自分が良いと思うものは、人にもすすめたくなる。犬を飼っている人に何か良い本はないかと聞かれるたびに、平岩米吉の名前を口にした。

日本では、ここ十数年で犬を飼う人が加速的に増えているだけでなく、人間と犬との距離もより近くなっている。犬に関して良質な情報が求められているなかで、平岩米吉という人物と著書が、少しでも多くの人に知られる機会をつくることができればという思いが、この本を書く原点にあった。

原稿の完成に至るまでには、本当に多くのご協力があった。

もっともお世話になった平岩由伎子氏は、この本の主人公の長女にあたる方だ。幼少の頃から犬科動物研究に没頭する父親の姿を見ながら成長され、平岩米吉という人物にもっとも近い存在といえる。父親の遺志をひきついで現在は「平岩犬科生態研究所」「動物文学会」「純血日本猫保存会」の代表として精力的な活動を続けておられる。そうした多忙のなかで、長時間におよぶ取材に何度となく応じていただき、その言葉の多くを引用させていただいた。さらに多くの貴重な資料のご提供があった。これらのご協力なしに本の完成はとうていあり得なかったことから、どんなに感謝してもしつくせない気持ちでいっぱいである。

さらに平岩由伎子氏には、生前に平岩米吉と親交のあった方々もご紹介いただいた。日本獣医生命科学大学名誉教授の黒川和雄先生には、当時の様子とともにフィラリアのメカニズム、フィラリアの撲滅に至る研究の歴史に関してご指導いただいた。女子栄養大学名誉教授の小原秀雄先生には、主に博物学や動物行動学の発展の経緯などについて教えていただいた。また築地書館初代社長の土井庄一郎氏からは、平岩米吉とのエピソードとともに、戦後の出版ブームの様子など興味深いお話を聞くことができた。

平岩米吉が主幹を務めた雑誌『動物文学』に関係した方々にもご協力をいただいた。詩人のまど・みちお氏には、戦前の台湾在住時代の創作・投稿活動の様子などについてうかがった。

(財)日本野鳥の会・事務局長の飯塚利一氏には、個人所有のものを含め、貴重な資料をご提供いただいた。武蔵工業大学の渡辺明彦先生には、晩年の平岩米吉と面会されたときの様子についてお話しいただいた。

作家の小林清之介氏には、書面での問い合わせに応じていただいた。作家およびエルザ自然保護の会代表の藤原英司氏からは、メールインタビューのご協力があった。

(財)日本連珠社・広報の小俣光夫氏からは団体所有の資料のご提供があり、同団体相談役の坂田吾郎九段には、主に連珠の歴史について教えていただいた。

そのほか多数の方に、問い合わせ、質問などにご対応いただいた。

心からのお礼とともに、本文中にお名前を出させていただいた方には、敬称略のお詫びを申し上げたい。

原稿の完成までには、家族の協力も欠かせなかった。特に夫と愛犬には、何度も励まされた。また、小学館・サピオ編集部の副編集長飯田昌宏氏にも大変お世話になった。本当にありがとうございました。

この本を書いたことによって、平岩米吉を敬愛する気持ちはかつての何倍にもなった。本当にその人生や仕事、人間的魅力を描けたのかどうかということについて考えると不安になるが、それでも今は、ひとりでも多くの方にこの本を手にとっていただければと思っている。

二〇〇五年十二月

片野ゆか

文庫版　あとがき

二〇〇六年に単行本『愛犬王 平岩米吉伝』が発行されてから十八年、そして平岩米吉の存在を初めて知ってから、気づけば二十数年が過ぎていた。

およそ四半世紀を経た今、あらためて確信することがある。それは〝愛犬王〟の名に相応しい人物は、世界レベルでも平岩米吉をおいて他にいないということだ。

平成の前期から現在まで、私は「人と動物との共生」をテーマにノンフィクションやルポを書いてきた。取材先では、多くの飼い主とペット動物、動物の愛護・保護活動に携わる人々、獣医師をはじめ動物行動学や動物福祉の専門家に出会い、数えきれない貴重なエピソードや体験を共有することができた。前例のない挑戦やアイデアを継続させることで、動物の扱いが社会的に大きく変化していく様子を目の当たりにしたり、時にはミラクルとしか呼べない出来事に遭遇したりすることも複数回あった。犬をはじめとする動物の能力や人間の心身に与える影響に驚いたり、希望を得たり、考えさせられたりすることも多かった。

しかし、そのなかにあっても平岩米吉の存在は突出していた。

犬についてのすべてを知りたいという強い欲求と、止まることを知らない好奇心と探究心を原動力に自由が丘の土地に居を構えたのは、一九三〇（昭和五）年のこと。複数の犬をはじめ、朝鮮オオカミや縞ハイエナ、ジャッカル、狐、狸などの多くの犬科動物と一緒に暮らしながら、動物の生態を研究・観察する日々から判明したのは、我々人間が想像する以上に、彼らが知性や感情、豊かな情緒を持つ社会性を備えた生き物だという事実だった。

動物と一緒に生活しながら観察・研究する方法は、『ソロモンの指環』で知られる動物行動学者コンラート・ローレンツのアプローチと同様の手法であり、「刷り込み理論」でノーベル生理学・医学賞を受賞する四十年以上も前だったことは本文にも書いたが、そこからさらに現代へと時間を進めてみると、米吉が世界に先駆けた視点を持っていたことがはっきりとわかる。

通称・犬学＝犬の認知と行動に関する研究が専門分野として認められ、大きく発展したのはここ二十数年のことだ。かつて人と犬のつながりは説話的に扱われたため、長らく科学の研究対象として認められなかった。その流れを大きく変えるきっかけのひとつは、米国の認知科学者ブライアン・ヘアとヴァネッサ・ウッズによる「人が指さす方向や物を注目する能力は、人間と犬にしかない」という発見だった。〝指さしジェスチャーの反応〟は乳幼児が生後九か月から発揮するソーシャルスキルで、親などとの意思疎通や言葉の習得に欠かせない能力だという。だが認知心理学の教室で学ぶ大学三年生だったヘアは、草むらを指さすだけで見失ったボールを探しあてる愛犬の姿を日常的に目にしていた。最初は担当教授に揶揄されたが、兄弟同然に育った愛犬の能力に着目して実験を重ねた結果、「犬は生まれながらにして人間とコミュニケーションを取る能力を持つ唯一の動物」ということが証明されたのだ。ちなみに同様の実験は複数の動物を対象におこなわれたが、DNAの差一・二パーセントで人間にもっとも近い動物といわれるチンパンジーでも、トレーニング無しに人が指さすものに注目する個体はいなかったという。

現在は動物行動学や認知科学、発達心理学などの分野で犬の理解につながる興味深い論文や文献が数多く発表されている。「犬は人間の笑顔と怒った顔を判別する」「穏やかな声と叱責する声では穏やかな声によりよく反応する」など、これまで多くの飼い主が薄々気づいていたこと、さらに犬の洞察力や学習能力が我々の想像以上であることが科学的に証明されるようになったのだ。

犬学は、愛犬家をワクワクさせると同時に、これまで以上に愛犬に愛情を注ぎたくなる情報にも溢れている。麻布大学獣医学部動物応用科学科の菊水健史教授による

「人間の母親と子どもと同様に、信頼関係にある飼い主と愛犬が見つめあうことによって〝幸せホルモン〟と呼ばれるオキシトシンが分泌される」という研究は世界から注目を浴びた。

こうした研究成果の数々は、犬を人間の友と認めると同時に、科学的な視点を失わずに研究対象にすることで成り立っている。世界的に急速な発展を遂げた「犬学」の視点は、米吉の基本姿勢とも重なっていて、それは九十年以上も前すでにこの国に存在していたのだ。

もうひとつ、この四半世紀で大きく変化したことがある。それは我々日本人と犬をはじめとするペット動物たちとの距離が心理的・物理的にとても近くなったことだ。

屋内で飼育される犬が増えることによって、かつて番犬だった日本の犬たちが家族の一員になりはじめたのも二〇〇〇年前後のことだ。人と犬の距離が近くなることで、多くの飼い主がこれまで気づいていなかった犬の魅力や能力、存在感の大きさを認識・共有するようになった。犬が同伴できるカフェやレストラン、ホテルなどの公共施設も増加して、愛犬との外出や旅行はめずらしいものではなくなっている。飼い主の責任のもとで、ペットが社会の一員として扱われるようになったのだ。

ペットの存在が飼い主にとって大きくなったのは、彼らの生涯が長くなったこととも関係している。昭和の時代にわずか三、四歳といわれた犬の平均寿命は、現在では十五歳前後にまで延びている。その理由は主に、屋内飼育が増えて飼育環境が良くなったこと、栄養バランスの取れた市販フードが普及したこと、そしてフィラリア予防薬が浸透したからだ。欧米に存在しなかった風土病ゆえに、ジステンパーなど他の犬の死病にくらべて研究が大幅に遅れていたフィラリアについて、米吉は戦前から撲滅を訴え研究発展に寄与してきた。現代の飼い主が愛犬と十数年の時を重ねられるようになったのは、愛犬王の大きな功績のひとつといえるだろう。

犬猫の飼育数が、十五歳未満の子どもの数を上回ったといわれて久しいが、コロナ禍をきっかけに新たにペットと暮らしはじめた人も多い。動物と一緒に生活することの魅力や楽しさを知る人が増えるのは喜ばしいが、一方でトイレのしつけや無駄吠え、噛みつき、破壊行為などの問題行動に悩む声も増えている。

インターネットなどでは、こうした問題を解決するドッグトレーニングに関する記事をよく見るが、私個人としてはまず犬の生態と彼らが何を求めているのかについて考えることが重要と感じている。人と犬が同じ家のなかで快適に暮らすにはいくつかのルールが必要だが、それを成立させるには犬の欲求をしっかりと満たしてあげることが大前提だ。

犬の問題行動は、実は心身ともにエネルギーが発散されていないことが原因になっているケースが少なくない。解決方法はとてもシンプルで、散歩をたっぷりとすることだ。朝と夕方にしっかりと運動をしている犬は、家のなかでは疲れて寝ていたり、玩具やおやつを穏やかに楽しんだりして過ごす。だが一般社団法人ペットフード協会が二〇二三年に発表した「全国犬猫飼育実態調査」では、一日に二回散歩に行く飼い主は全体の約二十五パーセント、一日一回散歩に行く三・八パーセントを合わせても、毎日散歩をしている飼い主は三割に満たないという結果になっている。体格の大小にかかわらず散歩は犬にとって必須のもので、体を動かすだけでなく、臭いを嗅ぐことが脳への刺激や満足感につながる効果も重視されている。しかし、現代のこの国の犬は圧倒的に散歩が足りていない――犬が家族の一員といわれる一方で、この衝撃的かつ残念な事実について、もし米吉が知ったらどんな言葉を発するのか考えずにはいられない。

米吉の研究生活は、常に愛する犬と共にあった。言葉の理解や感情表現をはじめ、利き手の存在、薬を数える能力、電話や絵画に対する反応など、当時は大の大人が真剣に取り組むべきものなのかと疑問視され、笑われることもあった。しかし、犬への愛情に裏付けられた探究心を貫いた結果、晩年には「日本を代表する犬奇人」と呼ばれるまでになった。奇人という言葉には、やや突飛でネガティブなイメージを抱く人もいるかもしれないが、私は敬意が込められたピッタリのキャッチフレーズだと感じている。単行本『愛犬王 平岩米吉伝』が世に出るきっかけは、第十二回小学館ノンフィクション大賞を受賞したからだが、応募時のタイトルは『昭和犬奇人 平岩米吉』だった。今回の文庫化に際して、サブタイトルに「犬奇人」が復活することになり感慨深く思っている。

最後に「白日荘」と『動物文学』のその後についても書いておきたい。単行本『愛犬王 平岩米吉伝』発行後も、『動物文学』は長女の平岩由伎子氏によって長らく発行が続けられ、私も一読者となり交流させていただいた。「高齢のため廃刊を決断した」とご本人から知らせが届いたのは、二〇一四（平成二十六）年九月のこと。一九三四（昭和九）年の創刊当時は、おかしな名前と揶揄されることもあったが、「動物文学」はやがてひとつの文学ジャンルとなり八十一年を迎えその幕を閉じたのだ。

それまで由伎子氏の手によって守られてきた目黒区自由が丘の「白日荘」は、代わりによって二〇一九年に売却されることになった。遺された膨大な研究資料の行き先について一時は懸念されたが、その多くは日本自然保護協会で保存・管理されることになり、イヌ科・ネコ科動物研究資料は東京農工大学農学部共同獣医学科へ寄贈、文学資料は日本近代文学館で保管されている。口絵に紹介した『動物文学』に掲載された手書き原稿や当時の様子を伝える写真の数々は、多くの専門家によって守られ整理された貴重な資料の一部であり、関係者の方々には心よりお礼申し上げたい。

今回の文庫化では、山と溪谷社の綿ゆりさんにお世話になった。世界的に類を見ない愛すべき「犬奇人」が、この国に存在していた事実をもっと多くの人と共有したい。そう思い続けてきただけに、新たなきっかけを作っていただき感謝している。

本文の改稿にあたっては、かつての自分の力不足や表現が時代にそぐわないと感じるところが少なくなかった。時代背景をわかりやすく説明しながら、ひとつの出版文化を築いた平岩米吉とその家族のユニークなエピソードに彩られた日々、愛らしい犬や狼、多くの動物たちの魅力が伝わる楽しい読み物になることを目指して、加筆修正した。

本書とともに、平岩米吉の著作を手に取るきっかけにつながれば嬉しく思う。

二〇二四年二月

片野ゆか

解説

愛犬家を自負する私が自信を失うほどの愛

村井理子（翻訳家・エッセイスト）

日本国内で飼育されている犬の頭数は七百万を超えるとされる。世の中に「愛犬家」と呼ばれる人たちがそれだけ存在しているという意味であり、私自身もその一人だ。それも、相当な犬好きと自負している。

子どもの頃から何頭もの犬と暮らし、大人になってからは三頭のテリア犬を飼い、今現在はラブラドール・レトリバーを飼っている。七歳の雄で、名前はハリー。艶のある黒い被毛がとても美しい犬だ。体格がよく、体重は五十キロを超えている。筋肉質で、馬のように力が強い。泳ぐことが何より得意で、豪快に水に飛び込んでいく後ろ姿にいつも惚れ惚れしている。

朝起きてすぐにハリーを撫で、夜、寝る直前までハリーを撫でている。尊い。

しかし、犬を飼うということは、決して楽なことではない。運動量が多い犬種を飼えば（例えばラブラドール・レトリバーのような犬を飼ってしまったら）、たとえ雨が降っていようが、風邪を引いていようが、長距離の散歩に連れ出さなければならない。それも、毎日のことだ。

雪が降る季節に北風に吹かれながら行く散歩は、楽しいというよりは苦行に近い。いや、完全に苦行だ。逆に夏は温度管理に気を遣う。犬は極端に暑さに弱いからだ。犬には多くの魅力があるが、一旦飼ってしまえば、その飼育費用は決して安くない。フード代はもちろんのこと、体重で変わる医療費も家計を圧迫する。長毛種を飼えばトリミング代が必要だし、短毛種であっても、抜け毛が多い犬種となると、掃除機の一台や二台、壊れることは覚悟が必要だ。家を長期間空ける時にはペットホテルに預ける費用もかかる。

生活の多くの場面で制約を受ける。大型犬の住む家に小さな子どもが遊びに来たら、飼い主は神経をすり減らすことになるだろう。運動をさせるために行くドッグランでは、他の犬と仲良く遊んでと祈るような気持ちになるし、それはもう大変なのだ。愚痴ではない。現実だ。

それではなぜ、私たちは犬を飼うのだろう。そんな苦労をしてまで、なぜ犬を？

私の場合、その答えはいたってシンプルで、ただただ、好きなのだ。愛しているのだ、犬という存在のすべてを。人生になくてはならない存在で、可愛くて仕方がない。犬がいればそれでいい。

とにかく、素晴らしい生き物だと声を大にして言いたい。なんといっても賢い。人間の言葉を理解して行動することが出来るため、犬はここまで優秀なのかと驚かされることが多い。私の愛犬に関して言えば、性格がとても穏やかで、人間に対して友好的だ。私のことは特に好きらしい。

人懐っこい丸い目は常にきらきらと輝き、走れば大きな耳が風になびいて愛らしい。伸びやかな脚と、力強い尻尾。ビロードのような輝きを持つ被毛。室内でくつろいでいる姿はまるで巨大なぬいぐるみだ。犬という存在の良さを書けば、きりがない。

特に、わが家のハリーは、どこに出しても恥ずかしくない素晴らしい犬だ。今まで何頭も犬を飼い、それぞれ愛してきたけれど、私にとってハリーは特別な存在なのだ。

このようにして、愛犬家は少しも恥じることなく、次から次へと自分の犬に対する賛辞を惜しまない。いや、もしかしたら、ここまで重症なのは私だけかもしれない。私だけかもしれないけれど、そんなことは気にもならない。誰かに呆れられても平気だ。

なぜなら、私はそれだけ自分の犬を愛していて、犬という存在のすべてを大事に思い、それが間違いだとか、ましてや恥ずかしいことだとは考えないからだ。愛犬家とは、堂々と胸を張って、「私は犬が大好きです！」と宣言するような人のことを言うのだと思うし、犬を全力で愛し（時には人間を後回しにしても）、その健康維持に務め、生涯、幸せに暮らすことが出来るよう努力する人のことを言うと信じて疑わない。

私は、自分をそんな愛犬家だと考えていたし、堂々と宣言していた。しかし、本書を読んで私は自信を失いつつある。なぜなら、平岩米吉には勝てない。彼の犬に対する愛情は、愛犬家という言葉では到底収まりきらないほど深い。

平岩米吉は一八九七年、江戸時代から続く裕福な竹問屋に生まれた。小さな頃から学業は優秀で、家業の業務を完璧にこなすほどであり、神童と呼ばれていた。そんな米吉が幼い頃に出会った物語が、乳母によってくりかえし語り聞かされた、曲亭馬琴による『椿説弓張月』だ。

登場するのは弓の名手、源為朝。山中を歩いていた為朝が、激しく争う二匹の狼の仔に出会い、命の大切さを説く。狼は互いの血を舐め、為朝に頭を下げる。為朝を慕い、とうとう家までついてきた二頭の狼を、山雄と野風と命名した為朝は、まるで犬を飼うように狼を育てた。

狼が登場するのはこの長編活劇ドラマの冒頭部分だけだったが、米吉は、何度も繰り返し読むよう乳母にせがんだという。米吉にとってこの物語が、犬科動物研究への道を進む原点となったのは興味深い。

生家の広大な庭で、米吉は多くの生き物と触れあう機会を得て育った。当時飼われていた数頭の犬たちは、米吉の動物への興味を深めてくれた存在であり、愛情を注ぐ対象だった。同じく動物を愛する父・甚助によって米吉に与えられた、「生き物を自然のままに受け入れる」という環境が、動物への深い愛情を米吉のなかに育んだことは想像に難くない。

そして、米吉が興味を抱いたのは、動物だけではなかった。乳母が教えた五目並べに夢中になり、大人でもかなわないほどの腕前となったのだ。米吉の父・甚助もまた、将棋をこよなく愛し、棋士としての将来を有望視されるほどの腕前を持つ人物で、家業を大きく繁盛させるほど優秀な商売人でもあった。数値に強い興味を抱いていたという米吉の才能は、父・甚助から受け継いだものが多かったことが窺える。

米吉は短歌への造詣も深く、十八歳になるまでには新聞の短歌欄の常連入賞者となっていた。同じ時期に熱中していたのが「連珠」という競技で、勝負の世界で生きていく決意をするまでに上達し、情熱を傾けるようになる。面白いと感じたものにはとことん人生を賭ける、米吉らしいエピソードだと言える。

大正十四年、二十七歳で結婚。妻となった佐與子は二十歳で、結婚後、米吉はよりいっそう連珠に熱中し、二十九歳で七段に昇段する。昭和二年には長女の由伎子、翌年に長男布士夫が誕生。子どもの誕生に大喜びした米吉は、その育児日記を詳細に記録するようになる。人間という生き物が成長する過程を米吉に見せてくれる子どもたちの存在は、彼を驚かせ、感動させ、子どもの頃から慣れ親しんできた犬という生き物の成長過程を知りたいという、新たな好奇心を米吉にもたらすことになる。

そこで米吉は、多くの犬と暮らすという目標を達成するために、広い土地を探しはじめる。最終的に辿りついたのは、自由が丘の土地だった。昭和四年、自由が丘に家族で移り住んだ。のちに米吉が命名した「白日荘」と呼ばれたこの屋敷で、シェパードをはじめ、狼、ジャッカル、ハイエナといった犬科動物と暮らし、その研究に生涯を捧げることになる。

転居の翌年の昭和五年に「犬科生態研究所」を設立し、研究生活が本格的にスタート。昭和九年、雑誌『動物文学』を創刊した米吉は、白日荘で飼育している様々な犬科動物の姿を読者に伝えることに情熱を燃やした。

本書で魅力的に描かれているのは、米吉が愛した動物たちの白日荘での暮らしぶりである。縞ハイエナのヘー坊、シェパードのチム、プッペといった、米吉が愛した動物の生態がいきいきと描かれ、動物好きは大いに心を動かされるだろう。動物たちにつけられた名前も、時代を反映した微笑ましいものだ。

特に、縞ハイエナのヘー坊のエピソードは心に残った。凶暴なイメージのあるハイエナという動物を飼おうと思う平岩家の人々の勇気にも驚かされるが、ヘー坊が若くして命を落とし、悲しみに暮れる一家の様子を読むと、なんと優しい人々だろうと感動する。平岩家は米吉だけではなく、妻も、そして子どもたちも、動物愛護の精神に溢れていたことがわかる。それだけ愛された縞ハイエナが、昭和の時代に自由が丘に生きていたことに感動する。

また、奇人先生と呼ばれた米吉のお茶目で大胆な行動も興味深い。狼を連れて銀座を歩く米吉を想像し、なんと大らかな時代であり、肝の据わった人物なのだろうと愉快な気持ちになる。狼や犬にじゃれつかれて着物の両袖を食いちぎられる米吉の姿も、なんだか愛らしい。

米吉と生きた動物たちの暮らしぶりと同様、詳細に描かれているのは家族の存在だ。彼の情熱を支えていた妻の佐與子と長女の由伎子の存在なくして、米吉が研究を続けることは困難だっただろうし、佐與子と由伎子の協力なくして、『動物文学』が長年にわたって発行され続けることはなかっただろう。本書は米吉の動物愛の物語である

と同時に、妻と子どもたちの米吉に対する愛の物語でもある。

シェパードのチムの死因がフィラリア症（犬の心臓や肺動脈に寄生する糸状線虫が引き起こす疾患）だったことをきっかけに、フィラリア研究会を設立、フィラリア撲滅のために尽力したという点も、米吉が「日本を代表する犬奇人」と呼ばれるにふさわしい人物であることを象徴する功績だろう。生涯を終えるその時まで、動物を愛した米吉の情熱に心打たれる。

現代に生きる犬たちがその寿命を全うし、健康的な生活を送り、人間の家族の一員として暮らすことができるのは、米吉と、米吉とともにフィラリア研究を行った人々の努力の賜物だと言っても過言ではない。フィラリア予防薬を飲ませることで、犬の寿命は飛躍的に伸びた。

私たち愛犬家は、自分の犬だけではなく、全ての動物の命を大切に思い、愛していかなければならない。それが、平岩米吉に対して私たちが出来る最大の恩返しだ。米吉先生、私たちの犬の命を守って下さって、本当にありがとうございますという感謝の気持ちと共に本書を閉じた。

出典・参考文献

『平岩米吉歌集・犬の歌』平岩米吉著／動物文学会
『人形の耳』平岩由伎子著／梓書房
『猫になった山猫』平岩由伎子著／築地書館
『近世将棋巨匠の手合』平岩米吉編／白日荘
『連珠 銀月必勝法』九段平岩米吉著／動物文学会
『動物文学・復刻版』（創刊号〜第百号・月報合本）築地書館
『動物文学』（昭和六十一年十一月号／昭和六十二年十二月号／昭和六十三年六月号・十二月号／平成元年六月号／平成二年七月号・十二月号／平成三年初夏号・十二月号／平成四年初夏号・初冬号／平成五年初夏号・十二月号／平成六年初夏号／平成七年初夏号・初冬号／平成八年初夏号・初冬新春号／平成九年初夏・狼特集号／平成十年初夏号・初冬号／平成十一年夏号・初冬号／平成十二年初夏号・初冬号／平成十三年初夏号・初冬号／平成十四年初夏号・初冬号／平成十五年秋冬号／平成十六年夏号／平成十七年初夏号〈創刊七十周年特別記念号〉）以上、動物文学会・発行
『「動物文学」日本狼別刷』平岩由伎子著／動物文学会

『犬フィラリア症の歴史～難病の克服まで』黒川和雄著
（以上、平岩由伎子氏提供）

『私の犬』平岩米吉著／築地書館
『犬と狼』平岩米吉著／築地書館
『犬の生態』平岩米吉著／築地書館
『犬を飼う知恵』平岩米吉著／築地書館
『狼―その生態と歴史』平岩米吉著／築地書館
『犬の行動と心理』平岩米吉著／築地書館
『猫の歴史と奇話』平岩米吉著／築地書館
『動物とともに』平岩米吉編／筑摩書房
『狼と生きて　父・平岩米吉の思い出』平岩由伎子編・著／築地書館
『動物文学』（昭和三十九年六月号／昭和四十九年新春号・初夏号・冬光号／昭和五十一年冬光号／昭和五十三年新春・九月号／昭和五十九年七月号）
『記憶力・決断力増進の連珠読本①初級編』（社）日本連珠社・発行
『連珠世界』特別増刊号（2003年3月）（社）日本連珠社・発行

『日本犬』第1号（昭和7年4月号）日本犬保存会・発行
『日本犬』第2号
『日本犬』第5巻第6号別刷（昭和11年6月）
『日本犬保存会 昭和7年度版・会員名簿』
『野鳥』573号／（財）日本野鳥の会・発行
『野鳥』673号
『どうぶつと動物園』（1955年2月号／1960年3月号／1965年6月号／1968年6月号／1982年1月号／1986年8月号）以上、東京動物園協会・発行
『犬の現代史』今川勲著／現代書館
『動物園の昭和史』秋山正美著／データハウス
『動物たちの昭和史』I・II 中川志郎著／太陽選書
『イヌ〜どのようにして人間の友になったか』J・C・マクローリン著　澤崎坦訳／岩波書店
『ソロモンの指環』コンラート・ローレンツ著　日高敏隆訳／早川書房
『人 イヌにあう』コンラート・ローレンツ著　小原秀雄訳／至誠堂
『野生のしらべ』エレーヌ・グリモー著　北代美和子訳／ランダムハウス講談社
『日本の森にオオカミの群れを放て』吉家世洋著　丸山直樹監修／ビイング・ネット・プレス

『文藝別冊　まど・みちお』ＫＡＷＡＤＥ夢ムック／河出書房新社
『こんにちはまどさん』まど・みちお詩集　伊藤英治編　村上康成絵／理論社
『日本近代文学年表』小田切進編／小学館
『翻訳権の戦後史』宮田昇著／みすず書房
『小山勝清小伝・他二編』小山勝樹著／五曜書房
『椿説弓張月』上・中・下　曲亭馬琴著　和田万吉校訂／岩波文庫
『椿説弓張月』滝沢馬琴・平岩弓枝著／学研Ｍ文庫
『徳富蘇峰の研究』杉井六郎著／法政大学出版局
『近藤日出造の世界』峯島正行著／青蛙選書
『サーカスの歴史』阿久根巌著／ありな書房
『サーカス誕生』阿久根巌著／ありな書房
『築地小劇場の時代～その苦闘と抵抗と』吉田謙吉著／八重岳書房
『探偵実話　黒岩涙香』（シリーズ民間日本学者）いいだもも著／リブロポート
『東京の戦前～昔恋しい散歩地図』アイランズ編・著／草思社

片野ゆか（かたの・ゆか）

一九六六年、東京生まれ。二〇〇五年に『愛犬王　平岩米吉伝』（小学館）で第十二回小学館ノンフィクション大賞受賞。犬をはじめとする動物に関わる本を手掛け、『セカンドキャリア　引退競走馬をめぐる旅』『ゼロ！　熊本市動物愛護センター10年の闘い』『動物翻訳家　心の声をキャッチする、飼育員のリアルストーリー』『平成犬バカ編集部』（以上、集英社）など著書多数。話題を呼んだ『北里大学獣医学部　犬部！』（ポプラ社）は映画化、コミック化されている。

本書は、二〇〇六年四月に発刊された『愛犬王　平岩米吉伝』（小学館）を改題、再編集のうえ文庫化したものです。

協　力　平岩由伎子
平岩家ご遺族
日本自然保護協会
江川あゆみ（早稲田大学）

写真提供　日本近代文学館
（口絵五〜七頁・直筆原稿）

ブックデザイン　鈴木成一デザイン室
組版　宇田川由美子
校正　神保幸恵
編集　綿ゆり（山と溪谷社）

愛犬王　平岩米吉　「日本を代表する犬奇人」と呼ばれた男

二〇二四年四月五日　初版第一刷発行

著　者　片野ゆか
発行人　川崎深雪
発行所　株式会社　山と溪谷社
郵便番号　一〇一―〇〇五一
東京都千代田区神田神保町一丁目一〇五番地
https://www.yamakei.co.jp/

■乱丁・落丁、及び内容に関するお問合せ先
山と溪谷社自動応答サービス　電話〇三―六七四四―一九〇〇
受付時間／十一時～十六時（土日、祝日を除く）
メールもご利用ください。
【乱丁・落丁】service@yamakei.co.jp
【内容】info@yamakei.co.jp
■書店・取次様からのご注文先
山と溪谷社受注センター　電話〇四八―四五八―三四五五
ファクス〇四八―四二一―〇五一三
■書店・取次様からのご注文以外のお問合せ先
eigyo@yamakei.co.jp

フォーマット・デザイン　岡本一宣デザイン事務所
印刷・製本　大日本印刷株式会社

Printed in Japan ISBN 978-4-635-04989-4